# LA
# BENDICIÓN
# DE DAR

## EL RABÍ NAJMÁN SOBRE LA CARIDAD

Por
Jaim Kramer

Traducido al Español por
Guillermo Beilinson

Publicado por
BRESLOV RESEARCH INSTITUTE
Jerusalem/New York

primera edición
Título del original:

**More Blessed To Give**
**Rebbe Nachman on Charity**

Para más información:
Breslov Research Institute
POB 5370
Jerusalem, Israel.

Breslov Research Institute
POB 587
Monsey, NY 10952-0587
Estados Unidos de Norteamérica.

Breslov Research Institute
c\o G.Beilinson
calle 493 bis # 2548
Gonnet (1897)
Argentina.
e-mail: abeilar@yahoo.com.ar

Diseño de cubierta: Ben Gasner

Para la Elevación del Alma

de mi Padre

**Aarón ben Biniamin z"l**

y para mi Madre

**Berta bat Pola**

# ÍNDICE

# PREFACIO

Quien busque la caridad y la bondad encontrará vida, caridad y honor (Proverbios 21:21).

Desconcertado por este versículo que claramente afirma que todo aquel que busque la caridad encontrará la caridad, pregunta el Talmud, "¿Puede esto implicar que si la gente busca la caridad, finalmente llegará a ser receptora de caridad?". El Talmud responde que esto no es lo que el Libro de Proverbios intenta transmitir. Más bien, "Si realmente buscan hacer actos de caridad, ¡Dios les va a dar dinero para dar y les enviará gente digna para recibir!" (*Bava Batra* 9b).

La caridad afecta a todos y es la buena acción más aceptada universalmente. Sólo es necesario considerar la ayuda masiva distribuida a través del mundo - ayuda a los pobres, ayuda a las naciones que sufren hambre, ayuda para la investigación médica, ayuda para mejorar la educación, ayuda para la protección del medio ambiente, ayuda para superar los desastres naturales, ayuda para rescatar a las especies salvajes en extinción y más. En los niveles nacionales y locales, particularmente en los países desarrollados, encontramos programas sociales de bienestar al igual que una ayuda generosa y sin precedentes proveniente del sector privado.

Ahora bien, todos pueden comprender que al dar caridad se ayuda al beneficiario. Así sea con comida para la mesa, asistencia médica o becas de estudio, el receptor ha ganado algo. ¿Pero qué sucede con el benefactor? ¿Qué puede ganar al dar algo de su riqueza a los demás? ¿Es su contribución un regalo monetario fugaz, algo para tranquilizar su conciencia o es que el acto de dar tiene beneficios más profundos?

En verdad, nuestros Sabios enseñan que la caridad hace mucho más para quien da -y para el mundo en general- que lo que hace para el receptor. Esta idea se encuentra elaborada en las enseñanzas del gran maestro jasídico, el Rebe Najmán de Breslov (1772-1810), quien dedicó muchas de sus lecciones y conversaciones a la eficacia de la caridad. Basándose en las fuentes clásicas del Talmud, del Midrash y la Kabalá, el Rebe Najmán llevó el estudio de la caridad un paso más adelante al ensamblar conceptos aparentemente disímiles y unirlos para crear espectaculares obras maestras de comprensión. Mediante las singulares lecciones del Rebe, llegamos a percibir el asombroso poder de la caridad y su capacidad para bendecir a quien da y a toda la humanidad.

Este libro también trata sobre los diversos peticionarios de caridad, así sean individuos, familias u organizaciones, y pregunta: ¿cómo podemos evaluar el mérito de su causa? ¿A quién debemos darle con prioridad? Las respuestas están enraizadas en las decisiones pertinentes de la ley judía, que se basan en la lógica y en las emociones que muchos donantes experimentan al tratar de decidir a quién y cuánto deben dar - especialmente cuando los peticionarios son muchos y los fondos, limitados.

Es nuestra esperanza que al comprender el significado de dar caridad, podamos merecer el anhelo de llevar a cabo actos de caridad. Entonces, como enseña el Talmud, comprobaremos que tenemos los medios para ayudar a los demás y los receptores más dignos llegarán a nuestras puertas.

❧ ☙

El Breslov Research Institute agradece a Zushia (Steve) y a Metuka Cohn por su interés en este proyecto y por su benevolencia y paciencia en ayudar a su despegue. Muchas gracias al Sr. y Sra. Iosef Fagin por contribuir al progreso de esta obra y llevarla a su culminación. Y nuestra gratitud a Moshé Clement, cuyo constante apoyo para la publicación de las enseñanzas del Rebe Najmán ha mantenido a flote al Breslov Research Institute en estos tiempos difíciles.

Nuestro más grande aprecio para nuestras editoras, Y. Hall, S. Brand y U. Sagiv, por sus benevolentes esfuerzos en hacer que este libro fuese "bendecido" con solvencia. Apreciamos profundamente su compasiva dirección y su caritativa revisión del original manuscrito.

Sean ellos y sus familias bendecidos con más y más oportunidades para compartir su bondad con los demás y podamos tener el mérito de ver la llegada del Mashíaj, el retorno de los exiliados y la reconstrucción del Templo, pronto y en nuestros días. Amén.

Jaim Kramer
Tamuz 5770/Junio 2010

# 1

## LA NATURALEZA DEL DAR

# ¿QUÉ ES LA CARIDAD?

*Tan grande es la caridad que acerca la Redención Final, salva al benefactor de la muerte y le permite percibir el Rostro Divino (El Libro de los Atributos, Caridad A2-4).*

Vivimos en una época asombrosa. Tenemos electricidad, conexiones instantáneas en Internet, jets que nos llevan alrededor del globo, teléfonos móviles que nos permiten conectarnos con quién sea y dónde esté y -quizás la bendición más grande de todas - ¡plomería y agua corriente en la casa! Disfrutamos de un confort nunca imaginado por nuestros ancestros. Estamos bendecidos con cosechas asombrosas, por una abundancia de medicinas creadas en laboratorio, con vestimentas listas para ser usadas y toda clase de comodidades.

Aun así, no todos derivan placer de esa abundancia.

La plétora de prosperidad material es contrarrestada por la extrema pobreza. La riqueza agregada de algunos individuos llega a ser equivalente al producto bruto interno de algunos países, mientras que otros -que quizás viven a unas pocas cuadras de esos billonarios- no tienen casi nada. Así como las estadísticas demuestran que los dones para caridad están aumentando constantemente, igualmente lo es la necesidad de "compartir la riqueza".

No pasa un día sin alguna clase de pedido en la calle. Raramente pasa una semana sin que un individuo u organización golpee a la puerta, llame por teléfono o solicite por medio de e-mails, pidiéndonos involucrarnos. Quizás no siempre abrimos la puerta ni respondemos a los mensajes, pero de alguna manera, en algún lugar, alguien debe estar haciéndolo, pues parece que los solicitantes siguen en pie y que consiguen ayuda. Sea como fuere, no abandonan.

Entre aquellos que compiten por los fondos están los hospitales, las clínicas, los institutos de investigación médica y otras organizaciones dedicadas a mejorar la salud alrededor del mundo. Hay instituciones educacionales, organizaciones religiosas, servicios sociales para los ancianos y para los discapacitados físicos y emocionales, organizaciones dedicadas al rescate de los animales y a la protección del medio ambiente. A nivel individual, encontramos viudas y huérfanos, gente sin hogar, los desempleados y los que están subempleados... la lista es interminable.

Hay tantas causas. Pero, créase o no, más numerosas que las causas son las personas que tienen la capacidad de aliviar el aprieto de los necesitados en todas partes. ¿Qué es lo que las retiene?

El hecho de que no conocen el poder de lo que se da.

Dijo el rabí Natán, "Si comprendiésemos cuál es la recompensa que viene de dar caridad, correríamos por las calles buscando gente pobre y dándole lo necesario con ambas manos y una gran alegría" (cf. *Likutey Halajot, Birkot HaReiaj* 5:2).

De modo que, ¿por dónde comenzamos?

Comenzamos comprendiendo qué es la caridad y qué no lo es, y qué papel juega en el plan de Dios para la creación.

## DEFINIENDO LA CARIDAD

Si le pides al hombre de la calle que defina la caridad, obtendrás una variedad de respuestas. En general la gente dirá que la caridad significa ayudar a los menos afortunados. Hablará de dones monetarios, pero también podrá mencionar alimento, vestimenta, refugio y diferentes actos de bondad.

El judaísmo reconoce esta definición. Dice la Torá: "Le abrirás tu mano y sin falta le prestarás lo suficiente para las necesidades que tuviere" (Deuteronomio 15:8). De acuerdo a Maimónides, el gran codificador judío, este versículo describe la mitzvá de dar caridad y se considera un precepto específico de la Torá hacer lo que podamos para sustentar a los necesitados, así sea mediante un regalo o un préstamo.[1]

Pero la Torá va más allá aún: "Y cuando empobreciere tu hermano y pierda la capacidad de sustentarse, deberás ayudarlo (*ve-hejezakta bo*)" (Levítico 25:35). Si los negocios de tu amigo necesitan una inyección de dinero, es una mitzvá ir en su ayuda para que pueda continuar ganándose la vida. Una razón simple para esta mitzvá es que si los negocios de la persona fallan, se vuelve necesitada y una carga para los demás. Este tipo de caridad preventiva evita tal situación. En verdad, la frase hebrea *ve-hejezakta bo* significa literalmente "lo aferrarás" - significando que debes apoyar a la persona para que no caiga.

Uno de los principios más importantes de la caridad en el pensamiento judío es mantener a la gente sobre sus pies y no permitir que sucumba a las dificultades financieras que podrían dejarla en situación de indigencia. Esto no significa dar siempre dinero; a veces es mejor prestar lo necesario para ayudar a la

---

1 *Sefer HaMitzvot, Mitzvot Asé* 195. Maimónides es el nombre popular del rabí Moshé ben Maimon (1135-1204) también conocido como Rambam.

persona a abrir o a restablecer un negocio. Por otro lado, hay veces en que *no dar* caridad es la *verdadera* caridad. Cuando el deudor crónico se dé cuenta de que ya no hay más préstamos gratis, aprenderá a administrar sus propios fondos de manera mucho más eficiente. Saber cuándo desembolsar los fondos y cuándo no hacerlo queda bien expresado en este adagio chino, "Dale pescado a un hombre y lo alimentarás por un día. Enséñale a pescar y lo alimentarás para toda la vida".

## ACTOS DE BONDAD

Otro aspecto de la caridad que enfatiza el judaísmo es *guemilut jasadim* (literalmente, "hacer actos de bondad"). Esto implica ayudar a las otras personas tanto física como emocionalmente, visitando a los enfermos, haciéndose cargo de sus necesidades y enterrando con respeto a los muertos. El Talmud enseña que *guemilut jasadim* sobrepasa de tres maneras la forma común de caridad conocida como *tzedaka*: (1) *tzedaka* es sólo con dinero, mientras que *guemilut jasadim* es con el cuerpo y con la riqueza; (2) *tzedaka* es sólo para los pobres, mientras que *guemilut jasadim* es para el pobre y para el rico; (3) *tzedaka* es sólo para los vivos, pero *guemilut jasadim* puede ser hecho para los vivos y para los muertos (*Suká* 49b).

*Guemilut jasadim* incluye ofrecer una palabra de aliento o de bondad a los demás. Cuando Dios creó el primer ser humano a Su imagen, insufló en el hombre una parte de Él Mismo, el aliento de vida y entonces el hombre se volvió "un espíritu hablante" (*Targum Onkelos* sobre Génesis 2:7). El Rebe Najmán dice que debemos utilizar el poder del habla -la facultad que nos diferencia de los animales- para articular "palabras de caridad" (*Likutey Moharán* II, 2:4). Cita entonces al profeta Isaías, que describe a Dios como hablando con benevolencia (Isaías 63:1) y hace notar que emulamos a nuestro Creador cuando le hablamos con bondad a los demás, como está escrito, "Bueno es el hombre que es generoso y presta; que ordena sus asuntos con juicio".[2]

Existe un gran poder en el acto de recibir a la gente con una sonrisa. Enseña el Rebe Najmán:

> Con alegría, puedes darle vida a una persona. Esa persona puede sufrir una terrible agonía y no ser capaz de expresar lo que pesa en su corazón. No hay nadie ante quien pueda abrir su corazón, de modo que permanece profundamente dolorida y preocupada. Si te acercas a tal persona con un rostro alegre, podrás animarla y literalmente darle vida. Ésta es una gran cosa y de ninguna manera es un gesto vacío (*Sabiduría y Enseñanzas del Rabí Najmán de Breslov* #43).

¡De modo que incluso una sonrisa pertenece a la categoría de la caridad!

Otros actos de caridad incluyen perdonar y juzgar a los demás de manera favorable - es decir, encontrando motivaciones positivas para sus acciones en lugar de condenar sus actos.

Las posibilidades son infinitas. Como hace notar el rabí Natán, *cada* buena acción que hacemos es considerada un acto de caridad. Como prueba, cita el versículo "Será caridad para nosotros si somos cuidadosos en cumplir todo este mandamiento en presencia del Señor, nuestro Dios, como Él nos lo ha ordenado" (Deuteronomio 6:25). Cada buena acción que llevamos a cabo es acreditada como un acto de caridad, pues es caridad para nuestras almas (*Likutey Halajot, Rosh HaShaná* 6:10).

Vemos que la caridad tiene muchas aplicaciones. También las recompensas son ilimitadas. A lo largo de las Escrituras, del Talmud, del Midrash, de los textos kabalistas y jasídicos,

---

2 Salmos 112:5, de acuerdo a Rashi y Metzudot.

encontramos página tras página dedicadas a describir la abundancia y las bendiciones que descienden al mundo y hacen de él un lugar mejor para vivir, solamente como resultado de un solo acto caritativo.

En verdad, la caridad estuvo incluida en el mismo acto de la creación.

El rabí Iosef Zundel de Salant volvió a su hogar tarde, luego de su sermón en el *Shabat HaGadol* (el Shabat que precede Pesaj). Cuando su esposa le preguntó, "¿Por qué tan tarde?", él respondió, "Es el *Shabat HaGadol*. Hoy es costumbre hacer un llamado para *kimja de-Pischa* (literalmente, 'harina para Pesaj', una colecta para cubrir las necesidades de los pobres para la festividad). Hice un largo y apasionado pedido para los pobres".

Ella le preguntó, "¿Tuviste éxito?".

El rabí Iosef Zundel le respondió, "Logré la mitad. ¡Los pobres están dispuestos a aceptarlo!".

# EN EL COMIENZO

*La caridad es igual a todas las otras mitzvot combinadas (El Libro de los Atributos, Caridad A14).*

La caridad connota compasión. Pero es mucho más que sentir pena por alguien. El acto de la caridad refleja en sí mismo el acto de la creación.

El Ari, el gran kabalista del siglo XVI, enseña que Dios creó el mundo para revelar Su compasión, que es una forma de caridad.[3] Entre las muchas maneras en las cuales se revela la compasión de Dios en este mundo se encuentra Su don del arrepentimiento (*teshuvá*). La persona que peca se causa un daño a sí misma y posiblemente a los demás. De lamentar su comportamiento, deberá redimirse antes de poder dejar limpio el registro. ¿Pero cómo? ¿Y cuándo? ¿Y dónde? ¿Qué sucede si pasan años -o quizás décadas- antes de siquiera darse cuenta de su error? Y si ha dañado a otra persona, ¿quién puede garantizar que la parte dañada la perdonará?

Mediante la compasión de Dios siempre tenemos permitido rectificar aquello que hemos dañado.[4]

---

3 El rabí Itzjak Luria (1534-1572), conocido comúnmente como el Ari, explica esto en *Etz Jaim, Heijal Adam Kadmon* 1:1, p.24.

4 Como afirma el Talmud: "El arrepentimiento precedió al mundo" (*Pesajim* 54a). El arrepentimiento trasciende el tiempo y el espacio, permitiendo que la persona pueda arrepentirse en cualquier momento.

El Rebe Najmán explica que la palabra misma que puso a la creación en movimiento -la primera palabra de la Torá, *Bereshit* (En el comienzo) (Génesis 1:1)- es un programa completo de recuperación para cuando pecamos. Desde el comienzo del tiempo, Dios tuvo el objetivo de revelarSe a nosotros. Su luz debía iluminar a toda la existencia desde el momento en que dijo, "¡Haya luz!". Pero nuestros pecados oscurecieron esa luz. ¿Acaso nunca la volveremos a ver?

Sí la veremos. Incluso antes de que la luz fuese creada, cuando la oscuridad y la desolación cubrían el mundo, la Presencia de Dios "sobrevolaba sobre las aguas" (ibid., 1:2). Aunque Dios Mismo está a veces oculto, Su Presencia Divina[5] siempre está allí, esperando a que Lo llamemos para revelarse.

El Rebe Najmán elucida esta idea en su lección "*¿Aié? ¿Dónde estás?*" (*Likutey Moharán* II, 12). Nosotros clamamos a Dios: "¡Dios! Sabemos que estás aquí. Pero, ¿dónde?". Al hacerlo, invocamos el poder de *Bereshit*, lo que hace que se revele la Presencia Divina. Ésta es también la esencia del arrepentimiento. Al buscar y preguntar, "¿Dónde está Dios?", despertamos Su presencia en el mundo.

## AGUAS DE COMPASIÓN

El rabí Natán lleva esta enseñanza un paso más adelante. Hace notar que mientras que en los versículos de apertura la Torá nos dice que "el espíritu de Dios sobrevolaba sobre las aguas" - no describe de hecho la creación de esas aguas. Ello se debe a que las aguas preceden a la creación de la tierra (*Ierushalmi,*

---

5 En esencia, no hay diferencia entre Dios y Su Presencia Divina. Dios es el Dios único. Sin embargo, desde nuestra perspectiva, Dios parece oculto. La Presencia Divina representa una manifestación de Su Presencia.

*Jaguigá* 2:1), de modo que toda la creación está enraizada en las aguas. "La raíz del agua es extremadamente elevada en el nivel espiritual", escribe el rabí Natán. "Por ello trae inmensurable placer incluso a nivel físico" (*Kojavey Or*, p.69, 2).

¿Qué tiene que ver esto con la caridad? Dado que las aguas precedieron a la creación de la tierra, ellas representan un puente entre lo espiritual y lo físico. El agua contiene las propiedades con las cuales podemos comenzar a buscar la Divinidad. Al hablar de la compasión de Dios, el profeta Isaías dice: "Tu caridad es como las olas del mar" (Isaías 48:18). Así como las olas del océano son continuas, de la misma manera es constante la compasión de Dios. El profeta Amos agrega: "Que la justicia se revele como el agua y que la caridad fluya como un poderoso arroyo" (Amos 5:24). El agua también es un paralelo de *daat* (conocimiento y conciencia de Dios), como está escrito, "La tierra estará llena del conocimiento de Dios, tal como el agua cubre el fondo del mar" (Isaías 11:9). Dado que la caridad refleja tanto la compasión como la conciencia, es una parte integral de la creación.

## LAS DIEZ SEFIROT

Los actos de bondad y el deseo de dar a los demás también están implícitos en la creación, de una manera mucho más fundamental. La Kabalá habla de Diez Sefirot - diez esferas o canales de energía Divina a través de los cuales Dios creó el mundo y a través de los cuales continúa dirigiendo toda la existencia.[6]

Esas *sefirot* se dividen en general en dos grupos, las

---

6 Para un tratamiento detallado de las Diez Sefirot y de su aplicación directa en nuestras vidas, ver *Anatomía del Alma* y *Tesoros Ocultos*, ambos publicados por el Breslov Research Institute. Ver también *Innerspace* por el rabí Arie Kaplan, publicado por Moznaim.

tres superiores son conocidas como *Mojín* (Mentalidades o poderes intelectuales) -significando que sus descripciones antropomórficas corresponden a los procesos del pensamiento- y las siete inferiores son conocidas como *Midot* (Características o poderes de comportamiento/emocionales) -significando que sus descripciones antropomórficas corresponden a la acción- como sigue:

| | | |
|---|---|---|
| *Mojín* o | Keter | |
| poderes intelectuales | Biná | Jojmá |
| | Guevurá | Jesed |
| | Tiferet | |
| *Midot* o | Hod | Netzaj |
| poderes de comportamiento | Iesod | |
| | Maljut | |

Como explica la Kabalá, en el nivel de los *Mojín*, solo existen bondad y amor. La justicia estricta -los juicios, los veredictos y los decretos severos- sólo se manifiestan en el nivel de las *Midot*.

Para comprender mejor este concepto, imaginemos una persona que debe tomar ciertas decisiones. Pese a lo poderosas que puedan ser sus intenciones, nada sucederá hasta que no transforme esos pensamientos en acciones. Así, en el nivel de los *Mojín*, no hay severidad; eso sólo puede suceder a través de la acción.[7] Esto es como enseñan nuestros Sabios, que los buenos pensamientos le son acreditados a la persona como si hubiera

---

7 Debe hacerse notar que incluso los buenos pensamientos pueden estar mal dirigidos debido a actos no intencionales o inadvertidos y dar como resultado algo malo. Por el contrario, los malos pensamientos pueden ser transformados por buenas acciones y resultar en bondad. Dicho esto, los pensamientos, así sean buenos o malos, tienen el poder real de crear (ver *Kidushin* 40a; *Likutey Moharán* I, 49:1-4).

llevado a cabo una buena acción y que un mal pensamiento es pasado por alto (cf. *Kidushin* 40a).

De las *sefirot* inferiores, *Jesed* (Bondad) es la primera. Jesed es el atributo de dar, que incluye un amor incondicional y la bondad irrestricta. *Jesed* es seguida por *Guevurá* (Fuerza), que es un paralelo de las ideas de la restricción, de la disciplina y del juicio. *Jesed* y *Guevurá* son fuerzas opuestas, pero ambas son extremadamente importantes para la existencia de la humanidad. No podemos vivir solamente dando; si siempre estuviésemos dando, abrumaríamos a los receptores, nos volveríamos dominantes y sería imposible relacionarse con nosotros. Pero no podemos vivir con una disciplina de restricción absoluta tampoco; un régimen así disminuiría severamente nuestra capacidad de desarrollar el verdadero amor y la compasión.

Debe existir un balance entre las dos energías opuestas y la *sefirá* que provee ese equilibrio es Tiferet (Belleza).

Veamos un ejemplo de Jesed y Guevurá equilibradas por Tiferet. Imagina que ganas una gran suma en la lotería. Si eres una persona incontenible en el dar, sólo guiada por Jesed, malgastarás ese dinero en un corto lapso. Si eres una persona altamente disciplinada y sólo llevada por Guevurá, guardarás todo y nunca gastarás un centavo en cosas que harían de tu vida -o la de otros- algo más confortable. En su lugar, necesitas un equilibrio de los atributos para poder retener tu riqueza al tiempo de vivir bien.

De manera antropomórfica, las Diez *Sefirot* corresponden a las partes del cuerpo humano. Jesed representa la mano derecha y Guevurá, la mano izquierda. De las dos, la mano derecha es generalmente la dominante y por lo tanto Jesed es la más fuerte de las dos energías. Tiferet, que representa el torso que se encuentra entre las dos manos, actúa como la "columna del centro", combinando y uniendo las dos características opuestas.

Además, la Kabalá describe a Tiferet como *mishpat* (juicio) que, a diferencia de *tzedek* (justicia), está libre de severidad.

Éste es un elemento significativo de la caridad. Al dar caridad (acto de Jesed), también debemos ejercitar la restricción (Guevurá) y el juicio (Tiferet). Debemos comprender la causa y entender al receptor y dar juiciosamente de acuerdo a lo que percibimos que es el monto correcto bajo las circunstancias.

Si Tiferet es una fuerza de equilibrio necesaria -el ideal del sendero medio- ¿por qué se pone tanto énfasis en Jesed en detrimento de Guevurá? Debido a que "El mundo se construye a través de *jesed* (bondad)" (Salmos 89:3).

Nuestros actos de bondad -el dar de nuestro dinero, de nuestro tiempo, de nosotros mismos- construyen el mundo como un refugio para todos y para todas las cosas. Para progresar y construir -nuestras familias, nuestras comunidades, nuestras mismas vidas- debemos ocuparnos continuamente de hacer más actos de bondad. Al hacerlo, emulamos a Dios, Quien en el comienzo mismo creó y construyó el mundo con Jesed.[8] Cuando Dios nos hizo Sus socios en la creación, nos dio también la capacidad de crear y construir, para poder lograr lo máximo de nuestras vidas.

Dado que la bondad está enraizada en la creación, la encontramos en todos los niveles, aunque a veces no sea perceptible de manera inmediata. Al comentar sobre el versículo "En mi angustia, Tú me aliviaste" (ibid., 4:2), el Rebe Najmán hace notar que incluso cuando la persona se encuentra en dificultades, Dios le da alivio. Pues si la persona contempla cuidadosamente,

---

8 De acuerdo al *Zohar*, los siete días de la creación corresponden a las siete *sefirot* inferiores. El primer día representa Jesed; todo lo creado después fue resultado de ese Jesed (*Zohar Jadash* 55a).

podrá ver que dentro de esa aflicción se encuentra la bondad de Dios (*Likutey Moharán* I, 195). (Y si es difícil ver las bondades en ese momento, al menos la persona sabe que podría haber sido peor, Dios no lo permita). Por lo tanto es posible encontrar el bien a cada momento, en cada situación. Y cuanto más nos dediquemos a la bondad, más manifiesta se volverá.

Esto es como enseña el *Zohar* (I, 88a): "Un despertar de abajo evoca un despertar similar de arriba". Si mostramos compasión y damos caridad, si llevamos a cabo actos de bondad, entonces estamos invocando el Jesed de Dios. No importa que haya restricciones impuestas sobre ese Jesed, pues necesitamos la disciplina de Guevurá. Aun así, nuestros actos hacen que Jesed se fortalezca y se vuelva cada vez más manifiesta. La belleza (Tiferet) de ese Jesed es que aunque está atemperado con Guevurá, nos hace conscientes de cómo la bondad es inherente a cada instante y cómo está siempre presente en nuestras vidas.

## CREAR O NO CREAR

La bondad y la caridad también son las herramientas que utilizó Dios cuando creó al hombre

El Midrash relata que cuando Dios decidió crear al hombre, los ángeles en el Cielo, se dividieron en dos facciones: a favor y en contra

La Bondad dijo, "Crea al hombre, pues llevará a cabo actos de bondad".
La Verdad dijo, "No hagas al hombre, pues estará lleno de mentiras y de falsedades".
La Justicia dijo, "Crea al hombre, pues llevará a cabo actos justos".
La Paz dijo, "No hagas al hombre, pues estará lleno de conflictos y disputas".

¿Qué hizo Dios? "Él arrojo la Verdad a la tierra" (Daniel 8:12). Ahora bien, con una mayoría de votos -Bondad y Justicia frente a la Paz- Dios creó al hombre, imbuyéndolo con los atributos de sus defensores (*Bereshit Rabah* 4:5).

En general, la humanidad apoya la justicia y la compasión. Cada civilización tiene su propio sistema de justicia y hasta la más brutal es capaz de benevolencia. En la historia judía, encontramos que ya en el Sinaí, Moisés estableció una serie de cortes de justicia para manejar las disputas entre las personas y administrar justicia (Éxodo 18:25-26). Después de que el rey David consolidó su reino, "administró justicia y caridad a toda su nación" (Samuel II, 8:15). Y Maimónides testifica que en la Edad Media, toda comunidad judía tenía establecidos servicios sociales para el cuidado de los enfermos, la atención de los pobres, el entierro de los muertos y demás. Vemos por lo tanto que la naturaleza innata del hombre, comenzando desde la creación, tiende hacia los actos de caridad.

Pero las líneas de confrontación fueron trazadas. La Paz y la Verdad se opusieron a la creación del hombre, de modo que son en particular los rasgos de la justicia y de la compasión los que se ven sujetos al ataque. Es por ello que encontramos difícil ser caritativos en todo momento. Y se debe a ello también el que veamos en todas partes distorsiones en la caridad y en la justicia. Reinos y estados han caído debido a una administración corrupta, a sistemas judiciales perversos y al maltrato de su pueblo. Y esto seguirá así hasta la llegada del Mashíaj.

Cuanto más nos dediquemos a llevar a cabo actos de caridad, mayor será nuestra capacidad de fortalecer la cualidad de la justicia. Y al fortalecerla, estaremos emulando a Dios, dado que "El Señor es juez; Él hace descender a uno y eleva a otro" (Salmos 75:8).

Cuanta más compasión demostramos, más conscientes nos volvemos de las necesidades de nuestra comunidad y de nuestro entorno, lo que nos abre caminos y formas de contribuir a la mejora del mundo en el cual vivimos.

## DAR Y RECIBIR

El texto más importante de la Kabalá, el *Zohar*, expone sobre la creación del hombre "a imagen y semejanza de Dios" (cf. Génesis 1:26). Enseña que nuestra "imagen" hace referencia a los ricos, mientras que nuestra "semejanza" corresponde a los pobres (*Zohar* I, 13b). El *Zohar* se está refiriendo al sistema bajo el cual opera el mundo creado: siempre hay un benefactor y un beneficiario.

Hablando de la creación de los seres humanos, esto hace referencia al hombre y a la mujer, al esposo y a la esposa. Uno da y el otro recibe. Por ejemplo, el marido obtiene el sustento para mantener a su hogar; en ese caso, él es el benefactor y la esposa es la beneficiaria. Pero cuando su esposa prepara el alimento y se ocupa de la casa, ella es la benefactora y él es el beneficiario. Además, en la unión marital, el esposo (el benefactor) otorga la simiente mientras que la esposa (la beneficiaria) la recibe. Pero cuando el niño nace, la mujer se transforma en benefactora, dándole al niño mucho más de lo que ella recibió.

La misma idea se aplica a toda clase de relación. El empleador paga los salarios, sustentando a sus empleados. Pero el empleado provee de los medios para que el empleador pueda llevar a cabo sus negocios y producir las ganancias. De modo que el empleador y el empleado se turnan en los aspectos de benefactor y beneficiario. De manera similar, el granjero planta las semillas en la tierra y las riega. Las semillas arraigan y dan granos que sustentan la vida. Cada relación tiene "un dar y un tomar", haciendo que todos puedan ser, en un momento dado, tanto benefactores como beneficiarios. Incluso nuestra relación con Dios refleja esta dinámica. Cuando Dios nos envía abundancia, Él es el Benefactor y nosotros somos los beneficiarios. Pero cuando servimos a Dios y Le damos placer a Él al llevar a cabo buenas acciones, entonces nosotros somos los benefactores y Él es el Beneficiario.

El *Zohar* continúa describiendo la relación entre el rico y el pobre. Compara el uso del verbo hebreo *laasot* ("hacer" o "llevar a cabo") en dos pasajes de las Escrituras. En el pasaje de la creación en Génesis, este verbo aparece en el versículo "Hagamos (*naASé*) al hombre a nuestra imagen y a nuestra semejanza" (Génesis 1:26), mientras que en el Libro de Ruth describe un acto de caridad, cuando Ruth le dice a su suegra, Naomi, "El nombre del hombre para quien yo hice (*ASiti*) hoy es Boaz" (Ruth 2:19). Como era costumbre de los pobres, Ruth pidió permiso a Boaz para recoger las gavillas de cebada dejadas caer por sus cosechadores. Él aceptó de todo corazón, diciéndole incluso a sus trabajadores que dejasen caer intencionalmente algunas gavillas más para que ella pudiera recogerlas.

Varias ideas interesantes emergen de esta historia. Ruth dijo, "El hombre para quien yo hice". ¿Pero acaso no fue Boaz quien "hizo" por ella dándole las gavillas? ¿Por qué Ruth dice "hice"?

Nuestros sabios responden a esta pregunta con una idea muy profunda sobre la grandeza del acto de caridad. Ellos enseñan: "¡Más es lo que hace el dueño de casa por el pobre, que lo que el pobre hace por el dueño de casa!" (*Ruth Rabah* 5:9). Esto no sólo hace referencia a la gran recompensa que recibiremos en el próximo mundo por el hecho de haber dado caridad. Incluso en este mundo, la persona que da caridad es bendecida por el Cielo con riqueza y honor, junto con muchos otros beneficios. Comparado con el regalo dado al beneficiario, los beneficios recibidos por el benefactor son mucho mayores.[9]

---

9 *Vaikrá Rabah* 34:8

Éste es el motivo por el cual "hombre" (en singular) representa tanto al rico como al pobre. A lo largo de toda su vida cada persona juega ambos roles, el de benefactor y el de beneficiario. El hombre fue creado "para hacer" -para ser bueno y considerado, compasivo y caritativo y para actuar con justicia- en síntesis, para emular a Dios, en Cuya imagen fue creado.

## SER HUMANO

Cuando damos caridad de todo corazón, nos conectamos con nuestro aspecto Divino. Con ese poder podemos gobernar por sobre los otros elementos de la creación, tal como Dios dijo de Su creación del hombre, en la continuación del pasaje de Génesis citado más arriba:

> Para que tengan dominio sobre los peces del mar, las aves del cielo y los animales, sobre la tierra y sobre todas las criaturas que se arrastran por el suelo (Génesis 1:26).

De hecho, no hay ninguna otra mitzvá que nos eleve más por sobre los animales y revele nuestra fuente Divina como lo hace el dar caridad. Esto le da un nuevo significado al dicho, "La caridad comienza por casa", pues esto demuestra que el acercamiento al acto de la caridad comienza con *nosotros mismos*.

Cuando elegimos dar, nos conectamos con un aspecto superior, con un aspecto espiritual de nuestra naturaleza dual innata. Todo en la creación implica ideas contrastantes y opuestas: la oscuridad y la luz, la materia y la forma, el cuerpo y el alma, el animal y el hombre, la insensatez y la sabiduría, la muerte y la vida, el olvido y la memoria. El primer miembro de cada par representa la vida física y temporal. El segundo representa una vida espiritual y eterna. Para ascender la escala espiritual, para alcanzar niveles superiores, debemos subyugar nuestro aspecto físico, nuestros impulsos animales, nuestro materialismo, nuestra insensatez. Ésta fue la intención de Dios cuando hizo al hombre.

El anhelo con el cual estemos dispuestos a encarar ese ascenso dependerá de cuán fuerte seamos atraídos hacia abajo por nuestros aspectos elementales y terrestres. Como enseñaron los antiguos, este mundo está compuesto por cuatro elementos: el fuego, el aire, el agua y la tierra (Rambam, *Iesodei HaTorá* 3:10). Esos cuatro elementos representan la estructura esencial de todas las cosas en la existencia: caliente y seco (el fuego), caliente y húmedo (el aire), frío y húmedo (el agua), frío y seco (la tierra). Por ejemplo, el cuerpo humano incluye el fuego (el tracto digestivo, que consume todo lo que se ingiere), el aire (el sistema respiratorio), el agua (los fluidos corporales) y la tierra (el cuerpo). La medida en la cual estemos unidos a esos cuatro elementos determinará cuán capaces seremos o no de ser llevados hacia nuestros anhelos espirituales, la razón misma de nuestra creación.

> El Señor, Dios, tomó al hombre y lo puso en el Jardín del Edén para trabajarlo y cuidarlo (Génesis 2:15).
> ¿De dónde lo tomó? De sus elementos. Dios separó al hombre de sus [bajos] deseos (*Zohar* I, 27a).

Antes de que el primer hombre pudiese entrar en el Jardín del Edén -es decir, en el mundo de la espiritualidad- tuvo que ser separado de sus deseos bajos y terrestres. De manera similar, esta idea se aplica a cada persona desde Adán. Cuanto más subyuguemos nuestra pulsión por la insensatez de la existencia temporal, dominándola bajo nuestro intelecto y nuestros objetivos eternos, más grande será la apreciación que tendremos de la espiritualidad y más podremos experimentar un "Jardín del Edén" en nuestras vidas, incluso mientras habitemos nuestros cuerpos y estemos en la tierra.

¿Cómo podemos ascender por sobre nuestros bajos deseos? Los Kabalistas y algunos maestros jasídicos recomendaron el ayuno para subyugar los deseos corporales. Obviamente, el requerimiento de la Torá de ayunar en Iom Kipur nos enseña que el ayuno es parte integral del arrepentimiento. Pero hay tres obstáculos para el ayuno: (1) no todos son capaces físicamente de ayunar; (2) aunque quisiéramos hacerlo, aun así necesitamos tener fuerzas para cumplir con las mitzvot y los diversos aspectos de nuestro servicio a Dios; y (3) no todos los que desean una vida espiritual están preparados para tal autosacrificio.[10] Por lo tanto, ¿qué podemos hacer?

El Rebe Najmán sugiere dar caridad. Apoya su explicación en la enseñanza talmúdica, "La recompensa por el ayuno es la caridad" (*Berajot* 6b). Es decir, la verdadera recompensa por el ayuno es la caridad que les damos a los pobres, utilizando el dinero que de otra manera hubiésemos gastado en la comida y la bebida (Maharsha, ad loc.). De esa manera, no derivamos beneficio alguno de la abstinencia; nuestro ayuno es verdaderamente altruista y meritorio. (Hay que notar que en hebreo, la palabra para ayunar, *TaANIT*, es un anagrama de *TeT ANI* ["da al pobre"]

---

10 Ayunar durante largos períodos era una práctica común del Baal Shem Tov y de muchos de los primeros maestros jasídicos, no sólo como medio de purificación sino también como una forma de arrepentimiento después de haber pecado. Habiendo disfrutado los "frutos" de la trasgresión, se requería que uno ayunase para contrarrestar los placeres de ese comportamiento pecaminoso. Muchos de los primeros Codificadores, tales como el rabí Elazar de Worms (autor del *Rokeaj*) y los kabalistas detallan estrictos regímenes de ayuno para lograr una rectificación. (¡El Ari enumera varios cientos de ayunos para ciertos pecados!). Pero los maestros jasídicos les dejaron en claro a sus seguidores que no debían seguir *esos* regímenes, pues eran demasiado estrictos para la persona común. A esto apunta la lección del Rebe Najmán, como ahora veremos.

[*Sefer Jaredim*, p.246], reforzando la conexión entre el ayuno y la caridad).

La caridad, al igual que el ayuno, nos ayuda a vencer los bajos deseos para ascender en la escala de la espiritualidad. Cuando damos caridad, dice el Rebe Najmán, merecemos ser llamados "humanos" y llegamos a reconocer a Dios y a conectarnos con Él. Al actuar de manera caritativa -emulando a nuestro Creador- pulimos nuestros instintos y perspectivas de lo correcto y lo incorrecto, aumentamos nuestra sensibilidad y automáticamente nos volvemos más conscientes de Dios.

Vemos por lo tanto que el primero de los muchos beneficios de la caridad nos hace obtener el título de "humanos", que indica que somos seres responsables y solidarios que reflejan la imagen Divina de nuestro Creador.

En los años siguientes al fallecimiento del Rebe, más y más jasidim se unieron a la peregrinación anual de Rosh HaShaná hacia el *tziun* (tumba) del Rebe en Umán. Tantos llegaron para Rosh HaShaná del año 5590 (1829) que el rabí Natán comprendió que debían construir su propio *kloiz* (sinagoga) para poder ubicarlos a todos. Ésta era una tarea formidable, no sólo debido a los fondos que implicaba sino también debido a la oposición que de seguro encontrarían. Durante algún tiempo, el rabí Natán vaciló en aceptar la responsabilidad de la tarea. Finalmente fue convencido de llevarla a cabo por uno de los más pobres jasidim de Breslov, R' Mendel de Ladizin.

R' Mendel le dijo, "Reb Noson [el nombre coloquial del rabí Natán], si tú no construyes nuestro propio *shul*, no habrás logrado nada". R' Mendel corrió inmediatamente a su casa, tomó dos rublos -todos sus ahorros- y se los llevó al rabí Natán. Sabiendo cuán pobre era R' Mendel, el rabí Natán se negó a tomar el dinero. R' Mendel comenzó a llorar. Le rogó al rabí Natán que tuviese piedad y no lo privase del gran mérito de ser el primer contribuyente para una causa digna. El rabí Natán no pudo negarse más (*Sijot veSipurim*, p.142).

El autosacrificio de R' Mendel por la mitzvá fue el fundamento más firme posible para el *kloiz* y el rabí Natán ahora estaba seguro de que sería construido. Más tarde dijo "¡Con esos dos rublos, construí el *kloiz*!" (*Siaj Sarfei Kodesh* I-570). Comentó cierta vez, "Debemos preguntarnos si fue el dinero de los ricos el que construyó el *shul* o el anhelo de los pobres de ver el trabajo terminado. Sería justo decir que fue el anhelo de los pobres lo que construyó el *shul*" (rabí Eliahu Jaim Rosen).

# EL LEGADO
# DE ABRAHAM

*Toda la caridad y la bondad que los judíos hacen en este mundo crean defensores y producen una gran armonía entre Israel y su Padre en el Cielo (El Libro de los Atributos, Caridad A1).*

Parece como si cada página de la Torá describiese un acto de caridad. Para nombrar unos pocos:

■ Dios creó el mundo para revelar Su compasión e hizo al hombre de acuerdo a Su imagen y semejanza, para que ser humano significase literalmente ser caritativo.

■ Una vez que Adán y Eva pecaron y fueron expulsados del Jardín del Edén, Dios, como un acto de caridad, les dio vestimentas para cubrirse.

■ Dios salvó del diluvio a Noaj, a su familia y a toda una plétora de animales y Noaj cuidó de las criaturas día y noche durante un año.[11]

Pero el paradigma de la bondad, la caridad y la justicia fue Abraham. Como Dios dijo de él:

Pues Yo lo he conocido, a fin de que mande a sus hijos y a su casa después de él, para que guarden el camino de Dios, haciendo caridad y justicia (Génesis 18:19).

---

11 El Midrash enseña que debido a que Noaj se ocupó de los demás -en este caso, de los animales- fue llamado un Tzadik (*Tanjuma, Noaj* 2).

Y así lo hizo. Encontramos testimonios en el Tanaj sobre los actos caritativos de Iosef, Moshé, el rey David y muchos otros descendientes de Abraham. La caridad es el legado del pueblo judío, transmitido por el primer patriarca de la nación.

A lo largo de la historia, la caridad ha sido el punto focal de toda comunidad judía, de todo gobierno judío y autoridad autónoma. En cada ciudad, los judíos establecieron su propia sociedad de *bikur jolim* para atender a los enfermos, sociedades para ocuparse de los difuntos como la *jevra kadisha*, fondos comunales para los necesitados y cocinas públicas para alimentar a los pobres. Cada semana los administradores de esos fondos solían salir a recolectar la caridad y a distribuirla (ver *Iore Dea* 256-257). Pese a las presiones dentro de las mismas comunidades y al yugo de una inaguantable carga impositiva por parte de las autoridades locales, ni la nieve, ni la lluvia, ni el calor, ni la oscuridad de la noche impedían que esos enviados hicieran con diligencia sus rondas.[12]

El Talmud relata que en su época, cuando un hombre quería pedir la mano de una mujer en matrimonio, debía investigar los antecedentes de su familia varias generaciones atrás. Sin embargo, si su padre era un administrador del fondo de caridad no había necesidad de investigar la familia.[13]

¿Qué hizo -y qué hace- que los judíos estén tan involucrados en la caridad? Si bien es verdad que la naturaleza humana es compasiva de manera innata, debe haber una dimensión mucho más profunda para la caridad que hace que la gente sacrifique su

---

12 He viajado bastante por Norteamérica al igual que por Sudamérica, Europa y Sudáfrica. Allí en donde estuve encontré hospitales y organizaciones de bien público establecidas por las comunidades judías para el cuidado de los enfermos, de los ancianos y los discapacitados.

13 *Kidushin* 76a. Ello se debe a que de haber algo incorrecto en el manejo de los fondos, sus enemigos y opositores lo habrían sacado a luz.

tiempo, su dinero y a veces sus propias vidas -o una buena parte de sus vidas- para hacer lo que pueda por los demás. Y la hay.

La Torá afirma: "Cuando entren en la Tierra [de Israel] y planten árboles frutales..." (Levítico 19:23).

Enseña el Midrash: "Se nos dice que debemos unirnos a Dios (Deuteronomio 13:5). ¿Cómo es posible hacerlo? Haciendo lo que Él hace. Al igual que Dios, Quien desde el comienzo se dedicó a plantar el Jardín del Edén (Génesis 2:8), de la misma manera, al entrar a la Tierra, la primera cosa que debemos hacer es ocuparnos de plantar" (*Vaikrá Rabah* 25:3).

Éste es el legado de Abraham: Plantar. Establecer. Construir.

Nuestros hijos no podrán recolectar los frutos si nosotros no plantamos los árboles ahora. Este "plantar" es el sendero establecido por Abraham - el sendero de la caridad y de la justicia. Siendo descendientes de Abraham, estamos obligados a actuar de manera recta, definiendo la diferencia entre lo correcto y lo incorrecto, haciendo aquello que es justo y demostrándoles a los demás, mediante nuestro ejemplo, cómo vivir, ahora y por todas las generaciones. Y estamos obligados a llevar a cabo actos de caridad, que les permitan a aquellos que puedan carecer de los medios para plantar, establecerse y construir también el futuro.

El Talmud relata que Shmuel y Avlet estaban sentados cuando pasaron por allí algunos trabajadores camino al lago para cortar madera. Avlet dijo que uno de los hombres sería mordido por una serpiente y moriría. Shmuel el dijo que si era judío, sobreviviría.

Cuando los trabajadores pasaron de retorno, volviendo a su hogar, no faltaba ninguno de ellos. Avlet, que estaba seguro del destino del hombre, inspeccionó el atado de madera del hombre y encontró una serpiente cortada por la mitad. Shmuel le preguntó al hombre cómo había actuado ese día.

El hombre respondió, "Cada día uno de nosotros suele recolectar la comida de cada uno y distribuirla entre todos. Hoy uno del grupo no trajo comida. Yo recolecté todo el alimento y, cuando me acerqué a nuestro amigo, hice como que estaba también tomando de él. Pero en realidad, yo le di de mi comida para que no se sintiese avergonzado".

Shmuel le dijo, "Has hecho una gran mitzvá. La caridad salva de la muerte" (*Shabat* 156b).

Comentando sobre el versículo "Todo tu pueblo son Tzadikim" (Isaías 60:21), dice el rabí Natán: "Todos ellos son rectos. Llevan a cabo buenas acciones y actos de bondad y, en general, vemos que incluso los judíos pobres actúan de manera caritativa. No hay nación que haga tanta caridad y lleve a cabo tantos actos buenos como la nación judía" (*Likutey Halajot, Kidushin* 3:12).

## LA CARIDAD SALVA

Los actos de caridad y de bondad han mantenido al pueblo judío, protegiéndolo y permitiéndole sobrevivir como una nación.

El Libro de Proverbios declara en dos lugares (10:2, 11:4): "La caridad salva de la muerte". Dado que todos deben morir inevitablemente, el Talmud cuestiona la redundancia de esta declaración. Explica que un versículo hace referencia a una muerte no natural y la otra al Gueinom - el castigo después de la muerte. La caridad salva de ambos.

Todo aquel que ponga en tela de juicio esta enseñanza sólo necesita contemplar la historia judía. El pillaje y el sufrimiento soportado por los judíos a través de las generaciones, comenzando con el exilio en Egipto y las continuas invasiones de la Tierra Santa detalladas en el Tanaj,[14] son sólo unos pocos de los muchos ataques en contra de los descendientes de Abraham. Estos fueron seguidos por los exilios en Babilonia y en Persia y la invasión griega de la Tierra de Israel. Agreguemos la destrucción romana del Santo Templo y la subsecuente dispersión, junto con los muchos opresores que han golpeado a la nación judía hasta el día de hoy. Incluso un estudio superficial de la vida de los judíos bajo la égida del cristianismo -especialmente durante las cruzadas, la inquisición, la masacre de Jmielnicki, los pogroms de Europa oriental y el holocausto- hace que uno se pregunte cómo es que alguien pudo sobrevivir. Hasta hoy en día, considerando las volátiles condiciones de vida en Israel -rodeada como está por las naciones hostiles árabes que han desatado varias guerras con la intención de aniquilar a los judíos- no es nada menos que un milagro el que la nación judía aún exista.

Pero así es.

Adonde sea que se asentara el pueblo judío, así fuera debido a las expulsiones forzadas o a que las nuevas tierras ofrecían una mejor vida, siempre construyó. Fundó escuelas y hospitales, estableció servicios comunales y cuidó de sus hermanos menos afortunados. Pese a las injusticias que sufrieron constantemente, nunca hubo un periodo en el cual los judíos no se dedicasen a alguna forma de caridad. Después de las masacres de Jmielnicki, cuando los judíos huyeron de Ucrania, las comunidades judías de Turquía y Europa Occidental abrieron sus puertas para recibir a los cientos de miles de refugiados. Lo mismo sucedió después del holocausto, cuando las comunidades judías en los Estados Unidos, Canadá, Sudáfrica e Israel ayudaron a absorber a los sobrevivientes. Esas mismas puertas se abrieron nuevamente en Israel para recibir a los refugiados judíos de los países árabes al comienzo de la década de 1950 y a los judíos rusos en la década

---

14 Ver especialmente los Libros de Samuel, Reyes y Crónicas.

de 1990. En contraste, los árabes que viven de acuerdo al Corán -que habla de la importancia de la caridad- han dejado a sus hermanos refugiados hundidos en la pobreza y el sufrimiento, articulando su compasión sólo con palabras.

No hay duda al respecto: la caridad salva de la muerte - la muerte de un individuo e incluso la de toda una nación.

El Rebe Najmán lleva esto un paso más adelante. Afirma que al dar caridad uno también se salva del pecado (*Likutey Moharán* I, 116).

Llega a esta conclusión analizando las enseñanzas del Talmud. Enseñan nuestros Sabios: "A todo aquél que muestra compasión por la creación de Dios le es mostrada compasión desde el Cielo" (*Shabat* 151b). Esto significa claramente que Dios será compasivo hacia todo aquel que sea compasivo con los demás. Pero aun así sabemos que está prohibido mostrarle compasión a alguien que carece de *daat* (*Berajot* 33a). De modo que si Dios le muestra compasión a alguien, debe significar que esa persona ha adquirido *daat*. ¿Cómo? ¡En virtud de ser caritativa y compasiva! Al tener compasión, uno se libra de cometer un pecado, pues enseñan nuestros Sabios que "el hombre no peca a no ser que sea dominado por un espíritu de locura" (*Sotá* 3a; *Likutey Moharán* I, 116).[15]

De modo que la caridad salva de la muerte y del pecado. Y también salva de la esclavitud.

Cuando Moshé le preguntó a Dios, "¿Quién soy yo para que vaya al faraón y para que saque a los hijos de Israel de Egipto?". Dios le respondió, "Porque Yo estaré contigo. Y ésta

---

15 En las sagradas escrituras encontramos que la compasión sólo se obtiene a través de *daat*. Esto lo vemos con la compasión demostrada por la persona sabia que lleva a resultados positivos. La compasión ofrecida por los insensatos no lleva a ninguna parte - o peor aún, tiene resultados negativos. Un ejemplo sería darle a un borracho otro trago.

será tu señal de que Yo te he enviado: Cuando hayas sacado al pueblo de Egipto, servirán a Dios en este monte" (Éxodo 3:11-12).

El Éxodo sirvió para elevar a los judíos por sobre la esclavitud material de los faraones, por sobre las atracciones de este mundo, hacia un propósito superior: reconocer el Dios Único Que trasciende las fronteras materiales y las limitaciones. Hoy en día este mismo reconocimiento nos permite trascender nuestros límites físicos y alcanzar una mayor comprensión de los infinitos ámbitos espirituales. ¿Cómo llegamos allí? Dando caridad. La caridad nos reintroduce a nuestras almas, al propósito final de la vida, a un objetivo mayor más allá de vivir en la esclavitud de un salario y de las búsquedas materiales.

## UNA LEY PARA ISRAEL

El legado de Abraham quedó codificado en la ley judía. De acuerdo al código abreviado conocido como el *Kitzur Shuljan Aruj* (y otras fuentes), éstas son algunas de las prescripciones y prohibiciones concernientes a la caridad que le corresponden a cada judío:[16]

■ Estamos obligados a dar caridad, como está escrito, "Abrirás tu mano generosamente" (Deuteronomio 15:8).

■ No podemos abstenernos de la caridad, como está escrito, "No endurecerás tu corazón ni cerrarás tu mano ante tu hermano pobre" (ibid., 15:7).

■ Dios nos prometió que no nos volveríamos pobres ni seríamos dañados de manera alguna al dar caridad, como está escrito, "El

---

16 Las leyes citadas aquí, provenientes del Capítulo 34 del *Kitzur Shuljan Aruj*, están presentadas como un resumen general. Todo aquel que tenga preguntas específicas deberá hacérselas a un rabino competente para un consejo más específico.

acto de caridad trae paz" (Isaías 32:17).

▨ Debemos recordar que necesitamos la ayuda de Dios para sustentarnos; y así como siempre estamos pidiéndole a Dios que cumpla con nuestras necesidades, de la misma manera debemos escuchar a aquellos que nos solicitan. Veremos que al mostrar compasión por el pobre, atraemos la compasión de Dios sobre nosotros.

▨ La caridad trae riqueza y es el único medio que puede ser utilizado para probar a Dios. Generalmente está prohibido probar a Dios, pero si uno da caridad puede hacerlo con el objetivo de comprobar si Dios le aumentará sus ingresos. Sin embargo algunas opiniones mantienen que tal permiso para probar a Dios se aplica sólo a aquellos que diezman sus ingresos, dando al menos el 10 por ciento a los pobres (*Iore Dea* 247:4).

▨ Se requiere que todo judío dé caridad de acuerdo a sus medios - los ricos más, la clase media menos, los pobres algo, aunque sea mínimo.

▨ El tamaño de la donación está determinado por la necesidad. Algunas donaciones pueden ser grandes, otras pequeñas y queda bajo el criterio del benefactor llevar a cabo tal determinación.[17]

▨ El monto anual apartado para los actos de caridad debe rondar entre el 10 por ciento (*maaser*) y el 20 por ciento (*jomesh*) del ingreso.[18] Es recomendable que el dinero sea separado en la medida en que es recibido y luego dado de acuerdo a la demanda. También es posible hacer la suma de las ganancias anuales y apartar el dinero correspondiente, pero la primera manera es preferible, dado que entonces todo el ingreso es "kasherizado" de inmediato.

▨ Debemos dar con una sonrisa y ciertamente evitar dar con un rostro amargo. Enseñó el Sabio del siglo II, el rabí Ishmael:

---

17 Los factores involucrados serán explorados en los capítulos siguientes.
18 Hay otras opiniones en la ley judía concernientes al monto anual, pero éste es el punto de vista generalmente aceptado.

"Corre a darle caridad al pobre. Hay una rueda de la fortuna que gira constantemente" (*Shabat* 151b). Si damos con una sonrisa, otros nos darán a nosotros con una sonrisa. Incluso si nunca llegamos a necesitar de la caridad es posible que nuestros hijos o nietos sí la necesiten.

■ El nivel más elevado de caridad es ayudar a alguien antes de que llegue a estar verdaderamente necesitado. Debemos prestarle dinero para que pueda volver a estar de pie o asociarnos con él o ayudarlo a adquirir alguna nueva habilidad productiva.

■ Dar caridad comienza en el hogar con aquellos más cercanos a nosotros. Por ejemplo, darle a un hermano tiene precedencia ante darle a alguien que no es miembro de la familia, un residente de nuestra ciudad tiene prioridad ante residentes de otras ciudades y una organización local tiene precedencia ante una internacional. Hay opiniones que indican que aquellos que viven en la Tierra de Israel tienen prioridad incluso por sobre aquellos que están más cerca de nosotros o que al menos deben ser considerados iguales a los miembros de la familia.[19]

■ El donante debe hacer todos los esfuerzos para no avergonzar al receptor y dar la caridad de la manera más discreta posible. Ciertamente, no se debe dar caridad con el propósito de engrandecerse, aunque es permisible y a veces loable poner el nombre de la persona en una placa, en una pared, en el manto que cubre la Torá y demás, pues esto alentará a los demás a dar también.

■ Debemos hacer todos los esfuerzos para no aceptar caridad a menos que realmente la necesitemos. Aquellos que se niegan a aceptar la caridad finalmente llegarán a ser ricos y capaces de darles a los demás.

---

19 En cada caso, aquel que tenga dudas con respecto a sus obligaciones deberá consultar a un rabino competente.

Se cuenta la historia de un adinerado jasid que llegó a ver al Maguid de Mezritch, anunciando que había decidido ayunar y mortificar su cuerpo. El Maguid lo aferró por las solapas y clamó, "¡Debes comer pescado y carne todos los días!".

Después de que se fuera el jasid, los discípulos le preguntaron al Maguid "¿Qué hay de tan terrible en el hecho de que un hombre rico se niegue los placeres del cuerpo?".

El Maguid le respondió: "Si come pescado y carne, comprenderá que el pobre debe recibir al menos lo mínimo - pan y demás. Pero si él mismo sólo come pan duro, ¡¿qué quedará entonces para el pobre?!" (*Rabí Eliahu Jaim Rosen*).

Hemos visto cómo la caridad estuvo incluida dentro de la trama misma de la creación, animando a las Diez Sefirot, definiendo la creación del hombre y caracterizando la esencia del pueblo judío. Con esta base, vayamos ahora hacia las enseñanzas del Rebe Najmán de Breslov, quien construye magníficos edificios de comprensión sobre los abarcadores efectos de la caridad y sus grandes recompensas para aquel que pone todo esto en movimiento: el dador.

**2**

# COMO EL DAR
# AYUDA
# A QUIEN DA

# LA LLAVE
# PARA TODAS
# LAS PUERTAS

*Mediante la generosidad serás elevado en el mundo (El Libro de los Atributos, Caridad A28).*

Mucha gente le dedica tiempo a encontrar una buena inversión. Escudriñan las páginas de negocios, monitorean el mercado de valores, se mantienen en contacto con los corredores de bolsa y hacen crecer pacientemente su cartera de inversión. Tales personas quedarían probablemente muy sorprendidas de descubrir que existe una clase de inversión que garantiza un retorno constante - para ahora y para siempre. Más aún, esa inversión preferencial está calificada y asegurada por Dios Mismo. ¿Cuál es? La caridad.

La prueba clave de la potencia de la caridad proviene del Libro del Deuteronomio:

> Cuando hubiere en medio de ti pobre alguno de entre tus hermanos, en alguna de tus ciudades, en la tierra que el Señor, tu Dios, te da, no endurecerás tu corazón, ni cerrarás tu mano a tu hermano menesteroso; sino que indispensablemente le abrirás tu mano y sin falta le prestarás lo suficiente para la necesidad que tenga… Y no debe dolerte el corazón cuando le des, porque a causa de esto te bendecirá el Señor, tu Dios, en toda tu obra y en todo aquello en que pongas tu mano (Deuteronomio 15:7-10).

Agrega la Torá:

> Te regocijarás delante del Señor, tu Dios, tú, tus hijos,
> tus hijas, tus siervos y tus siervas y el levita que reside dentro
> de tus ciudades, juntamente con el extranjero, el huérfano y la
> viuda que habitan en medio de ti... (ibid., 16:11).

Como explica Rashi, los primeros cuatro mencionados
en el último versículo están descritos con el posesivo "tus"
(tus hijos, tus hijas, tus siervos, tus siervas) - estos son parte
de la familia del individuo. Los otros cuatro no son posesivos y
comprenden una categoría especial: el levita (que no tiene tierras
y es considerado de alguna manera alguien necesitado o "sin
hogar"), el extranjero (que es necesitado por motivos diferentes
al levita), el huérfano (que carece de quien lo cuide) y la viuda
(que no tiene quien le provea). Éstos Dios los llama "Míos".
Y, dice Rashi, éste es el trato que propone Dios: "Si tú haces
felices a Mis cuatro entonces Yo me encargaré de que tus cuatro
se regocijen". Dado que los intereses de Dios se encuentran con
los pobres, al invertir en ellos recolectamos grandes dividendos
provenientes de Él, como afirma el Talmud:

> La persona puede llevarle un regalo especial a un rey,
> pero el rey puede no aceptarlo. Incluso si el rey acepta el regalo
> ello no garantiza que la persona tendrá permiso para ver al
> rey. Pero Dios no actúa de esa manera. Si la persona da una
> contribución para los pobres, merece una revelación de Dios
> [incluso en este mundo] (*Bava Batra* 10a).

Los comentarios hacen notar que así como la revelación
de Dios es una experiencia privada, ello también se aplica al que
les da de manera discreta a los pobres para no avergonzarlos
y que no utiliza el acto para engrandecerse. Imagina por lo
tanto. ¡Con el sólo hecho de dar un pequeño regalo al pobre,
merecemos experimentar a Dios! No es una mala inversión. En
absoluto. Continúa el Talmud:

Dijo el rabí Iojanan: ¿Cuál es el significado del versículo "Aquel que se compadece del pobre, le presta a Dios"? (Proverbios 19:17). De no estar escrito, nunca habríamos podido decir tal cosa. Las Escrituras dejan en claro que si le damos al pobre, ello es considerado como si estuviésemos prestando dinero a Dios. Dios de hecho se transforma en el Prestatario del donante - como si Él Mismo firmara una nota de deuda para devolver ese dinero (Maharsha sobre *Bava Batra* 10a). ¡¿Qué mayor reaseguro o garantía necesita uno para prestar dinero, cuando es bien sabido que el Deudor siempre tiene los medios para devolver el préstamo?!

Hasta aquí hemos visto que el invertir en Dios provee los medios para el regocijo de nuestras familias, para experimentar la revelación Divina y volverse en un acreedor de Dios. Y hay más - mucho más.

## ABRIENDO PUERTAS

El poder de la caridad es absolutamente fenomenal. Puede abrir las puertas de un gran anhelo para que queramos servir a Dios constantemente. Mediante la caridad, podremos atraer un influjo tal de la bondad de Dios que ya no tendremos que luchar para obtener dinero. Descenderá una bendición de bondad, trayendo abundancia para todo. En síntesis, dar caridad puede apartar y abrir todas las barreras, incluyendo los obstáculos y dificultades que experimentamos al ganarnos el sustento.

En una de sus lecciones más largas, el Rebe Najmán habla de la caridad como la fuerza que se opone a los desafíos y frustraciones que enfrentamos diariamente (ver *Kitzur Likutey Moharán* II, 4). Enseña cómo, mediante la caridad, podemos ser dignos de percibir la Providencia Divina y traer curación para todas las enfermedades.

El Rebe enfatiza que todos los comienzos son difíciles. En todas nuestras devociones, *mitzvot*, buenas acciones y esfuerzos para lograr el arrepentimiento, necesariamente debemos superar enormes dificultades y obstáculos. Así como la mujer cuando está por dar a luz debe pasar por los trabajos de parto antes de traer su hijo al mundo, también nosotros debemos primero experimentar el "trabajo de parto" de todo aquello que deseamos que nazca. Lo más difícil es el comienzo, hacer esa primera abertura, por lo cual dice la Torá: "Abre (*PaTuaJ tiftaj*) tu mano generosamente". La caridad es llamada una abertura (*PeTaJ*). Ésta es la "primera" abertura - aquella que expande todas las fisuras y abre todas las puertas. Por lo tanto el versículo utiliza dos veces el verbo "abrir": *patuaj tiftaj*. La caridad abre todas las puertas y crea todas las oportunidades.

En este sentido enseña el Rebe Najmán:

El principal trabajo espiritual relacionado con la caridad es el hecho de que la persona debe quebrar su crueldad y transformarla en misericordia para dar su dinero como caridad. Pues la persona que es compasiva por naturaleza y que da caridad debido a su compasión innata no ha llevado a cabo en realidad la devoción de dar caridad. Por lo tanto todos los que sean benevolentes y deseen realizar apropiadamente la mitzvá de la caridad deberán primero pasar a través de esta etapa. Es decir, primero deberán quebrar su naturaleza cruel transformándola en misericordia para dar caridad, pues ésta es la esencia del trabajo espiritual de la caridad. De esa manera también la ira de Dios se transforma en buena voluntad.

La "crueldad" que uno necesita quebrar se encuentra en las relaciones con la familia (*Parparaot LeJojmá* II, 4). Por supuesto que queremos dar caridad, pero nuestra "compasión" es desviada hacia las necesidades de nuestras familias. Después de todo, deben comer y beber, deben vestirse y habitar en una casa apropiada. Dado que nuestra obligación primaria es hacia ellos, es muy difícil usar nuestro dinero para ayudar a los pobres. Debemos conquistar nuestra "crueldad", que emana de la "compasión" hacia nuestras familias. Entonces nuestra caridad será verdadera caridad.

La caridad abre todas las puertas hacia la santidad. En otras palabras, cuando la persona decide adentrarse en un sendero en particular o en una especial devoción en el servicio a Dios, debe crear allí una abertura a través de la cual pasar hacia ese camino... Mediante la caridad, uno amplia la abertura. Incluso si ésta ya existe, la caridad amplía y expande todos los pasajes hacia la santidad. Por lo tanto, antes de comenzar una mitzvá o una devoción religiosa es bueno dar caridad para ampliar el pasaje hacia la santidad que la persona debe alcanzar con su devoción. De esa manera, no le será tan difícil ni oneroso entrar.

El comienzo de la caridad, al igual que todos los comienzos, es extremadamente difícil (*Mejilta, BaJodesh* 2). Todo aquello que debemos hacer para satisfacer nuestras necesidades físicas -incluso las más básicas como comida, bebida, vestimenta y refugio- dificultan tremendamente el servicio a Dios. Mediante la caridad, todas esas dificultades desaparecen y podemos ganar el sustento sin esfuerzo alguno. En verdad, cuando la bondad de Dios nos rodea en mérito al hecho de haber dado caridad, no necesitamos involucrarnos en ninguna clase de negocio ni de tarea, en absoluto. En su lugar, nuestra tarea es llevada a cabo por intermedio de otros.

Es imposible recibir abundante bondad, pues la gente en general no puede recibir una sobreabundancia de bien. De modo que la persona debe crear un recipiente y un conducto a través de los cuales recibir esa bondad. Es mediante el temor a Dios que se crea un recipiente y un conducto para recibir la bondad.

Hasta aquí, el Rebe ha enseñado que la caridad abre puertas. Cuando superamos nuestras reservas iniciales y conquistamos la crueldad innata y la avaricia, nuestra caridad nos abre las puertas a una multitud de oportunidades que ahora son accesibles. No sólo la caridad abre puertas sino que también amplía esos senderos y caminos, permitiéndonos pasar a través de un pasaje abierto y caminar con firmeza en el sendero elegido. Esto se aplica a todo en la vida - al matrimonio, a los hijos, al trabajo y demás. Todas nuestras necesidades serán fáciles de cubrir pues nuestros esfuerzos estarán apoyados e inducidos por los actos de caridad.

Más aún, toda nuestra tarea es considerada tarea Divina, como afirma el *Zohar* (I, 88a): "Un despertar de abajo evoca un despertar similar de arriba". Si nos dedicamos a una tarea constructiva, Dios proveerá con Su propia "construcción" -o "nueva creación"- abriendo nuevas puertas y senderos para proveer a nuestras necesidades, así sean físicas o espirituales. Más aún, al dar caridad, merecemos que Dios haga descender Su bondad sobre nosotros.

Pero a veces cuando damos caridad, esa bondad no se hace presente, quedando retenida por el Cielo. Esto puede deberse a la falta de recipientes apropiados para captar las bendiciones de Dios. Esos recipientes se construyen al servir a Dios con el apropiado temor y reverencia. ¿Cómo lo logramos? Continúa el Rebe Najmán:

> La revelación de que todo se lleva a cabo de acuerdo a la voluntad de Dios y que no hay tal cosa como la existencia de fuerzas naturales [independientes] da como resultado el temor

a Dios. Ello se debe a que en ese momento, la gente sabe que existe tal cosa como la recompensa y el castigo y, como tal, que hay motivos para temer a Dios. Pero cuando la gente cae en la herejía, tal como [en la creencia de que] todo procede sólo de acuerdo a las leyes de la naturaleza, entonces el temor a Dios es un concepto irrelevante.

## LAS TRES FESTIVIDADES

En este punto, el Rebe Najmán introduce una de las enseñanzas más importantes de la Jasidut: la "voluntad de Dios".

De acuerdo a la Kabalá, la "voluntad" es un paralelo de Keter (Corona), la más elevada de las energías espirituales. La voluntad de Dios representa el favor Divino y contiene toda la bondad que podemos llegar a recibir. Cuanto más dediquemos nuestros esfuerzos a la revelación de esa voluntad Divina, mayor será el grado de bondad que podremos esperar. (Esto se debe a que hemos invocado la voluntad de Dios por nuestra propia decisión e iniciado el proceso de una "nueva creación", como se acaba de explicar). Los obstáculos que enfrentamos al revelar la voluntad de Dios son producto de nosotros mismos. Si no reconocemos que la Providencia Divina determina nuestras vidas y equivocadamente lo acreditamos a leyes naturales, entonces en lugar de revelar esa voluntad Divina, la ocultamos. Como explica el Rebe Najmán, cuando invocamos la voluntad de Dios -cuando aceptamos que es Su mundo y que Él lo dirige como desea- nos volvemos conscientes de las consecuencias de no seguir Su voluntad y despertamos en nosotros el temor a Dios.

Esta revelación de la voluntad de Dios [i.e., que todo sucede sólo debido a que Dios así lo quiere] se produce a través de las Festividades. Ello se debe a que cada una de las Festividades proclama, anuncia y revela la voluntad de Dios - es decir, que es sólo la voluntad de Dios la que dirige todas las cosas y que las leyes de la naturaleza no gobiernan nada en absoluto.

Pues en cada una de las festividades Dios llevó a cabo para nosotros tremendas maravillas que contradicen directamente las leyes de la naturaleza. En Pesaj, el éxodo de Egipto se produjo cuando Dios nos sacó de Egipto en medio de asombrosas maravillas. En Shavuot, la entrega de la Torá tuvo lugar cuando Dios nos dio la Torá en medio de tremendas maravillas. En Sukot, [recordamos] las Nubes de Gloria que rodearon [a los judíos en el desierto]. Todas esas tremendas señales y maravillas que Dios hizo para nosotros en cada una de las Tres Festividades revelan que todo ocurre exclusivamente a través de la voluntad de Dios y que las fuerzas naturales no determinan nada en absoluto.

Pero la persona debe inclinar cuidadosamente su oído y su corazón para oír el sonido de esta santa proclama y ser así digna de regocijarse en las Festividades. Pues cada persona, en la medida de cuánto pueda captar en su corazón la proclama de las Festividades -es decir, que todo sucede exclusivamente a través de la voluntad de Dios- será digna de experimentar la alegría de las Festividades.

La Torá llama a las Festividades *mikrei kodesh*, que significa literalmente "llamar a lo sagrado" (Levítico 23:4). El Rebe Najmán explica que la naturaleza de estas Festividades "llama" al pueblo judío a recordar que Dios gobierna las fuerzas de la naturaleza y que ellas están sujetas a Su voluntad. La medida en la que estemos dispuestos a "oír" ese llamado determinará cuánto mereceremos ver de la revelación de la voluntad de Dios.

¿Qué nos impide oír ese llamado? El Rebe Najmán continúa:

Existen "animales" depredadores peligrosos. Estos son los filósofos y los proponentes de las teorías del determinismo natural, que desean demostrar con su falsa sabiduría que todo sucede de acuerdo a las leyes de la naturaleza. Esos animales han atrapado y devorado a muchos de nuestro pueblo. Pues muchas almas judías se han hundido en esa herejía - siendo como pájaros atrapados en una red.

Por lo tanto todo aquel que se apiade de su alma deberá huir y escapar de esos animales para que su alma no sea desgarrada y devorada por ellos. Pues el ataque de esos animales es muy poderoso en verdad y su rugido se eleva y ahoga el llamado de las Festividades que proclaman, exclaman y revelan la voluntad de Dios. Por lo tanto, Dios no permita que alguien mire en esos libros que se ocupan de las discusiones filosóficas y científicas de este tipo.

Cuando los ancianos de la generación carecen de perfección, esas teorías del determinismo natural se fortalecen. Esto se debe a que cada persona debe agregar más santidad y conocimiento de Dios con cada día que pase de su vida y cada uno de los días sucesivos debe irradiar más santidad y conocimiento de Dios que el anterior. Sólo la persona que hace esto puede realmente ser llamada un "anciano santo". Pero cuando la persona daña los días de su vida y no agrega cada día más santidad y conocimiento, aunque haya envejecido, no es llamada en absoluto "anciana". Por el contrario, se dice que tiene una vida muy corta.

El sagrado llamado de las Festividades es contrarrestado por el llamado de las "bestias salvajes" que constantemente difunden las teorías de las causas naturales, ahogando el sagrado llamado que proclama la voluntad de Dios. Si huimos de esos proponentes de un orden natural, estaremos mejor capacitados para oír el llamado sagrado de buscar la Providencia Divina.

El Rebe Najmán explica además que en la cima de la jerarquía de los filósofos a quienes llama "animales" y "ancianos no santos" se encuentra aquel que trata intencionalmente de bloquear la llamada sagrada. Los mismos filósofos, aunque formidables, pueden ser contrarrestados pues desarrollan sus puntos de vista debido a las pasiones - la avaricia, la inmoralidad, el deseo de honor y de reconocimiento y demás. Pero aquel que se encuentra a la cabeza de esta jerarquía enfrenta a Dios para desafiar Su voluntad. El Rebe llama a esa persona *metzaj hanajash* (literalmente, "la frente de la serpiente"). Debido a su osadía en desafiar a Dios, es considerada la raíz de todo mal y del enfrentamiento a la voluntad de Dios. Esa persona es muy difícil de vencer, pues no busca honor ni va detrás de las pasiones. Su sola razón de ser es negar la existencia de Dios y Su voluntad. ¿Como es posible vencer a un mal así?

La respuesta es mediante la caridad. La caridad rectifica la imperfección de los ancianos no santos y anula a su vez la raíz de las filosofías naturales y hace posible oír la proclama de las Festividades que llama y revela la voluntad de Dios - es decir, que todo está determinado solamente por la voluntad de Dios. El Rebe Najmán recomienda dar mucha caridad antes de cada una de las Festividades, para ser capaces de experimentar con plenitud la alegría de las Festividades. Y cuando seamos dignos de oír el llamado de las Festividades proclamando y revelando la voluntad de Dios, alcanzaremos el temor a Dios. Este temor a Dios nos permitirá recibir la bondad de Dios de modo que ya no necesitaremos trabajar para ganarnos el sustento. Todas nuestras tareas serán llevadas a cabo por otros y podremos dedicarnos al servicio a Dios sin ninguna clase de preocupación financiera.

Así es evidente que el beneficio de la caridad es en verdad muy grande, tanto para uno mismo -en el hecho de que le permite a la persona dedicarse sin impedimentos al servicio a Dios- como para el mundo en su totalidad - en el hecho de que se revela en el mundo la fe en la voluntad de Dios. Entonces las almas que ya están atrapadas en las teorías del determinismo natural, como pájaros atrapados en una red, podrán liberarse de sus trampas y escapar, todo como resultado de la caridad.

A veces aunque la persona logre suprimir a los proponentes del determinismo natural, estos seguirán retornando y presentando dudas en cuanto al absoluto predominio de la voluntad de Dios. Entonces sará necesario dar nuevamente mucha caridad, pues la caridad suprime y anula sus teorías y revela que todo ocurre exclusivamente a través de la voluntad de Dios.

El Rebe Najmán concluye esta lección con la declaración "La caridad es una cura para todas las enfermedades". Explica que toda enfermedad es básicamente una infección que hace que las células de la sangre se junten en un lugar específico del cuerpo. La cura implica enviar anticuerpos a ese lugar para luchar contra la infección, pero mientras la infección continúe, la persona no estará bien. Debemos hacer una abertura para permitir que la infección drene del cuerpo - es decir, necesitamos un procedimiento quirúrgico. Dar caridad es equiparable a la cirugía, pues ayuda a abrir la herida y drenar la "infección", para comenzar el proceso de curación.

## LA CARIDAD PERMANECE POR SIEMPRE

El Ari enseña que cuando la persona lleva a cabo una mitzvá, las letras asociadas con esa mitzvá se inscriben en su frente e iluminan su rostro. Lo mismo ocurre cuando se comete una transgresión, cuando las letras asociadas con esa transgresión aparecen en su frente. Cada vez que la persona lleva a cabo una mitzvá o una transgresión, ello se inscribe en su frente; pero esto es eliminado cuando se lleva a cabo la próxima siguiente acción. La excepción a esta regla es la mitzvá de la caridad, que se mantiene grabada en la frente, como esté escrito, "La caridad permanece por siempre" (Salmos 111:3).[1]

---

1 *Pri Etz Jaim, Shaar Shabat* 4, p.388; *Shaar Rúaj HaKodesh*, p.18.

La palabra hebrea para frente es *metzaj*. Al hablar de los ámbitos de la santidad y de la revelación de la voluntad de Dios, la Kabalá utiliza el término *metzaj haratzón* (literalmente, "la frente del favor Divino"). Como acabamos de ver, el Rebe Najmán enseña que hay un poder de la impureza asociado con las fuerzas destructivas del ateísmo, conocido como el *metzaj hanajash* ("la frente de la serpiente"). Este *metzaj hanajash* toma su fuerza de la gente que vive muchos años pero que no llena sus días de santidad. El ateísmo se nutre y crece haciéndose más fuerte a medida que esa gente continúa viviendo.

La antítesis del *metzaj hanajash* es el *metzaj haratzón*, la "frente del favor Divino". Esto contrarresta la larga vida del *metzaj hanajash* y es un paralelo de la persona Divina conocida como Arij Anpin (el Rostro Extendido), un término que implica la longevidad de las fuerzas de la santidad. Dado que el poder del *metzaj haratzón* proviene de una larga vida llena de favor Divino, puede vencer el *metzaj hanajash* y a las fuerzas del ateísmo.

El Rebe Najmán enseña que la caridad despierta el poder del *metzaj haratzón* para vencer el *metzaj hanajash*. Ello se debe a que la caridad connota una larga vida, como está escrito, "Arroja tu pan a las aguas, pues lo encontrarás luego de muchos días" (Eclesiastés 11:1). Dar caridad invoca los "muchos días" - el Rostro Extendido. El *metzaj haratzón* recibe así fuerza para protegernos de los desafíos del ateísmo.

El rabí Natán agrega que uno de los más grandes actos de caridad es cuando se les da a las personas pobres y rectas que siguen las enseñanzas de los Tzadikim y así contrarrestan las enseñanzas del *metzaj hanajash*. Más grande aún es la caridad dada a aquellos que publican nuevas ideas de Torá basadas en las enseñanzas de los verdaderos Tzadikim. Pues esas enseñanzas de Torá difunden el *daat* de los Tzadikim por el mundo entero, contrarrestando la mala influencia de los proponentes del orden natural y ayudando a revelar la Providencia Divina. ¡Esa es una caridad que realmente permanece por siempre! (*Likutey Halajot, Birkot HaShajar* 5:35). Esto está de acuerdo con la enseñanza del Ari de que la mitzvá de dar caridad permanece inscripta en la frente, haciendo que la caridad sea la clave del poder del *metzaj haratzón*.

Tal es el tremendo poder de la caridad, una mitzvá que permanece indeleble y grabada en la persona - ¡por siempre!

Moshé Chenkes fue uno de los líderes comunitarios de Breslov que recibió al Rebe Najmán en la ciudad. Llegó a estar muy cerca del Rebe, a través de cuyas bendiciones pudo prosperar en los negocios. Se volvió extremadamente rico, pero no tenía hijos. Le pidió al Rebe que le diese una bendición para tener hijos, pero el Rebe le dijo que el motivo por el cual no tenía hijos era que había sido víctima de un robo - un antiguo socio le había robado dinero y "robar el dinero de la persona es como robarle a su esposa y a sus hijos" (*Likutey Moharán* I, 69). Poco tiempo antes de fallecer el Rebe Najmán le dijo al rabí Natán, "Si Moshé [Chenkes] se divorcia de su esposa actual, podrá tener hijos".

Al comienzo Moshé Chenkes no estuvo interesado en divorciarse de su esposa. Pero cierta vez en que se encontró con el rabí Natán después de las plegarias de la mañana, éste lo urgió, "Tal como estoy llevando este *talet* y *tefilín*, dijo el Rebe Najmán, '¡Tú tendrás hijos!'". Unos años después, la esposa de Moshé Chenkes aceptó el divorcio. Pidió la mitad de su riqueza, la que él le dio y luego de lo cual ella se casó con su antiguo socio.

Moshé Chenkes se casó con Elki, la hermana del Rav de Tomoshpiel, pero pasaron varios años sin que hubiera señales de hijos. Ocasionalmente Moshé Chenkes solía quejarse al rabí Natán, "Después de todo, tú eres quien me dijo que debía divorciarme". Finalmente, cerca del año 1816, el rabí Natán le dijo, "Ve a Umán y quéjate al Rebe en su *tzion* (tumba). Dile al Rebe, "Hice como tú me dijiste a través del rabí Natán. Me divorcié de mi primera esposa. ¿Dónde está la promesa de que tendría hijos de mi segunda esposa? ¡Ya han pasado varios años desde que volví a casarme y aún no hay señales de hijos!"".

Moshé Chenkes fue a Umán y oró en la tumba del Rebe. Al dejar el *tzion*, el primer pensamiento que le vino a la mente fue "Siembren para ustedes semillas de caridad" (Hoshea 10:12) En ese momento sintió como si el Rebe mismo estaba de pie a su lado recitándole el versículo. Al retornar a Breslov, Moshé Chenkes dio generosamente para caridad. Fue bendecido con una hija y un hijo.

# LA RUEDA DE
# LA FORTUNA

*Incluso un hombre pobre debe dar caridad; pues entonces ya no tendrá más las señales de pobreza (El Libro de los Atributos, Caridad A70).*

U no de los beneficios de la caridad es que como resultado del dar podemos tener una vida más pacífica y calmada. Existe un motivo muy simple para esto: siempre nos encontramos en situaciones que derivan de Guevurá -salud, gastos inesperados, desafíos emocionales- que surgen de las restricciones del vivir. Cuanto más en sintonía estemos con Jesed, con el deseo de dar, mejor equipados estaremos para reconocer las pequeñas chispas de bondad dentro de nuestras dificultades y tratar con ellas.

Esto puede comprenderse a partir de la lección del Rebe Najmán basada en el versículo "En mi dificultad, Tú me aliviaste" (Salmos 4:2; *Likutey Moharán* I, 195):

> Incluso en la dificultad misma Dios nos provee de alivio. Pues si la persona busca la bondad de Dios, podrá percibir que incluso mientras Dios hace que deba encontrar dificultades, también dentro de la dificultad misma Dios le provee de alivio y aumenta Su voluntad hacia ella. Ésta es la explicación de "En mi dificultad, Tú me aliviaste". Es decir, incluso en medio de la dificultad, Tú me diste alivio desde dentro de ella. No sólo esperamos que Dios nos salve rápidamente de todas las dificultades y nos provea de un gran bien, sino incluso que dentro de la dificultad misma podamos encontrar el alivio.

Aprendemos de esta lección que pese a los desafíos de las guevurot (juicios) -y éstos se presentan con asombrosa frecuencia- aun así, cuanto más en sintonía estemos con Jesed, buscando la bondad incluso dentro de las severidades, mejor equipados estaremos para reconocer los pequeños elementos de compasión dentro de nuestras dificultades y tratar con ellos.

Pero hay otras implicancias más profundas.

Aunque el mundo se mueve bajo la guía de la Providencia Divina, Dios también creó un orden natural -el sol se levanta en el este, los ríos fluyen hacia el mar, las piedras ruedan hacia abajo de la montaña- y nosotros los seres humanos hemos aprendido a adaptarnos a ese orden. Podemos hacerlo viviendo en armonía con la naturaleza o abusando de ella, pero nunca podemos cambiar las leyes con las cuales opera la naturaleza.

¿O sí podemos?

El Rebe Najmán enseña que la caridad impacta en el orden establecido de la naturaleza al punto en que *podemos* cambiar las cosas en nuestras vidas - al menos aquellas cosas que se relacionan directamente con nosotros (*Likutey Moharán* I, 31). Basa esta enseñanza en una interpretación de los versículos de la Torá que establecen la mitzvá de la caridad:

> Abre (*patoaj tiftaj*) tu mano y sin falta le prestarás lo suficiente para la necesidad que tenga... Ciertamente le darás y no debe dolerte el corazón cuando le des porque a causa de (*biglal*) esto te bendecirá el Señor, tu Dios, en toda tu obra y en todo aquello que hagas (Deuteronomio 15:8,10).

La frase hebrea del primer versículo utiliza dos veces el verbo "abrir" (*patoaj tiftaj*). El Rebe Najmán enseña que esta redundancia contiene muchas ideas profundas, entre las cuales la implicancia de que la caridad puede ser usada para "abrir" las leyes de la naturaleza y efectuar un cambio en el orden natural y transformar nuestras propias vidas. Para comprender mejor esto, analizaremos la lección del Rebe Najmán paso por paso.

## LA CARIDAD HACE GIRAR LA RUEDA

La caridad corresponde a los *GaLgaLim*.[2] Como dicen nuestros Sabios: "'A causa de (*biGLaL*) esto' (Deuteronomio 15:10) - la rueda (*GaLgaL*) de la fortuna es lo que gira en el mundo" (*Shabat* 151b).

En el mismo pasaje talmúdico, los Sabios aconsejan además que siempre debemos orar pidiendo misericordia para que nosotros y nuestros descendientes nunca caigamos en la pobreza. Pues hay una rueda de la fortuna que gira en el mundo. Así como las constelaciones giran constantemente en los cielos, los ciclos de la fortuna giran trayendo prosperidad a uno e infortunio a otro. Un hombre rico puede perder súbitamente su riqueza al girar la rueda de la fortuna y es posible que pueda recuperarla rápidamente cuando vuelva a girar otra vez.

El Talmud continúa relatando una historia. Rav Jia (que era rico) le dijo a su esposa, "Cuando veas a una persona pobre que se acerca para pedir limosna, corre a darle su porción, para que otros hagan lo mismo con tus hijos". Ella quedó muy sorprendida y le preguntó, "¿Acaso los estás maldiciendo?". En respuesta, Rav Jia citó el versículo de la Torá que hemos visto más arriba, "A causa de (*biGLaL*) esto te bendecirá el Señor, tu Dios". Estaba aludiendo a la fuerza que mueve y hace girar el *GaLgaL*, la rueda de la fortuna. Aunque era posible que sus hijos heredasen su riqueza, tanto ellos como sus descendientes podrían caer más tarde en situaciones difíciles y necesitar de la caridad.

---

2 Literalmente, "ruedas" o "ciclos"; esto hace referencia a las bandas celestiales, a los planetas y las constelaciones contenidos dentro de esas bandas o a las órbitas en las cuales se mueven.

El Maharsha[3] explica que la plegaria tiene el poder de alterar el *MaZaL* (la fortuna) de la persona, de modo que al orar, puede evitar volverse pobre. En nuestro contexto, el Rebe Najmán interpreta esto como significando que la caridad tiene el poder de mover y hacer girar las *MaZaLot* (las bandas celestes) que guían nuestras vidas. La caridad afecta los ciclos de la fortuna y los hace girar para nuestro beneficio, salvándonos de la pobreza. Esta bendición está aludida en el versículo "Ciertamente le darás y no debe dolerte el corazón cuando le des porque *a causa de esto...*".

Continúa el Rebe Najmán:

Es por ello que la caridad contiene seis bendiciones y once bendiciones. (Como enseñan nuestros Sabios: "Aquel que da un centavo a un pobre es bendecido con seis bendiciones y aquel que lo consuela con palabras es bendecido con once bendiciones" [*Bava Batra* 9b]). Esas bendiciones son un paralelo de los siete planetas[4] y de las doce constelaciones. Pues la caridad guía a todas las bandas celestes, como en "El sendero del águila está en los cielos" (Proverbios 30:19). El águila connota compasión - es decir, caridad. Y esto es lo que Shmuel [el Sabio y astrónomo babilonio del siglo II] quiso significar cuando dijo, "Los senderos de los cielos me son tan claros como las calles de *NeHaRDeA* (*Berajot* 58b) [aludiendo al nombre de su ciudad natal, que también puede leerse como] *NeHoRei DeA* (conocimiento iluminado). Esto corresponde a la caridad/compasión, dado que la compasión es principalmente el resultado del conocimiento (*DaAt*).

---

3 Rabí Shmuel Eliezer HaLeví Edels (1555-1631), conocido como el Maharsha, fue el hijo del rabí Iehudá HaLeví. Su obra principal es *Jidushei Halajot veAgadot*, un profundo comentario sobre el Talmud.

4 Esta enseñanza de los siete planetas se basa en fuentes del Talmud, del Midrash y de la Kabalá, donde se presenta una lista de siete planetas, *Jamá* (Sol), *Levaná* (Luna), *Kojav* (Mercurio), *Noga* (Venus), *Meadim* (Marte), *Tzedek* (Júpiter) y *Shabtai* (Saturno).

Aquí el Rebe Najmán presenta una prueba en tres partes para demostrar que la caridad se extiende a los cielos, controlando y guiando el sistema solar. Primero cita el versículo "El sendero del águila está en los cielos". Luego, trae la enseñanza del *Zohar* de que el "águila" connota compasión, pues así como el águila es muy compasiva y protectora de sus crías, de la misma manera Dios tiene compasión de Sus hijos, el pueblo judío (*Zohar* II, 80b). Por lo tanto la compasión es un águila cuyo "sendero está en los cielos" - es decir, ella guía los cielos. Tercero, el Rebe aplica la conexión del *Zohar* entre la compasión y la caridad (ibid., III, 148a), concluyendo que la caridad guía de manera similar los cielos, los cuerpos celestes y las fuerzas de la naturaleza. La naturaleza puede ser benefactora y beneficiosa -abundante lluvia, buenas cosechas, aire puro- pero cuando damos caridad, *nosotros* somos los benefactores de la naturaleza y por lo tanto tenemos poder sobre lo que ésta puede entregar.

Examinemos las tres pruebas que trae el Rebe Najmán. La conexión del *Zohar* entre la compasión y la caridad es parte de una explicación de una conversación entre Dios y Abraham. De acuerdo a las *mazalot* el primer patriarca judío estaba destinado a no tener hijos. Cuando Dios le prometió hijos a Abraham, lo elevó por sobre las *mazalot* y le mostró que sus descendientes estarían enraizados en *TzeDeK* (justicia). Abraham comprendió que realizando actos de caridad podría atemperar la justicia con compasión y traer *TzeDaKah* (caridad) para él, agregando así una *hei* extra a su nombre. (Hay que notar que en hebreo, la diferencia entre las palabras *TzeDeK* y *TzeDaKaH* es la letra *hei*).

Lo que esto significa en nuestro contexto es que aunque el horóscopo de Abraham indicaba que no tendría hijos, él estaba llevando a cabo constantemente actos de caridad y de bondad. Dios lo recompensó agregándole la letra *hei* a su nombre, cambiándolo de *Abram* a *Abraham*.[5] Esto le permitió a nuestro patriarca elevarse por sobre su predestinada esterilidad, por sobre los cielos y las influencias celestes. Abraham cambió su destino mediante la caridad y la compasión. En verdad, tan grande fue el poder de su caridad que Dios elevó literalmente a Abraham por sobre los cielos.[6]

El Rebe Najmán también menciona a Shmuel, el Sabio talmúdico que vivía en Nehardea. Shmuel era extremadamente sabio y muy bien versado en astronomía, astrología y otras ciencias naturales, cuyos senderos le eran tan claros como las calles de su ciudad natal (*Berajot* 58b). El Rebe Najmán conecta *NeHaRDeA* con *NeHoRei DeA* (conocimiento iluminado). Como resultado de ese conocimiento claro, Shmuel tuvo compasión. En nuestro contexto, esto hace referencia a dar caridad. A la inversa, debido a que Shmuel era caritativo y tenía compasión (él y su padre eran *gabei tzedakah*, recolectores de caridad), él tenía *DaAt* (un conocimiento claro o guía) de las sendas de los cielos.

En otra instancia, el Rebe Najmán enseña que sólo aquellos que tienen un conocimiento claro pueden realmente tener compasión (*Likutey Moharán* I, 119 y II, 8:2). De otra manera y pese a sus mejores intenciones, su misericordia puede llegar ser un acto de crueldad. Consideremos una madre que, en lugar de darle leche a su hijo que llora, comete el tremendo error de darle comida sólida (ibid., II, 7:1). De manera similar, aunque la disciplina parece ser lo opuesto de la compasión, es mucho más misericordioso que el padre restrinja momentáneamente a su hijo que permitirle crecer de manera indisciplinada.

Consecuentemente, sólo aquellos que tienen la cualidad

---

5 La esterilidad de Sara también fue revertida cuando su nombre fue cambiado de *Sarai* a *Sara*.
6 *Zohar* III, 148a; ver también Rashi sobre Génesis 15:5.

del *daat* tienen verdadera compasión. Ellos saben cuándo, dónde y cómo utilizarla de manera apropiada.

## LA FUENTE DE LA BENDICIÓN

Hasta aquí, el Rebe Najmán ha enseñado que la caridad -que está asociada con la compasión y el conocimiento- dirige los ciclos de la fortuna (*galgalim*) pues sobrepasa a las influencias celestes (*mazalot*). Cómo es que estas fuerzas actúan sobre nosotros puede comprenderse mejor a partir de este Midrash:

> No hay hoja de hierba que no tenga una estrella sobre ella y un ángel por sobre la estrella que la golpee y le diga, "¡Crece!" (*Bereshit Rabah* 10:6).

Aquí aprendemos que la abundancia que llena el mundo en la forma de una copiosa producción (hierbas) recibe de las estrellas y las constelaciones y es gobernada por ellas. Cuando éstas giran en su orden apropiado y las estaciones experimentan las lluvias esperadas, hay un flujo de abundancia. Más aún, las estrellas y las constelaciones reciben de lo que se encuentra por sobre ellas -de los ángeles- y los ángeles, reciben a su vez de Dios, tomando de Su bondad y misericordia. Así el mundo entero está sustentado por la caridad desde Arriba.[7]

Cuando somos caritativos, nuestros actos de bondad producen un aumento de la bondad proveniente de Dios; en otras palabras, nuestras buenas acciones hacen que el sistema estelar haga descender bondad y abundancia sobre la tierra. De aquí la declaración del Rebe Najmán "La caridad guía las bandas celestes". Continúa su lección:

---

7 Esta explicación proviene del *Parparaot LeJojmá*, un importante comentario sobre el *Likutey Moharán* escrito por el rabí Najmán Goldstein de Tcherin (1825-1894).

Ahora bien, es necesario explicar aquello que falta de las bendiciones [que confiere la caridad]. Pues debería haber siete bendiciones y doce bendiciones [correspondientes a los siete planetas y a las doce constelaciones, para un total de diecinueve]. Pero de acuerdo al pasaje del Talmud, entre el dador [que merece seis bendiciones] y el que consuela [que merece once bendiciones], solo hay diecisiete bendiciones [de modo que faltan dos].

La abundancia que desciende a este mundo está determinada por los ciclos de los siete planetas y de las doce constelaciones. Si hay diecinueve "influencias", es razonable pensar que debería haber diecinueve bendiciones correspondientes. Pero a partir del pasaje talmúdico vemos que sólo hay diecisiete bendiciones. ¿Qué sucede con las otras dos?

¡Debes saber! La perfección primordial de los *galgalim*, la perfección de la caridad, sólo se produce en el Shabat. Éste es el significado de la afirmación de los Sabios "El sol en Shabat es caridad para los pobres" (*Taanit* 8b). En otras palabras, la caridad alcanza una luz perfecta sólo a través del Shabat; como resultado del Shabat, ella ilumina como el sol, como en "Un sol de caridad" (Malaji 3:20)… Ello se debe a que el mayor brillo de la luz de la caridad y su perfección sólo tienen lugar en el Shabat. Pues la esencia de la caridad es la fe, como en "Él [Abraham] tuvo fe en Dios y Él [Dios] se lo consideró como caridad" (Génesis 15:6). El Shabat es fe - fe en la renovación del mundo y en la Unidad de Dios.

Y la fe es la fuente de las bendiciones. Esto es como está escrito, "Un hombre de fe, muchas son [sus] bendiciones" (Proverbios 28:20) y "Dios bendijo el séptimo día" (Génesis 2:3). Pero las bendiciones sólo se completan cuando se las recibe desde la fuente de las bendiciones [i.e., de la fe]. Debido a esto, está escrito que sólo hay seis bendiciones y once bendiciones - para demostrar que [sin fe] carecen de perfección.

El versículo completo de Malaji citado por el Rebe
Najmán dice: "Un sol de caridad brillará para aquellos de
ustedes que reverencien Mi Nombre". La frase "que reverencien
Mi Nombre" hace referencia a aquellos que observan el Shabat.[8]
Un sol brillando en Shabat es un acto de caridad para los pobres,
quienes [debido a que no pueden costearse la calefacción] se
calientan con su radiación y calor.

Habiendo demostrado la conexión entre el Shabat, el sol y
la caridad, el Rebe Najmán sugiere que el "sol de caridad" sólo
puede ser perfeccionado guardando el Shabat. Cuando el judío
cuida el Shabat, demostrando así su fe en Dios y en Su Torá, su
caridad brilla tanto como el sol. Entonces la caridad se completa
y las bendiciones que antes faltaban ahora se vuelven plenas.

El segundo versículo citado por el Rebe Najmán, "Él tuvo
fe en Dios y Él se lo consideró como caridad", hace referencia a
Abraham, cuya fe en Dios generó caridad. De no haber sido por
la fe, sus actos no habrían sido considerados caridad, pues la fe
completa la caridad.

Explica el rabí Natán: Nuestros Sabios enseñan que el
mundo fue creado "incompleto". Para que algo pueda ser utilizado
por el hombre necesita ser completado o rectificado - por ejemplo,
las vestimentas deben ser cosidas, el alimento debe ser cocinado y
demás (*Bereshit Rabah* 11:6). Por lo tanto, cuando las Escrituras dicen:
"Tú has hecho todo con sabiduría" (Salmos 104:24), ello significa
que en Su sabiduría, Dios dejó a propósito todo incompleto para
que pudiese ser completado por la fe. Cuando la persona tiene
fe en que Dios creó todo y elige por su propia voluntad buscar a
Dios, demuestra que tiene fe. Esa fe completa sus necesidades y
así tiene de todo (*Torat Natán* 31:3). Consecuentemente, la plenitud
y la perfección de todas las cosas -incluyendo especialmente la
caridad- se produce a través de la fe.

---

8 (*Taanit* 8b); ver también Rashi sobre este versículo.

Observar el Shabat demuestra nuestra fe en Dios. Ello atestigua que creemos que Dios creó el mundo *ex nihilo*, a partir de la nada, pues al descansar en el Shabat afirmamos el hecho de que no hay necesidad de rectificar ni de reparar nada. Tenemos fe en que aunque no hagamos nada, Dios nos proveerá - así como Él creó el mundo entero a partir de la nada y lo mantiene. Más aún, observar el Shabat afirma nuestra fe en que Dios es Uno - que no hay otro. Él ordena y nosotros aceptamos Su soberanía; guardamos la santidad del día que Él llama "santo". Guardar las leyes del Shabat es una expresión de fe.

El rabí Najmán Goldstein de Tcherin agrega que cuando usamos libremente nuestro dinero en honor al Shabat, también demostramos fe (*Iekara DeShabata* I, 31). Y donde hay fe, abundan las bendiciones, pues la fe es la fuente de todas las bendiciones. Además, el Midrash testifica que grandes bendiciones llegan debido al Shabat, incluyendo la bendición de la prosperidad.[9]

## EL REGALO DEL POBRE

Hasta aquí el Rebe Najmán ha enseñado que la caridad dirige los *galgalim*, pues la caridad está asociada con la compasión y con el intelecto, lo que hace que las constelaciones hagan descender abundancia sobre nosotros. Pero la caridad en sí misma no puede dirigir los *galgalim* a no ser que aquel que da caridad tenga fe en Dios. Esa fe se manifiesta en la observancia del Shabat. Al guardar el Shabat, demostramos que tenemos fe en que Dios creó el mundo entero y que nosotros dependemos de Él. Por lo tanto, nuestras mismas vidas dependen de Su compasión y caridad. Emulando a Dios -dando caridad- debido a que tenemos fe en Él, si damos caridad, ¡es

---

9 Ver *Bereshit Rabah* 11 sobre el versículo "Y Dios bendijo el séptimo día" (Génesis 2:3).

como si estuviésemos en control del universo que Él creó! Esa caridad dirige los *galgalim*, que representan el orden natural, permitiéndonos hacer que desciendan abundancia y bendiciones a nuestras vidas. Agrega el Rebe:

> Y éste es el significado del Midrash: "¡Más es lo que hace el dueño de casa por el pobre, que lo que el pobre hace por el dueño de casa!" (*Ruth Rabah* 5:9). Ello se debe a que la esencia del "hacer" es aquello que el pobre hace por el dueño de casa.

Como se mencionó anteriormente, cuando Ruth llegó a la Tierra Santa con su suegra, Naomi, no tenían nada para comer. Ruth fue a recolectar las gavillas de cebada dejadas detrás por los cosechadores en los campos pertenecientes a Boaz. Al retornar con una cantidad considerable Naomi le preguntó dónde había encontrado tanto grano. Ruth le respondió, "El nombre del hombre para quien yo hice hoy es Boaz" (Ruth 2:19). De aquí nuestros Sabios deducen que el pobre hace más por el rico que el rico por el pobre.

Explican los comentaristas de este Midrash: Al darles limosna a los pobres, el rico les provee de sustento, una acción realmente encomiable. Sin embargo, el pobre le ha dado al rico algo más: una mitzvá, cuya recompensa le aguarda en el Mundo que Viene. Ese regalo tiene un valor mucho más grande que cualquier recompensa temporal que podría haber recibido en este mundo. Más aún, incluso en este mundo, al recibir la caridad, el pobre ayuda al dador a "protegerse" a sí mismo y a su riqueza; de modo que él sostiene al rico también en este mundo.

El rabí Najmán Goldstein de Tcherin agrega, "La gente enriquece debido a que honra el Shabat".[10] Aunque la gente trabaja durante la semana para ganar dinero, el Shabat es la fuente de su sustento. Éste es el significado profundo de "el

---

10 *Iekara DeShabata* I, 31; ver *Bereshit Rabah* 11:4; cf. *Guitin* 28b.

pobre hace por el dueño de casa". El Shabat, el día de la semana en el que uno no trabaja, es el "pobre" - aun así la bendición, el producto del trabajo de la semana, emana de él.

Continúa el Rebe Najmán:

> ¡Y debes saber! La fe sólo perdura debido al concepto del pacto, como en "Mi pacto se mantendrá fiel" (Salmos 89:29). Y este pacto está asociado con el Shabat, como está escrito, "Un pacto eterno entre Mí y los Hijos de Israel, que en seis días hizo Dios los cielos y la tierra y en el séptimo día cesó de trabajar y descansó" (Éxodo 32:17). Y esto es, "Si no fuese por Mi pacto con el día y con la noche, no hubiese establecido las leyes del cielo y de la tierra" (Jeremías 33:25). Pues las leyes del cielo y de la tierra -i.e., los *galgalim*- dependen del pacto.

Hasta este punto, el Rebe Najmán ha demostrado cómo las bendiciones no estaban completas sin la fe. Pero si agregamos la fe a las diecisiete bendiciones, sólo llegamos a dieciocho bendiciones. (Recordemos que las enseñanzas originales referidas a las bendiciones son un paralelo de los siete planetas y las doce constelaciones, dando un total de diecinueve). Con esta afirmación, el Rebe Najmán enseña que las diecinueve bendiciones están relacionadas con la moralidad (la pureza sexual). Cuando nos mantenemos moralmente puros y guardamos nuestra fe/la observancia del Shabat, entonces nuestros actos de caridad pueden dirigir los *galgalim* y ejercer control por sobre el orden natural.

Lo que queda de esta lección se centra en varias ideas: qué sucede cuando carecemos de moralidad y de fe, cómo podemos crecer espiritualmente mediante el estudio de la Torá y la importancia de tener buenos deseos y de articular esos deseos con plegarias delante de Dios. Al final de la lección, el Rebe demuestra cómo aquellos que merecen absorber esas enseñanzas pueden ver literalmente la Providencia Divina y ser capaces de encontrar abundancia y bendiciones en todo lo que hacen.

Imaginemos una persona que está enferma y necesita curación o alguien cuyos negocios no van bien y necesita "un poco de buen *mazal*" (de suerte, en lugar de lo que las estrellas dictan) o alguien que tiene impedimentos físicos para llevar a cabo lo que anhela. La solución para todas esas personas es la caridad. Dado que la vida está guiada por los signos astrológicos (ver *Shabat* 156a) -y esos signos, a su vez, están influenciados por las fuerzas superiores que se encuentran por sobre ellos- por lo tanto, al dar caridad, es posible dirigir e influenciar las fuerzas estelares para hacer nuestra voluntad.

Esto es como enseñan nuestros Sabios: "No hay *mazal* para Israel" (ibid.). Cuando damos caridad, ascendemos por sobre las influencias celestiales y traemos directamente desde la Providencia Divina, desde el nivel de lo sobrenatural y gobernamos por sobre el orden natural.

El rabí Natán estuvo casado durante ocho años sin ser bendecido con hijos - su esposa perdió el embarazo varias veces. Habiéndose acercado poco tiempo antes al Rebe Najmán, el rabí Natán habló con él sobre su sufrimiento. El Rebe le dijo, "Para eso deberás dar un *pidion* (redención)". El rabí Natán comisionó a alguien para que hiciese seis sillas para el Rebe, un regalo que fue bien recibido. El rabí Natán tuvo seis hijos, cinco hijos varones y una hija. Más tarde dijo, "¡De haber sabido que el número de hijos dependía de las sillas, habría ordenado doce sillas para el Rebe!" (*Tovot Zijronot*, p.111; tradición oral de Breslov).

# EL OJO BONDADOSO

*Al dar caridad, la persona se libra de la injusticia, de la opresión y del infortunio (El Libro de los Atributos, Caridad A37).*

El Cantar de los Cantares, ostensiblemente una canción que describe el amor entre un hombre y una mujer, es de hecho una alegoría que describe el amor entre Dios y el pueblo judío. En concordancia con su estilo alegórico, cada línea de este Cantar está llena de alusiones a todos los aspectos de la vida judía. Un versículo en particular alude a quien da caridad:

Al huerto de los nogales descendí para mirar los frutos del valle (Cantar de los Cantares 6:11).

Explica el Midrash: "¿Por qué se compara a los judíos con un huerto de nogales? Pues así como existen varios tipos de nueces -de corteza blanda, de corteza dura y variedades intermedias- de la misma manera, hay varias clases de judíos. Están aquellos que son caritativos de manera innata y dan constantemente. Están aquellos que dan caridad cuando se las piden, pero no antes. Están aquellos que, al igual que las nueces de corteza dura, ¡deben ser quebrados antes de que alguien pueda beneficiarse de ellos!" (*Shir HaShirim Rabah* 6:11).

El rey Salomón, quien compuso el Cantar de los Cantares al igual que el Libro de Proverbios y el Eclesiastés, volvió a este tema al describir al hombre con un mal ojo y al hombre con un ojo bueno y bondadoso. El hombre con un ojo bondadoso es generoso y bendecido, "pues le ha dado su pan al pobre"

(Proverbios 22:9). El hombre con un mal ojo es avaro y "corre tras la riqueza... no sabe que el mal lo alcanzará" (ibid., 28:22).

Hay gente que le pone un gran énfasis al hecho de ayudar a los demás. Están aquellos, por otro lado, que son celosos y envidiosos, que quieren todo para ellos; y, como enseña el Midrash, hay muchos intermedios. El "ojo bondadoso" no requiere más definiciones - se refiere obviamente a la persona que da de sí misma a los demás. Desde el punto de vista de la caridad juzga a los demás de manera positiva, busca el bien en los otros y ve lo bueno en cada situación.

En contraste con el "ojo bondadoso" se encuentra el "mal ojo". La persona afligida con un mal ojo posee las características de los celos, del odio y de la avaricia; siempre mira el mal en los demás; y raramente tiene una palabra de bondad para alguien. La ira, la arrogancia, la osadía y el desprecio son lo común en ella. También existe un mal ojo con implicaciones místicas, como si ese mal ojo pudiese maldecir a los demás. El *Zohar* (I, 68b) dice del mal ojo de Bilaam:[11] "Lo que miraba quedaba maldecido". Sea cual fuere el mal de ese ojo, lleva consigo en verdad una pesada carga.

El mal ojo ha hecho un gran daño a la humanidad. Caín sentía celos de Abel y lo mató. Ishmael quiso corromper a Itzjak debido a la perfección de este último.[12] Esaú estaba celoso de las bendiciones que Iaacov recibió de su padre e intentó asesinarlo. Labán estaba celoso del éxito de Iaacov con los rebaños y pergeñó una manera de robarle su riqueza. Los hermanos de Iosef estaban celosos de él y lo vendieron como esclavo. Koraj sentía envidia de Moshé y de Aarón, el rey Shaúl envidiaba a David y así en más hasta el día de hoy.

---

11 Bilaam era un profeta no judío que trató varias veces de maldecir a los judíos mientras estos acampaban en el desierto (ver Números 22:2-24:25).
12 Cf. Rashi sobre Génesis 21:9-10 y 22:1.

El Rebe Najmán enseña que el mal ojo de Esaú se manifestó en los 400 hombres que llevó con él para luchar contra Iaacov cuando éste retornó de la casa de Labán (Génesis 32:7). El valor numérico de las letras hebreas de *RA AIN* (mal ojo) es 400, indicando que la intención de Esaú era absolutamente mala (*Sabiduría y Enseñanzas del Rabí Najmán de Breslov* #242). El Talmud describe a Esaú como el paradigma del mal[13] y sus descendientes aún tratan de destruir a los hijos de su hermano Iaacov. Con esto en mente, el Rebe Najmán ofrece una interesante enseñanza sobre el mal ojo - cómo superarlo y, más aún, cómo merecer el premio de un buen ojo.

## CARIDAD Y JUSTICIA

Comenzamos nuestro estudio del ojo bondadoso examinando la relación entre la caridad y la justicia. La palabra hebrea para caridad, *TzeDaKah* comparte la misma raíz que la palabra para justicia, *TzeDeK*. En el judaísmo, la caridad no es vista solamente como un mero acto de compasión sino como una obligación - lo correcto que se debe hacer.

La caridad y la justicia son complementarias. No podemos verdaderamente administrar justicia si no adoptamos el manto de la caridad. No podemos ser verdaderamente caritativos si no nos guiamos por la justicia. El Rebe Najmán explica que dar caridad equilibra la balanza de la justicia, en la medida en que la persona rica se "empobrece" para "enriquecer" al pobre. La justicia invoca caridad y la caridad inspira justicia (*Likutey Moharán* I, 2:4).

El *Zohar* (III, 198b) enseña que la justicia y la fe son dos caras de la misma moneda. La justicia absoluta puede ser severa, pero cuando está mitigada por la esencia de la fe -como cuando

---

13 A los 15 años de edad Esaú cometió los tres pecados capitales de asesinato, adulterio y blasfemia (i.e., idolatría) (*Bava Batra* 16b). Ver también *Guitin* 56b; Rashi, *Meguilá* 6a, v.i. *rashá*.

somos fieles a nuestros ideales- la justicia se vuelve compasiva.

En la Kabalá, los conceptos de justicia, caridad y fe están conectados por su correspondencia con la *sefirá* de Maljut (Reinado),[14] que representa la Presencia y la Soberanía de Dios sobre la tierra. Maljut representa el Reinado de Dios, el Reinado de la Santidad. La Kabalá enseña que dado que Maljut es la décima y última de las Diez Sefirot y por lo tanto el nivel más bajo de la santidad, es el puesto de avanzada de todo lo que es santo; más abajo se encuentra el ámbito del Otro Lado - las *klipot*, las fuerzas del mal. Pero precisamente debido a su cercanía con el Otro Lado, Maljut lleva a cabo una función muy importante: actúa como la fuerza que contrarresta al Otro Lado, que se opone a la santidad.

Cuando ejercemos la justicia de una manera caritativa -es decir, cuando la atemperamos con la honestidad y la compasión- se fortalece el Reinado de la Santidad y se revela la Soberanía de Dios. Éste fue el caso durante el reinado del rey David, quien ejerció su inclinación por la justicia compasiva (Samuel II, 4:15; ver también *Sanedrín* 6b). Pero cuando dañamos el rasgo de la justicia al no actuar de manera caritativa o al no implementar apropiadamente la justicia, se debilita el Reinado de Santidad. Entonces la justicia es transferida al ámbito del Otro Lado, al ámbito del mal, donde se transforma en un juicio severo o estricto. Esto fue evidente durante el reinado del rey Ajaz, descendiente de David, un idólatra cuyo reinado estuvo marcado por las guerras y el sufrimiento (ver Reyes II, 16).

El Rebe Najmán enseña que podemos ver esta dinámica en las letras hebreas de la palabra *TzeDeK* (*tzadi, dalet, kuf*):

> La letra *tzadi* (צ) puede escribirse con el ápice del brazo derecho mirando hacia el cuerpo de la letra; pero el Reinado

---

14 Ver Diagramas

de Santidad es débil, entonces el brazo de la *tzadi* se escribe mirando hacia el otro lado del cuerpo, ilustrando el hecho de que Dios nos está ocultando Su rostro.

La *DaLeT* (ד) alude a la palabra *DaLuT* (pobreza). Cuando el Reinado de Santidad se empobrece es incapaz de retener su atractivo para llevar a la gente más cerca de Dios.

La *kuf* sugiere que cuando el reinado se corrompe, su fundamento desciende más abajo de la línea, hacia el ámbito del mal, al igual que la pata de la letra *KuF* (ק) que se extiende más abajo del renglón. El reinado corrupto se transforma en *KoF* (mono), pues cuando no puede actuar de manera justa, imita meramente a la verdad y a la decencia. Cuando esto sucede, no sólo el Reinado de Santidad pierde su poder sino que se ve forzado a sustentar al ámbito del mal (*Likutey Moharán* I, 67:4). Tanto la justicia como la caridad sufren más aún, pues se desata un círculo vicioso que desciende cada vez más.

La enseñanza del Rebe puede ilustrarse mediante una mirada a la vida de las comunidades judías en Europa durante la Edad Media. Al comienzo los gobernantes veían con agrado el asentamiento de los judíos y les permitían mantener sus propias escuelas y sistemas de justicia. Importantes eruditos y rabinos dignos guiaban al pueblo con honestidad e integridad.

Entonces las masacres de Jmelniki de los años 1648-49 en Polonia y en Europa Oriental arrasaron con cerca de un millón de judíos y forzaron a los sobrevivientes a dispersarse hacia el norte, hacia el sur y hacia el oeste. Cuando volvieron a reconstruir sus quebrantadas vidas, las destruidas comunidades cayeron bajo el gobierno de líderes indignos - en su mayoría aquellos que tenían algo de dinero y que gobernaban de acuerdo al principio de "cuánto tienes", dándoles trato preferencial a aquellos que podían llenar sus arcas mientras los pobres languidecían en su sufrimiento. La corrupción del poder forzó cambios drásticos en las leyes de la comunidad y en sus tratos financieros, empobreciendo más aún a las castigadas comunidades.

Uno de los efectos de la destrucción del Santo Templo y del largo exilio que le siguió ha sido la perversión universal de la justicia. Mientras el Templo estuvo en pie, el Sanedrín y los maestros de la Torá Oral se reunían en el monte del Templo y diseminaban la justicia de Dios. Con la destrucción del Templo, esa representación de la justicia sobre la tierra desapareció prácticamente. Los criminales que tienen los medios para contratar caros abogados defensores son absueltos y los inocentes que no pueden pagar un defensor legal se ven privados de la justicia. Los déspotas inmorales se vuelven líderes del mundo, pervirtiendo más aún el sistema de justicia. De acuerdo al rabí Natán, desde el pecado de Adán, *mishpat* (la justicia) ha caído en el ámbito del mal y ya no podemos comprenderla (*Likutey Halajot, Shabat* 4:2).

## EL OJO DE JUSTICIA

Dios tiene Su propio sistema de justicia. Sin embargo, a primera vista, Su justicia también parece incomprensible. El Talmud se esfuerza por comprender la justicia de Dios, preguntando, "¿Por qué un hombre recto prospera mientras que otro sufre? ¿Por qué un malvado florece y prospera mientras que otro malvado sufre?" (*Berajot* 7a). Esta pregunta se basa en la premisa de que Dios recompensa a los rectos con bendiciones en este mundo y en el Mundo que Viene, mientras que los malvados reciben un castigo por sus malas acciones. Aun así vemos gente recta que sufre y malvados que prosperan.

Esto sólo tiene sentido si comprendemos que el sistema de justicia de Dios descansa sobre el principio de que el propósito de la creación es revelar la Divinidad. En el presente, el ocultamiento de la Divinidad produce la muerte, la destrucción, el dolor y el sufrimiento - esencialmente, las consecuencias del "mal ojo". Cuando llegue el Mashíaj y revele la Divinidad, desaparecerán el sufrimiento y el dolor, y la paz prevalecerá en el mundo entero. Por lo tanto nuestro objetivo debe concentrarse en revelar la Divinidad, para llevar a la humanidad hacia su destino en el servicio a Dios, en una armonía mutua - esencialmente, el "ojo bondadoso".

Mientras tanto, el ocultamiento de la Divinidad permite que haya gente que elija conscientemente hacer el mal para prosperar, mientras que los rectos sufren. Dado que Dios creó tanto la libertad de elección como el principio de la recompensa y el castigo, el ocultamiento de la Divinidad presenta problemas filosóficos, como el dilema talmúdico citado más arriba. Aparentemente, debido a la actitud caritativa de Dios hacia la justicia y el juicio, ¡Él también protege a los malvados y los bendice con éxito!

Enseñan nuestros Sabios: "Dios nunca retiene la recompensa de nadie" (*Pesajim* 118a). Todos reciben alguna recompensa por cada buena acción que lleven a cabo. Como resultado, incluso el malvado que ha realizado una buena acción recibirá una recompensa de Dios, muy probablemente en este mundo temporal más que en el mundo eterno. Pero la misma persona malvada también recibirá un castigo eterno por su comportamiento malo y pecador, medida por medida, pues cada acción es observada y registrada. Las buenas acciones siempre son recompensadas. Las malas acciones siempre son castigadas. La recompensa será entregada y el castigo ejecutado. Aunque es posible que no podamos verlo durante nuestras vidas, el juicio de Dios es preciso.

## POR QUÉ LOS MALVADOS PROSPERAN

El Rebe Najmán intenta responder a la pregunta de por qué los malvados continúan con su vidas y logran el éxito, mientras que los rectos sufren (*Likutey Moharán* I, 55:3). Razona de la siguiente manera:

Los malvados miran a sus enemigos [es decir, a los rectos] con un mal ojo - ellos miran a sus oponentes con celos y desean dañarlos. Aun así los rectos se libran del daño debido a que Dios busca el mérito en los malvados. Cuando Dios encuentra el mérito debido a una buena acción que el malvado ha llevado a cabo, puede incluso absolverlo del juicio [por el momento] para salvar al recto de la opresión del malvado. También, en virtud de la exoneración del malvado, la persona recta se ve libre del sufrimiento debido a los pecados [pues si los malvados son juzgados favorablemente por una sola buena acción, entonces los rectos de seguro serán absueltos].

Para que esto suceda, debe revelarse una "mano", como en "tomaré el juicio en Mi mano" (Deuteronomio 32:41). Cuando se revela la mano de Dios para implementar la justicia, la misma mano crea una "sombra" bajo la cual la persona recta se oculta del veneno arrojado por el mal ojo de los malvados. En este amargo exilio, los ojos de los malvados brillan como un espejo bien pulido y sus ojos venenosos miran a la distancia, como está escrito, "Ellos me miran y consideran" (Salmos 22:18). Pero la sombra de la mano de Dios [es decir, Su justicia] que absuelve a los malvados protege también a los rectos.

La "sombra" que salva a los rectos de manos de los malvados -debido a que estos últimos son exonerados- fortalece la fe de los rectos. Ahora es posible que puedan reconocer [momentáneamente] que Dios es recto en Su justicia pese al hecho de que los malvados son absueltos. Esto puede parecer una perversión de la justicia, pero los rectos perciben que la exoneración de los malvados en el juicio sigue siendo la justicia del Santo, bendito sea. Y que al final, Dios "no justificará a los malvados" (Éxodo 23:7).

Un resultado del fortalecimiento de la fe de los rectos es que se vuelven capaces de orar, pues el corazón de la persona recta se ve libre de las dudas que tenía antes de comprender la justicia de Dios... Al comienzo sus preguntas sobre el sistema judicial de Dios le impedían creer completamente en Dios, pues le parecía que el Santo, bendito sea, no era completamente justo. Pero cuando la persona recta percibe la justicia de Dios [que incluso los malvados son recompensados por sus buenas acciones], su corazón se llena de una fe perfecta y puede orar por todas sus necesidades - pues la fe es el fundamento de la plegaria. Todo está en manos de Dios y el Santo, bendito sea, no le niega Su recompensa a ninguna criatura, dado que Él es justo.

Es posible que la persona recta haya cometido alguna mala acción por la cual deba recibir un castigo. Ese castigo le llegará a través de la envidia y de los celos del malvado, que en general se traduce en alguna forma de daño a la persona recta. La "mano" que Dios extiende para proteger a los rectos corresponde a Su interés en asegurar de que el malvado reciba su justa recompensa. Por lo tanto Él retiene el castigo de la persona malvada y, en su lugar, le otorga una extensión de beneficios y quizás un éxito mayor aún - para que pueda recibir la recompensa correspondiente.

Esa misma "mano" también actúa como una extensión de la compasión hacia los rectos, pues "No hay persona recta en la tierra que [sólo] haga el bien y nunca peque" (Eclesiastés 7:20). La persona recta también debe pagar lo que le corresponda por su pecado. Pero al extender Su mano, Dios de hecho está revelando Su compasión. La persona recta no sufrirá todo de una sola vez; más bien, Dios ejerce Su castigo de manera fraccionada, extendiéndolo durante un período de tiempo, para que no sea demasiado severo.

¿Es posible asegurarse de que la "mano" de Dios también nos proteja del mal o del sufrimiento intenso? Sí - mediante la caridad. Como explica el rabí Natán, el "mal ojo" hace referencia a aquellos que son la antítesis de la caridad, mientras que el "ojo bondadoso" se aplica a aquellos que son caritativos.

La caridad de hecho tiene el poder de bloquear el mal y de hacer que descienda la compasión. El rabí Natán ilustra esto con la historia de Purim (adaptado del *Likutey Halajot, Purim* 5).

## HAMÁN Y PURIM

El libro de Ester nombra al malvado Hamán como hijo de Hamdata el Agaguita - un descendiente de Agag, el rey de Amalek (Ester 3:1; Samuel I, 15:8). Amalek era el nieto de Esaú, el fundador de una nación malvada que fue "el látigo del sufrimiento de los judíos" (*Bamidbar Rabah* 19:11). Amalek fue la primera nación en atacar al pueblo judío inmediatamente después del Éxodo de Egipto y ha continuado atacando a Israel desde ese entonces, llevando a Dios a prometer una guerra contra Amalek en todas las generaciones (Éxodo 17:14). En hebreo, la inicial del nombre *Amalek, ain* (que significa literalmente "ojo"), es numéricamente equivalente a 70, indicando que de las 70 naciones, la enemistad de Amalek se evidencia en su *ra ain* (mal ojo) en contra de los judíos.

Sin embargo, Amalek tenía méritos, pues el progenitor de esa nación sirvió a sus bisabuelos, Itzjak y Rivka y Dios se vio obligado a recompensarlo por esa buena acción. Es por ello que, durante la primera batalla de los judíos con la nación de Amalek, Moshé instruyó a Ioshua a matar a los jefes pero a dejar al resto con vida, dado que toda la nación aún no había alcanzado el punto en el cual merecía una destrucción total. Encontramos que en medio de esa confrontación, Moshé levantó las manos en plegaria, pero por momentos se cansaba y las bajaba. Cuando Moshé levantaba las manos, los judíos salían victoriosos; cuando las dejaba caer, los amalequitas triunfaban. Aarón y Hur ayudaron a Moshé a sostener las manos en alto (ibid., 17:11-12).

Las manos representan la "mano del juicio" que Dios retiene. Dios usa Su mano para restringir la justicia sobre los malvados, al tiempo de utilizarla para proteger a los rectos. Cuando las manos de Moshé se hacían pesadas, ello era una indicación de que sus plegarias no eran perfectas, que no percibía la justicia de Dios como una justicia precisa. Cuando sus manos fueron sostenidas, Moshé sintió la precisión de la justicia de Dios: comprendió por qué Amalek no era destruido totalmente y eso le hizo fortalecer sus plegarias hasta que los judíos tuvieron éxito en la batalla (ver Rashi, *Rosh HaShaná* 29a).

Años más tarde, cuando el pueblo judío entró en la Tierra Santa y nombró a Shaúl como su rey, se presentó la oportunidad de vencer a Amalek. Esta vez Dios ordenó que la nación fuese completamente destruida, hasta la última vaca (Samuel I, 15:3). Sin embargo, el rey Shaúl le perdonó la vida a Agag, el rey de Amalek, quien dejó embarazada a una mujer esa misma noche... Y así nació Hamán.

Siendo el ministro más importante en el palacio de Ajashverosh, el rey de Persia, Hamán intentó ser un dios y hacer que la gente se inclinase ante él. Cuando vio que Mordejai el judío se negaba a inclinarse, despertó su mal ojo y complotó para dañar no sólo a Mordejai, sino "para destruir a toda la nación judía" (Ester 3:6).[15] Incluso llegó a ofrecerle al rey 10.000 monedas de plata para llevar a cabo su plan.

Pero Hamán no tomó en cuenta el poder de la caridad.

Cuando Dios le dijo a Moshé que hiciera el censo de la nación judía, ordenó que cada persona debía dar medio shekel "para que no hubiese plaga en medio de ellos al ser contados" (Éxodo 30:12). Rashi explica que todo lo que esté sujeto a una "cuenta" puede ser objeto del mal ojo. Nuestros Sabios enseñan que Dios sabía que en el futuro, Hamán pesaría 10.000 talentos de plata para destruir a los judíos. La contribución de los judíos

---

15 Ver también Ester 5:13: "Mientras *vea* que el judío Mordejai está sentado en el portal del rey".

de 600.000 medio shekels, equivalentes a 10.000 talentos de plata, contrarrestó directamente las 10.000 monedas de plata de Hamán cargadas con el mal ojo de Hamán. Dios le dijo a Hamán, "¡Malvado! ¡Los shekels de ellos preceden al tuyo!" (*Meguilá* 13b).

El rabí Natán explica que esos incidentes hacen referencia a la mitzvá de la caridad. Los medio shekels que dieron los judíos fueron donaciones caritativas para el Tabernáculo. Esa caridad creó efectivamente para los judíos un "ojo bondadoso", que la Torá equipara con la caridad, como está escrito, "El hombre generoso (*tov ain*, literalmente, 'aquel con un buen ojo') será bendecido; pues le ha dado su pan al pobre" (Proverbios 22:9). Así la caridad protegió de Hamán a toda la nación judía.

La historia de Purim refleja los temas que hemos estado tratando. El rey Ajashverosh "se sacó el anillo de sello de su mano y se lo dio Hamán" (Ester 3:10), aludiendo a la idea de que Dios tomó Su mano y la colocó sobre Hamán, posponiendo la justicia que le correspondía. No sólo eso, sino que Dios hizo que Hamán fuese elevado a una posición de importancia en el reino de Ajashverosh (ibid., 3:1). Al mismo tiempo, la mano de Dios protegió a Mordejai y a los judíos del complot de Hamán. El ascenso al poder de Hamán hizo que Mordejai se preguntase por qué una persona tan malvada era digna de tal prominencia, pero también fortaleció la fe de Mordejai en Dios, llevándolo a orar con una gran intensidad.

Las plegarias de Mordejai y de sus compañeros judíos fueron efectivas. Varios días después, la horca que Hamán erigió para colgar a Mordejai fue utilizada para colgar al mismo Hamán, mientras que Mordejai asumió la posición ministerial de Hamán. El triunfo del "ojo bondadoso" por sobre el "mal ojo" se produjo debido a los medio shekels que los judíos dieron para caridad.

La Kabalá conecta *mishpat* (juicio) con la *sefirá* de Tiferet (Belleza), la columna del centro que equilibra los lados opuestos de Jesed y Guevurá. Tiferet es la "belleza" que encontramos en el sistema de Dios - que si bien el juicio debe ejecutarse, Dios les muestra compasión tanto a los malvados como a los rectos. De esa manera, todos obtienen su justa recompensa, de la misma manera en que todos recibirán finalmente su castigo correspondiente. Esto es *tzedek* (justicia). También es *tzedakah* (rectitud o caridad).

Como también hemos visto, es el dar *tzedakah*, el acercamiento caritativo a la justicia, lo que permite que continúe la vida. Finalmente el mal será desplazado por el bien y todos verán la compasión de Dios - en otras palabras, verán el valor de la caridad, así sea como un regalo monetario o como un acto de bondad. Ésta es la diferencia crucial entre tener un "mal ojo" -siendo codicioso y envidioso- y tener un "ojo bondadoso" - abriéndose a los demás y compartiendo el bien. Eso es belleza. Eso es verdadera justicia.

En la ciudad de Umán vivía un hombre conocido como R' Isaac. Rico comerciante y jasid de Breslov, estaba muy involucrado con la caridad en aras de la comunidad de los jasidim de Breslov. Pero comenzó a sufrir reveses en su fortuna y tuvo varias pérdidas financieras. Comprendió que lo espiritual se encuentra antes que el éxito financiero y atribuyó sus pérdidas a la manera en que Dios lo estaba llevando a dedicarse más y más al crecimiento espiritual. Pero temía la pobreza.

Bien versado en las enseñanzas del Rebe Najmán sobre la efectividad de la plegaria, R' Isaac fue a la tumba del Rebe Najmán y clamó, "¡Rebe! Sé lo que se espera de mí. ¡Pero yo no lo quiero! ¡No lo quiero!". Poco tiempo después su "rueda de la fortuna" comenzó a ascender nuevamente y se volvió muy, muy rico.

R' Isaac nunca olvidó lo que casi le sucedió y se volvió mucho más caritativo que antes. Aparte de las muchas familias e individuos que sostenía, también reconstruyó el *kloiz* (sinagoga) de Breslov al comienzo del 1900, edificio que aún se mantiene hasta el día de hoy.

# LA RESPUESTA A NUESTRAS PLEGARIAS

*Da caridad con ambas manos y tus plegarias serán aceptadas (El Libro de los Atributos, Caridad A27).*

En el capítulo anterior examinamos la relación entre la caridad y la justicia. Esta relación se extiende al nivel místico también, llevando al Rebe Najmán ha develar una conexión profunda entre la caridad, la justicia, la moralidad y la plegaria.

Dijo el rey David:

Tú pusiste honestidad, justicia y caridad en medio de las tribus de Iaacov que Tú estableciste (Salmos 99:4).

De acuerdo a la Kabalá, el patriarca Iaacov representa la *sefirá* de Tiferet (Belleza), la columna del medio que equilibra Jesed y Guevurá. Tiferet representa una conjunción de dos conceptos opuestos: Jesed (dar) y Guevurá (retener). De manera similar, Iaacov fue capaz de unificar las cualidades de Abraham (Jesed) y de Itzjak (Guevurá) en un acuerdo perfecto, que es la "belleza" de Tiferet.

El *Zohar* habla de esa unión perfecta como *mishpat* (juicio). *Mishpat* es conocida como "la columna del centro" pues un juez que juzga a un infractor debe combinar la justicia con la compasión para dar un veredicto equitativo. Si invoca la medida plena de la ley cuando no lo debe hacer, puede generar un sufrimiento que sea mayor incluso a la intención de la ley.

Pero si juzga al acusado de una manera positiva y caritativa, tomando en cuenta todas las circunstancias atenuantes, podrá emitir un veredicto que le demuestre al acusado qué es lo que hizo mal al tiempo de darle la oportunidad de rehabilitarse y reintegrarse a la sociedad. Siendo el patriarca que poseía la cualidad de *mishpat*, Iaacov mereció la caridad.

Otra idea referente a la conexión entre el juicio y la caridad es que mientras Iaacov representa tanto a Tiferet como a *mishpat*, su hijo Iosef, representa otra *sefirá* que posee características similares de equilibrio, Iesod (Cimiento). Como se ve a partir del diagrama de las Diez Sefirot, toda la abundancia física y espiritual que es canalizada hacia este mundo desde Keter debe pasar a través de Iesod. Por ello esta *sefirá* es llamada el "cimiento", porque todas las otras *sefirot* descansan sobre ella. El Ari explica que éste es el significado del versículo "Él [Iosef/Iesod] recolectó la abundancia" (Génesis 41:48).[16]

La caridad y la moralidad se combinan por excelencia en la figura de Iosef. Iosef fue el virrey benevolente cuya tarea fue recolectar la abundancia de Egipto y distribuirla a los demás. Pero se ganó el apelativo de Tzadik principalmente debido a que pudo superar la incitación de la esposa de Potifar y mantenerse en un alto nivel moral pese a las tentaciones.

El Tzadik no es alguien solamente benévolo, sino una persona que es moral en extremo. En verdad, éstas dos cualidades van juntas. Están aquellos que son compasivos y buscan el beneficio de los demás, un rasgo positivo. Pero esa misma gente puede practicar la compasión hacia los ladrones, los violadores y asesinos.

Sí, la justicia debe ser atemperada por la compasión, pero la compasión no puede estar vacía de moralidad. La moralidad

---

16 ver *Shaar HaKavanot, Drushei Tefilat HaShajar* 1, p.115.

-tal cual se comprende a partir del retrato que hace la Torá de Iosef como un Tzadik- significa compartir la bondad al tiempo de realizar las rectificaciones necesarias. La caridad debe provenir de un punto de vista moral al igual que de la voluntad de dar a los demás.

La Kabalá afirma que Iaacov y Iosef son considerados como uno (ver Rashi sobre Génesis 37:2).[17] Esto nos enseña que no podemos alcanzar un juicio recto a no ser que tengamos moralidad. Y que no podemos alcanzar la moralidad a no ser que practiquemos la rectitud y la caridad.

## LA PLEGARIA EFECTIVA

En una de sus lecciones, el Rebe Najmán conecta la caridad, la justicia y la moralidad con el poder de la plegaria (*Likutey Moharán* I, 2:1-4). Enseña el Rebe:

> El arma básica del Mashíaj es la plegaria... Todas las guerras que librará y todas sus conquistas, serán a través de la plegaria... Como está escrito, "Con mi espada y con mi arco" (Génesis 48:22). [*Targum Onkelos* traduce esto: "Con mi plegaria y con mi súplica", y demás] Rashi explica, "Con mi plegaria y con mi ruego". La misma idea está expresada en el versículo "Pues no confío en mi arco ni mi espada me salvará... [Sino] en Dios nos gloriamos todo el día" (Salmos 44:7, 9).

El rabí Natán dice que aunque el Rebe Najmán comienza

---

17 Es interesante notar que la letra hebrea *vav* tiene el valor numérico de seis y que Tiferet, que comprende seis *sefirot* (Jesed, Guevurá, Tiferet, Netzaj, Hod y Iesod), representa la letra *vav* en el nombre de Dios de cuatro letras *IHVH*, conocido como el Tetragrámaton. Iesod es la sexta *sefirá* del grupo de Tiferet y también se la representa con una letra *vav*. No podemos pronunciar la letra hebrea *vav* a no ser que enunciemos dos *vav*. Iaacov representa la primera *vav* que corresponde a Tiferet, mientras que Iosef es un paralelo de Iesod, la segunda *vav*. Así Iaacov y Iosef son considerados como uno. Ver *Likutey Moharán* I, 80.

su lección hablando sobre el arma del Mashíaj, la plegaria es el arma básica de *todos y cada uno de los judíos*. Todo lo que necesitamos en este mundo es nuestro si lo pedimos, siempre y cuando Le oremos a Dios por ello. De modo que, ¿por qué no son respondidas siempre nuestras plegarias? Porque, como el Rebe Najmán hace notar, la plegaria efectiva requiere moralidad, justicia y caridad.

> Ahora bien, esta arma [de la plegaria] debe ser recibida por medio del aspecto de Iosef - es decir, cuidando el pacto [i.e., llevando un estilo de vida moral], como en "Ajusta tu espada sobre tu muslo" (Salmos 45:4). Y también está escrito, "Si tus hijos guardaren Mi pacto [por medio del aspecto de Iosef], sus hijos también se sentarán sobre tu trono [esto hace referencia al Mashíaj, que es el aspecto de la plegaria]" (ibid., 132:11-12).

El Rebe Najmán explica que Iosef corresponde a la *sefirá* de Iesod -que se equipara con la moralidad- pues Iosef guardó el pacto de la circuncisión hecho por Abraham y no sucumbió a la incitación de la esposa de Potifar. Como resultado de su moralidad, Iosef ganó los derechos del primogénito: en su lecho de muerte, Iaacov les dio la doble porción correspondiente al primogénito a los dos hijos de Iosef, Menashé y Efraím, y ambos fueron contados entre las doce tribus de Israel. Más aún, los "derechos del primogénito" corresponden a la plegaria, que es un aspecto de la doble porción heredada por el primogénito. Ello se debe a que la plegaria misma es doble: implica tanto la alabanza a Dios como un pedido por nuestras necesidades.

Continúa el Rebe:

> Aquel que es digno de la espada de la plegaria debe comprender cómo luchar con ella. No debe inclinarse ni a la derecha ni a la izquierda, sino ser capaz de "golpear un cabello y no errar" (Jueces 20:6). Esto es imposible sin el atributo de *mishpat* (juicio). Pues *mishpat* es la columna del centro (*Tikuney Zohar*, *Introducción* 17a)... Es decir, ello permite que uno pueda

golpear en el punto preciso, sin inclinarse ni a la derecha ni a la izquierda, sino en el centro. Esto corresponde a "Él ordena sus asuntos (*devarav*) con *mishpat*" (Salmos 112:5). [*Devarav* significa literalmente "palabras", aludiendo a las palabras de la plegaria].

Éste es el motivo por el cual Iosef recibió los derechos del primogénito específicamente de Iaacov, como en "Yo te he dado" (Génesis 48:22). Específicamente, "Yo", pues Iaacov representa *mishpat*, como en "Ello es una ley (*jok*) para Israel, un juicio (*mishpat*) del Dios de Iaacov" (Salmos 89:5). La palabra *jok* sugiere el pacto de la circuncisión, como en "Un *jok* fue puesto en su carne" (*Shabat* 137b). [Y *mishpat* hace referencia a Iaacov]. Así Iosef (Iesod) debe recibir el arma de la plegaria del aspecto de *mishpat*/Iaacov, para ser capaz de "ordenar sus palabras con *mishpat*".

Hasta aquí, el Rebe Najmán ha establecido que nuestra arma principal en las batallas de la vida es la plegaria. Para que podamos orar de la manera apropiada debemos primero asegurarnos de cuidar el pacto y vivir una vida moralmente correcta. Aun así, aunque seamos morales, necesitamos la cualidad de *mishpat* para dirigir nuestras plegarias de la manera apropiada y acertar exactamente allí en donde nuestras plegarias sean oídas. *Mishpat* representa la columna del centro - en otras palabras, el centro del blanco que estamos buscando. Y *mishpat*, de acuerdo al Rebe Najmán, está conectado con la caridad:

> ¿Y cómo merece uno la cualidad de *mishpat*? Al dar caridad. Cuando la persona practica la caridad, acoge el atributo de *mishpat*. Como está escrito, "Él ejecuta la caridad de Dios y Sus juicios (*mishpatim*) en Israel" (Deuteronomio 33:21) y "Tú ejecutas juicio y caridad en Iaacov" (Salmos 99:4).

La caridad es en sí misma un producto del juicio, como en "El Señor es juez; Él hace descender a unos y eleva a otros" (Salmos 75:8). Cuando damos caridad también nos unimos a la cualidad del juicio. Al dar de nuestro dinero para caridad, "hacemos descender a uno" (es decir, a nosotros mismos) al tomar de nuestros fondos y "elevamos a otro" en la medida en que enriquecemos al pobre. Más aún, cuando combinamos la caridad con el juicio, esa caridad dirige al juicio al punto en que nos volvemos capaces de dirigir nuestras plegarias sin desviarnos "ni a la derecha ni a la izquierda".

Es por ello que es necesario dar caridad antes de orar, para que uno pueda "ordenar sus asuntos con justicia". Entonces nuestras plegarias darán en el blanco, pues con justicia podremos "golpear a un cabello y no errar".

El Rebe Najmán nos está diciendo que si damos caridad, nuestras plegarias pueden ser muy efectivas. Primero debemos actuar de manera moral y decente y ser juiciosos con nuestras palabras, cuidándonos de no decir nada ofensivo para los demás. Pero sólo podemos perfeccionar nuestro hablar y ordenar nuestras palabras con juicio si practicamos la caridad.

El Rebe también nos está enseñando que la caridad tiene el poder de enderezar nuestras vidas. Puede dirigirnos hacia un sendero de moralidad para llevar una vida justa y honesta. Y ¡puede elevarnos al nivel en el cual todas las plegarias son respondidas!

Las cosas se estaban poniendo muy difíciles para los judíos que vivían en Rusia al comienzo del 1900. Mi abuelo, R' Aarón Iosef Sterman, fue enviado a América por su padre, a la edad de 16 años, para establecer un lugar y llevar al resto de la familia. Para dejar Rusia, debía escabullirse por la frontera. Su padre le dijo, "Hasta que cruces la frontera debes orar a Dios para pasar a salvo. Para ello, pon algunas monedas para caridad, de modo que los guardias no te vean". Así lo hizo. Justo cuando estaba por cruzar, los guardias fronterizos llegaron patrullando el área. R' Aarón Iosef estaba a unos pocos metros de ellos, ¡pero aun así no lo vieron!

# EL REMEDIO PARA EL PECADO

*Dar caridad es equivalente a llevar un sacrificio (El Libro de los Atributos, Caridad A46).*

El Rebe Najmán es bien conocido por su revelación del *Tikún HaKlalí*, el "remedio general" que expía por los peores pecados al tiempo de colocar al penitente nuevamente en el sendero correcto.[18] El Rebe Najmán enseña que también hay un remedio general cuando se trata de dinero. Esto implica recordar que el sólo propósito de cada paso que damos y de cada palabra que decimos en aras de ganarnos el sustento es ser capaces de dar caridad a partir de nuestras ganancias (*Likutey Moharán* I, 29:9).

En su lección explicando el *Tikún HaKlalí*, el Rebe Najmán habla de tres grandes áreas en la vida en las cuales el error o el pecado son muy comunes y en donde se hace necesaria la rectificación. Esas áreas son el habla, la moralidad y el dinero. Una palabra inadvertida -y ciertamente la calumnia, la mentira y la obscenidad- produce mucho daño a los demás y a nosotros mismos. El comportamiento inmoral -incluso un simple flirteo- puede llevar a pensamientos y deseos inmorales y a daños graves. El dinero conlleva sus propias tentaciones. En todos esos casos, el problema más grande es que los errores que cometemos son muchos, pero ¿quién puede recordar todas las palabras y los

---

18 Ver *El Tikún del Rabí Najmán* (Breslov Research Institute).

actos que requieren rectificación?

En respuesta, el Rebe Najmán enseña que para generar una rectificación, necesitamos un remedio "general". Cuando no estamos seguros sobre cómo reparar lo que hemos dañado, debemos ascender a un nivel superior que englobe a todos los otros niveles. Cuando rectificamos el nivel superior, producimos una reparación en el nivel general, que a su vez rectifica todos los niveles que están situados por debajo.

Para rectificar el habla, el Rebe Najmán sugiere alabar a los Tzadikim, quienes representan los niveles más elevados. Para rectificar la moralidad (que se encuentra principalmente en la mente), el Rebe habla de purificar el intelecto. Y para reparar las malas acciones financieras, el Rebe recomienda dar caridad, pues la caridad constituye la parte más elevada de nuestro dinero.[19]

Consideremos cómo la caridad puede ayudarnos a superar algunos de los más grandes desafíos del hombre.

## INMORALIDAD

La inmoralidad le produce tremendos daños tanto al individuo como al mundo. El Rebe Najmán enseña que si el hombre desperdicia la simiente que podría haberse utilizado para una unión santa, hace que chispas de santidad caigan fuera del ámbito de la santidad. No sólo la caridad puede rectificar la inmoralidad una vez que se ha pecado sino que también ayuda a proteger a la persona de cometer tales pecados en primera

---

19 Es importante recordar que las rectificaciones producidas por el remedio general se aplican a aquel que ya ha pecado y que ahora quiere arrepentirse y reparar el daño (por ejemplo, un comerciante que se ha quedado con el vuelto de sus clientes). No es posible tomar esto como una licencia para robar o pecar y luego utilizar el remedio general para rectificar las malas acciones.

instancia. Enseña el Rebe Najmán (*Likutey Moharán* I, 242):

> ¡Debes saber! Hay un aspecto de *Arij Anpin* de la *klipá*. A quien encuentre a una mujer de este aspecto le será muy difícil salvarse de un pensamiento impropio. Aunque cierre sus ojos, ella siempre estará delante de él, no importa hacia dónde se gire.

*Arij Anpin* (literalmente "Rostro Extendido" o "Rostros Largos") es el nombre de la persona Divina correspondiente a los niveles más elevados de santidad, a la *sefirá* de Keter. Así como hay un aspecto de *Arij Anpin* de santidad, hay un aspecto correspondiente de *Arij Anpin* de la *klipá*, de las fuerzas del mal. Esto es como enseña el rey Salomón: "Dios hizo uno frente al otro" (Eclesiastés 7:14). Mientras que el primer *Arij Anpin* lleva a la persona hacia la santidad, *Arij Anpin* de la *klipá* encamina a persona hacia el mal. El *Zohar* (I, 19b) describe a una mujer del aspecto de *Arij Anpin* de la *klipá*. Su nombre es Lilit y es considerada el equivalente femenino de Satán. Su objetivo es excitar al hombre, incitándolo, mediante pensamientos sexuales ilícitos, a "aparearse" con ella y derramar su simiente.

Como el nombre lo sugiere, los rostros largos y extendidos de *Arij Anpin* están en todas partes. No importa cuánto se vuelva, se gire o aparte los ojos, nada podrá proteger al hombre de esta mujer del aspecto de *Arij Anpin* de la *klipá* que lo hace descender por el sendero de la inmoralidad. Continúa el Rebe:

> Debes saber también que la caridad es una *segulá* (remedio sobrenatural) y ayuda en mucho a librarse de los pensamientos lujuriosos. Sin embargo, está prohibido apoyarse en esto para interactuar con mujeres y conversar en exceso con ellas. Lo que sucede es que [con la caridad], no es tan dañino.

> Ésta es la explicación de "Trata al pobre como a un miembro de tu familia y no converses en exceso con una mujer" (*Avot* 1:5). Es decir, aunque hagas actos de caridad y los pobres

sean como miembros de tu propio hogar, aun así, no converses en exceso [con las mujeres]. Sin embargo, la prohibición se refiere al exceso, mientras que [la conversación] que es necesaria no hará daño.

Dado que el dar caridad protege de los pensamientos lujuriosos, el hombre que ha sido generoso con los pobres puede asumir que será inmune a las instigaciones de la inmoralidad. El Rebe Najmán enfatiza que aunque el interactuar con las mujeres y conversar en exceso con ellas es menos dañino una vez que se ha dado caridad, la persona incita igualmente a la tentación. Dar caridad no es una garantía completa de protección ante los artilugios de Lilit y de la *klipá*. En otra instancia, el Rebe Najmán dice que la caridad salva del pecado,[20] pero esta enseñanza aclara que eso es verdad sólo si el hombre hace todo lo posible por alejarse del pecado. Más aún, enseña el Rebe, hay un aspecto de la caridad -la caridad dada a los malvados o a las personas y a las causas indignas- que de hecho promueve el pecado.[21]

De manera similar, el rabí Natán escribe que la caridad dada a gente digna y a causas justas protege al hombre de los pensamientos lujuriosos. Esta clase de caridad contrarresta la caridad dada a gente impropia y a causas indignas, que sólo sirve para aumentar los pensamientos lujuriosos y el comportamiento ilícito (*Likutey Tefilot* I, 78).

La yuxtaposición de las dos declaraciones de los Sabios, "Trata al pobre como a un miembro de tu familia"[22] y "no converses en exceso con una mujer" lleva también al Rebe a

---

20 *Likutey Moharán* I, 116.
21 *Likutey Moharán* II, 15; ver también ibid., I, 251:1.
22 La ayuda que uno contrate deberá provenir de los sectores más necesitados de la sociedad. De esa manera, al dar empleo a los necesitados la persona obtendrá la recompensa de dar caridad (Rashi, loc. cit.).

emitir una advertencia: Aunque al contratar a una persona pobre se cumple con la mitzvá de la caridad -que protege de los pensamientos lujuriosos- el hombre no debe considerar esto ni ninguna otra clase de caridad como una licencia para bajar la guardia frente a la inmoralidad.[23] Debe mantenerse constantemente vigilante, pues los pensamientos lujuriosos provienen de la fuente más elevada de la impureza, de *Arij Anpin* de la *klipá*, que es la muerte.

Al enfatizar este punto, el Rebe Najmán equipara los pensamientos lujuriosos con un cadáver. Sus palabras hacen recordar la enseñanza de los Sabios de que los pensamientos pecaminosos son más dañinos que el pecado en sí (*Ioma* 29a). Una vez cometido, el pecado terminó. Pero los pensamientos pecaminosos arden constantemente dentro de la persona, preocupando su mente. Además, la mente transmite esos pensamientos al resto del cuerpo, que anhela incesantemente satisfacer sus deseos.[24]

La caridad contrarresta esos pensamientos. Ello se debe a que "la caridad salva de la muerte" (Proverbios 10:2). De acuerdo al significado simple de este versículo, aunque la riqueza de la persona no le compre salud, el gran mérito que obtiene mediante la caridad la salva de la sentencia de muerte en la corte Celestial.[25] Ahora, además, el Rebe Najmán ha demostrado que los pensamientos lujuriosos son equivalentes a la fuente más elevada de la impureza - a la muerte. Por lo tanto, este versículo enseña que dar caridad salva a la persona de los pensamientos

---

23 Los comentarios sobre la Mishná hacen notar que la conversación excesiva entre los sexos lleva inevitablemente a tomarse mayores libertades. Mientras que la conversación que es necesaria está permitida, las charlas ociosas son dañinas (Rashi, Rambam y Rabeinu Iona sobre *Avot* 1:5).

24 *Anaf Iosef*, ad loc., *v.i. hirurei*.

25 Ver *Metzudat David* sobre Proverbios 10:2.

lujuriosos, ayudándola a mantener una forma de vida moral.[26]

## GANANDO EL SUSTENTO

Ganar el sustento es como ir a la guerra (*Likutey Moharán* I, 280:3). Debemos batallar para retener nuestra fe en que Dios es el Único que nos provee y no nuestro almacén, negocio o empleador y debemos luchar contra las tentaciones que nos confrontan a cada momento. Debemos recordar constantemente que cada paso que damos en el camino de ganar el sustento es en realidad en aras de la caridad que seremos capaces de dar a partir de nuestras ganancias - un pensamiento que hace descender la bendición de Dios sobre nuestros esfuerzos.

También debemos recordar que todo en el mundo, incluido nuestro trabajo, contiene chispas de santidad. Cuando nos comportamos de manera honesta y fiel en nuestro campo de trabajo, elevamos esas chispas. Éste es uno de los muchos motivos por los cuales debemos preservar nuestra integridad financiera, pues si dejamos de elevar las chispas, éstas inevitablemente descenderán más aún, prolongando el exilio y trayéndole más dificultades a toda la humanidad.

Agobiados por una responsabilidad tan grande, no siempre encontramos fácil centrar nuestras mentes en la mitzvá de la caridad mientras trabajamos. Además, dado que el hombre se ve atraído por naturaleza hacia el dinero, es muy fácil perder

---

26 Al comienzo de este capítulo, mencionamos tres áreas en las cuales la persona requiere de la ayuda de un remedio general: el habla, la moralidad y el dinero. Acabamos de ver cómo la caridad ayuda a proteger de las malas acciones financieras y de la inmoralidad. En cuanto al hecho de que la caridad ayuda a la persona a rectificar el habla y mejorar su comunicación con los demás, ver más arriba, "La Plegaria Efectiva", donde tratamos sobre el hecho de que dar caridad ayuda a la persona a "ordenar sus asuntos [literalmente, palabras] con *mishpat*".

de vista la fuente de nuestras ganancias - es decir, Dios. Enseña el Rebe Najmán (*Likutey Moharán* I, 23:1-3):

> Hay un rostro de santidad -rostros brillantes, el aspecto de la vida- como está escrito, "En la luz del Rostro de Rey vivo" (Proverbios 16:15). Ello es también el aspecto de la alegría, como en "Me harás conocer el sendero de la vida, la plenitud de alegrías en Tu rostro" (Salmos 16:11). También está escrito, "Y el espíritu de Iaacov volvió a la vida" (Génesis 45:27) - éste es el aspecto de la alegría. También hay un rostro del Otro Lado -rostros oscurecidos, rostros melancólicos- de aquellos que ponen su fe en los falsos dioses. Como está escrito, "No tendrás otros dioses delante de Mi rostro" (Éxodo 20:3).

> Ahora bien, esa gente que sucumbe a los deseos de dinero y no cree que el Santo, bendito sea, puede proveerle al hombre lo necesario de una manera fácil, pone un gran esfuerzo en la tarea de ganarse el sustento. Come su pan con tristeza, como en "Con tristeza comerás" (Génesis 3:17) - la tristeza es la melancolía. Tales personas están unidas al rostro del Otro Lado, a los "otros dioses", a la oscuridad, al aspecto de la muerte, como está escrito, "Él me ha puesto en la oscuridad como aquellos ya muertos" (Lamentaciones 3:6). Se dice de ellos, "Y su oro es como algo impuro" (Ezequiel 7:19)...

> Pero aquellos que llevan a cabo sus negocios con fidelidad están unidos a la luz del rostro de la santidad. Pues no hay fe sin verdad, como se afirma en el *Zohar* (III, 198 b): "Ello es justicia; ello es fe... Es llamada fe sólo cuando está unida con la verdad". De modo que la fe llega esencialmente a través de la verdad. Y la verdad es la Luz del Rostro, como es sabido.

En esta lección, el Rebe Najmán habla de dos estilos de vida opuestos. Uno de ellos representa la capacidad de disfrutar de la vida, que se construye sobre la verdad y la fe. Este concepto alude al "rostro de santidad" - un nivel espiritual muy elevado que tiene el poder de iluminar el rostro de la persona, dándole un rostro brillante. Por otro lado, existe un "rostro de oscuridad", la idolatría, que lleva a la melancolía y a una vida llena de tristeza y depresión.

De acuerdo al Rebe Najmán, toda idolatría (que en esencia es una falta de fe en Dios) se basa en la codicia y en la obcecada búsqueda de dinero que le produce un gran dolor a la Presencia Divina.[27] Aquellos que carecen de fe no creen que Dios les proveerá; como resultado, oscilan entre la ansiedad por sus finanzas y la depresión. No pueden apreciar verdaderamente las alegrías de la vida. Existe una solución para sus problemas: vivir de manera moral. Explica el Rebe:

> ¡Y debes saber! Al rectificar el santo pacto uno se salva del rostro del Otro Lado. Mediante la sangre de la circuncisión... se rectifica el deseo de dinero. Como está escrito, "También con la sangre de tu pacto [mediante la circuncisión], He liberado del pozo a tus prisioneros" (Zacarías 9:11). El "pozo" es el bazo, la melancolía, "con tristeza comerás".

Al vivir de manera moral, la persona merece ser llamada un Tzadik, una apelación que sólo se confiere a aquel que guarda el pacto de la circuncisión. Este pacto es llamado "sal", pues así como la sal puede extraer la sangre de la carne y también ser utilizada como condimento, de la misma manera el pacto de la circuncisión extrae la sangre envenenada del hombre, agrega sabor a su vida y contrarresta la amargura. Explica el Rebe:

> Se afirma en el *Zohar* (I, 241b): "Si no fuese por la sal,

---

27 Dice el Rebe Najmán: "El valor numérico de la palabra hebrea *MaMON* (dinero) es 140, correspondiente a las 140 veces en que la Presencia Divina clama con tristeza por aquellos que han sucumbido a la codicia, diciendo, '¡Mi cabeza está pesada! ¡Mi brazo está pesado!' (Ver *Sanedrín* 46a). Esa codicia es idolatría, que incluye a todas las prácticas idolátricas de las 70 naciones. Es por ello que hay 140 clamores, que es dos veces 70. Y esto corresponde a la enseñanza de nuestros Sabios de que ganar el sustento es dos veces más difícil que dar a luz (*Pesajim* 118a). Pues la mujer en trabajo de parto clama 70 veces antes de dar a luz. Pero aquí hay 140 clamores, que es dos veces 70".

el mundo no soportaría la amargura". Éste es el significado de los versículos "El pacto de sal es eterno" (Números 18:19) y "No dejarás que falte la sal del pacto de tu Señor" (Levítico 2:13). Pues con ello te unes a la Divinidad y te separas de la idolatría. Como está escrito, "Desde mi carne veré a Dios" (Job 19:26).

La batalla por el sustento no es fácil en absoluto. Requiere moralidad, demanda honestidad y se apoya en la fe. ¿Cómo es posible en realidad alcanzar esos ideales? La respuesta es a través de la caridad. Entonces mereceremos vencer nuestras características negativas construyendo al mismo tiempo las positivas.

## CODICIA

El rabí Natán explica que el deseo de dinero es equivalente a la idolatría. Al dar caridad conquistamos ese deseo y fortalecemos nuestra fe en Dios, lo que nos lleva a mayores niveles de pureza espiritual (cf. *Torat Natán* 242:1). El Rebe Najmán ofrece un atisbo de la dinámica de esta transformación (*Likutey Moharán* I, 13:1):

> Sólo es posible atraer la Providencia Divina si primero quebramos el deseo de dinero, lo que se logra dando caridad.
>
> Pues se enseña en el *Zohar* (III, 224a): Un *rúaj* (viento o espíritu) desciende para enfriar el ardor del corazón. Cuando el *rúaj* desciende, el corazón lo recibe con la alegría de la canción de los levitas. "Rúaj" corresponde a dar caridad, que es una indicación de un "espíritu (*rúaj*) generoso". Con ese *rúaj*, se enfría el ardiente deseo de dinero. Esto corresponde a "Él corta el *rúaj* de los nobles" (Salmos 66:3) - pues el *rúaj* disminuye el deseo de nobleza y de riqueza. "La canción de los levitas" corresponde al "toma y daca" de los negocios con honestidad. Uno está contento con lo que tiene y no arde de codicia. Ello se debe a que la canción corresponde al "toma y daca", como está escrito, "*toma* una canción y *dale* al pandero" (ibid., 81:3). Y

"alegría" hace referencia al que está contento con lo que tiene.

Traer Providencia Divina significa reconocer que Dios dirige y gobierna el mundo. Aceptamos que todo está en Sus manos y que Él es la fuente de nuestros ingresos, no importa qué clase de trabajo hagamos. Además, cuando despertamos en nosotros un espíritu generoso y damos caridad, hacemos descender un *rúaj* Divino que enfría el ardiente deseo de dinero. Ese *rúaj* trae consigo alegría y contento.

El deseo de riqueza tiene un aspecto positivo (*Parparaot LeJojmá* I, 13). Como explica el Ari, cuando trabajamos para ganarnos el sustento de manera honesta y con fe, producimos grandes rectificaciones[28] - de modo que sin el deseo de riqueza, no habría nada que nos pudiera motivar al "toma y daca" de los negocios. Por lo que el deseo de riqueza es un aspecto necesario y positivo de la naturaleza humana. Aun así, nuestro objetivo debe consistir en enfriar el deseo uniéndolo a un espíritu generoso, en lugar de extinguirlo por completo.

El Rebe continúa tratando sobre el *rúaj*:

> Y éste es el aspecto del incienso [en el Santo Templo], que unía el ardor del corazón con el *rúaj*. Éste es el significado de "El incienso alegra el corazón" (Proverbios 27:9). También corresponde a "Ellos colocarán incienso en Tu nariz (*beAPeJa*)" (Deuteronomio 33:10), pues el aspecto del incienso anula [la maldición de Adán] "Comerás con el sudor de tu frente (*APeJa*)" (Génesis 3:19).

El incienso representa tanto alegría como "*AF*". El Rebe enseña que la carga del trabajo es resultado de la maldición de Adán, que se ve plasmada en la gente que lucha constantemente, esclavizándose, corriendo detrás de las riquezas y que nunca

---

28 Ver *Likutey Moharán* I, 54:4 y las notas 80-91, donde esto se explica en detalle.

obtiene satisfacción de lo que adquiere. Mediante la caridad la persona puede traer el *rúaj*, que mitiga el *AF* de la maldición con el *AF* del incienso, trayendo alegría y satisfacción.

El Rebe Najmán agrega ahora otra dimensión al poder de la caridad/*rúaj*, demostrando cómo esto se aplica a la era mesiánica:

> Esto corresponde igualmente a la revelación del Mashíaj, en cuyo momento se eliminará la pasión por el dinero. Como está escrito, "En ese día, el hombre arrojará sus ídolos de plata y sus ídolos de oro" (Isaías 2:20) y "El aliento (*rúaj*) de nuestra nariz (*APeinu*), el ungido (mashíaj) de Dios" (Lamentaciones 4:20).
>
> Más aún, mientras exista en el mundo la adoración del dinero, habrá una ira ardiente (*jarón AF*) en el mundo (cf. *Sifri, Ree*, 13:18). Pero en la medida en que se anule esa forma de idolatría, igualmente será eliminada la ira ardiente, como en "El *rúaj* de nuestro *af*, el ungido de Dios". *Jesed* (Bondad) descenderá entonces al mundo, como en "Él lleva a cabo actos de *jesed* para Su ungido (*liMeshijó*)" (Salmos 18:51).

También aquí el Rebe Najmán se refiere a la codicia como idolatría. Como enseñan nuestros Sabios: "Cuando hay idolatría, hay una ardiente ira (*jarón AF*) [Divina]" (*Sifri, Ree*) - esa ira está relacionada con el esfuerzo de la persona por ganarse el sustento, demostrando una falta de dependencia de la Providencia de Dios (que es una forma de idolatría). Pero practicando la caridad, "enfría" su codicia y contrarresta el *AF* del esfuerzo, trayendo alegría y satisfacción a su vida. Esto invoca el *jesed* de la era mesiánica, cuando el Mashíaj, el aspecto de *AF*, revelará la Providencia Divina. Entonces todos tendrán una gran riqueza, estarán completamente satisfechos y nadie necesitará correr detrás de dinero.

Al revelarse ese *jesed*, se hace descender *daat* (conocimiento de Dios) - mediante el cual se construye la Casa [el Templo de Dios]. Esto corresponde al versículo "Pero en cuanto a mí, con abundancia de Tu bondad vendré a Tu Casa" (Salmos 5:8)... Ello se debe a que el conocimiento es el aspecto de la Casa, como enseñaron nuestros Sabios, "Cuando alguien tiene *daat*, es como si se construyera el Santo Templo" (*Berajot* 33a).

De modo que al dar caridad podemos quebrar nuestra codicia. Cuando uno quiebra su deseo de dinero, revela el *jesed* de Dios. Ese *jesed* produce una mayor revelación de Divinidad, donde no sólo el individuo se beneficia sino también toda la humanidad. Ello se debe a que la manifestación de *jesed* lleva a la difusión del *daat* (conocimiento de Dios) y a la reconstrucción del Santo Templo, cuando la paz y la armonía reinarán en el mundo entero.

¡Tal es el poder de la caridad!

Siendo joven, R' Aarón Iosef Guershonov tuvo mucho éxito en el negocio textil. Viviendo en Teplik, sólo trabajaba unas pocas horas por día pasando el resto de su tiempo en el estudio de la Torá y en la plegaria. Ya mayor, se mudó a Tulchin. Allí se hizo encuadernador y trabajó muy duro. La gente se burlaba de él por trabajar tanto en sus años de oro, cuando ya había tenido tanto éxito en sus negocios.

Antes de fallecer, R' Aarón Iosef llamó a un joven y le dijo, "Debes saber que tengo suficiente para vivir a partir de lo que gané en mis años jóvenes. Debes saber que toda la ganancia que obtuve en estos últimos años la distribuí en obras de caridad. Esa fue la intención de mi trabajo. No abandoné, ni me tomé vacaciones, pues todo mi trabajo estaba dedicado a propósitos de caridad. Sólo te estoy diciendo esto para que la gente no peque al burlarse de mí una vez que haya fallecido" (*Siaj Sarfei Kodesh* 4:590).

# LOS
# PILARES
# DEL
# SUSTENTO

*Es una mitzvá más grande el apoyar a través de la caridad a aquellos que se ocupan del estudio de la Torá que proveer a aquellos que no lo hacen (El Libro de los Atributos, Caridad A9).*

¿Dónde estaría el mundo sin aquellos que practican la caridad? Hospitales, centros de investigación médica, escuelas, Ieshivot, sinagogas, museos y organizaciones de bien social, todos subsisten por la generosidad de los benefactores, así sea a través de regalos anuales, fondos fiduciarios o legados. La caridad ha jugado un papel muy notable en el desarrollo del moderno estado de Israel donde la mayor parte de los edificios públicos muestran los nombres de los benefactores de todas partes del mundo. La cuarta ciudad más grande de Israel, Rishón LeZion, debe su misma existencia a la filantropía del Barón Edmond de Rothschild, quien contribuyó con más de 50 millones de dólares (¡dólares del siglo XIX!) para apoyar los primeros asentamientos y la infraestructura nacional.

Así sea que demos poco o mucho, todos nos hacemos la misma pregunta: ¿Cuánto puedo dar? Pues la persona no puede dar nada sin tener antes *qué* dar.

"Qué dar" hace referencia a nuestras posesiones. La Torá llama a esto *ikum*, como en "Todas las posesiones (*ikum*) que estaban a sus pies" (Deuteronomio 11:6). Pregunta el Talmud, "¿Por qué las posesiones de la persona son llamadas *iKuM*? Pues la persona se para (*KaM*) sobre ellas [como si estuviese sobre sus pies]" (*Pesajim* 119a). Así como un edificio se apoya en sus cimientos y sus pilares lo mantienen firme, de la misma manera nuestra moralidad es nuestro cimiento y nuestra riqueza se compara con los pilares sobre los cuales se mantiene nuestro edificio - nuestra familia y hogar.

Las piernas son los principales pilares que sustentan al cuerpo, al igual que el medio principal de locomoción humana. De la misma manera en que las piernas son los pilares sobre los cuales se asienta el hombre y avanza, las personas que sustentan a las instituciones públicas y privadas son en general llamadas los "pilares de la comunidad", pues sus contribuciones mantienen en funcionamiento a la comunidad. Los ricos también contribuyen dando trabajo y oportunidades de empleo. Todas estas contribuciones se filtran hacia la comunidad y la riqueza se distribuye, creando una atmósfera tranquila dentro de la cual la gente puede florecer.

En el orden antropomórfico de las *sefirot*, las dos *sefirot* que corresponden a las piernas son Netzaj (Eternidad o Victoria) y Hod (Esplendor). La palabra hebrea *NeTzaJ* comparte la misma raíz que la palabra *leNaTzeaJ* (dominar o ganar). Esto representa nuestros pasos hacia adelante, los pasos que damos para avanzar en la vida y se manifiesta en cómo guiamos nuestras vidas reconociendo el poder de Dios en nuestros logros. La palabra *HOD* comparte la misma raíz que las palabras *leHoDot* (admitir o reconocer) y *HoDaa* (admisión), que connotan un estado de sumisión y empatía. El "esplendor" de Hod se manifiesta en cómo honramos a la Torá y a los estudiosos de la Torá. Hod refleja la "admisión" de que la Torá es el medio a través del cual llegamos a saber sobre Dios; al someternos a un Poder Superior, podemos encaminarnos mejor hacia nuestros objetivos. Hod también refleja empatía, en la medida en que dirigimos nuestras energías hacia el sustento de los débiles - incluyendo aquellos que son físicamente débiles, financieramente inestables y emocional o espiritualmente vulnerables.

Cuando distribuimos nuestra riqueza con la caridad, fortalecemos las energías de Netzaj y Hod -las piernas- que el Rebe Najmán equipara con los estudiosos de la Torá. Afirma lo siguiente: "Está escrito, 'Sus piernas son como pilares de mármol' (Cantar de los Cantares 5:15) - estos son los estudiosos de la Torá" (*Likutey Moharán* I, 41:3).

Que los estudiosos de la Torá representan a Netzaj y Hod también se comprende a partir de las palabras de Isaías (54:13): "Todos tus hijos son estudiantes de Dios (*limudei HaShem*)". El significado simple del versículo es que ellos son enseñados por Dios. Pero el *Zohar* (II, 170a) lee *limudei HaShem* como "conocedores de Dios", refiriéndose a la gente temerosa de Dios que ha alcanzado el nivel de la profecía. La profecía, como el Rebe Najmán enseña en otra instancia, proviene de las *sefirot* de Netzaj y Hod.[29] Así el Rebe conecta a los estudiosos de la Torá, que son "conocedores de Dios", con Netzaj y Hod.

El *Targúm Onkelos* traduce el versículo del Cantar de los Cantares: "Estos son los Tzadikim que sustentan el mundo" - dado que los estudiosos de la Torá son el soporte principal del pueblo judío (ver también *Zohar* III, 53b). La comparación de los estudiosos de Torá con "pilares" refleja el hecho de que ellos pueden guiar al pueblo, dirigiéndolo en el esfuerzo espiritual y guiándolo en tiempos de necesidad física y emocional.

## SUSTENTANDO A LOS ESTUDIOSOS DE TORÁ

En la cosmovisión del Rebe Najmán, la caridad que es dada para sustentar a los estudiosos de Torá es la donación más grande. Afirma: "Es una mitzvá más grande el apoyar a través de la caridad a aquellos que se ocupan del estudio de la Torá que proveer a aquellos que no lo hacen (*El Libro de los Atributos,*

---

29 *Likutey Moharán* I, 3:final; ver también *Nitzutzei Orot, Zohar* II, 170a #1, *Likutey Moharán* II, 7:final.

*Caridad* A9). Dado que todo el que realmente lo necesite debe ser tomado en cuenta, no importa quién sea, ¿por qué hay una mayor recompensa en sustentar a aquellos que estudian Torá? Pues al sustentarlos, nos unimos a su mérito.

Uno de los principales objetos del Tabernáculo (*Mishkán*) que acompañó a la nación judía durante su deambular por el desierto fue el Arca del Pacto, que contenía las Tablas con los Diez Mandamientos. El Arca estaba construida con cuatro anillos que sostenían dos varas utilizadas para llevarla de un campamento al otro. Una de las 613 mitzvot de la Torá prohíbe retirar esas varas del Arca (Éxodo 25:15). Aunque otros objetos del Tabernáculo también tenían anillos y varas para transportarlos, sólo las varas del Arca no podían ser separadas de ella. ¿Por qué? Los comentaristas bíblicos hacen notar que el Arca representa la Torá y las varas representan a aquellos que sustentan la Torá y su estudio. Aquel que da dinero para sustentar el estudio de la Torá nunca será separado de ese mérito.

El Rebe Najmán lleva esta idea un paso más adelante (*Likutey Moharán* I, 204). Cita el *Zohar* (III, 53b), donde dice que aquellos que les proveen a los estudiosos de Torá para que puedan dedicarse al estudio sin preocupaciones financieras son llamados *tomjei Oraita* (soportes de la Torá), pues mantienen a la Torá fuerte y segura. La caridad que se les da a ellos refleja las tremendas energías de Netzaj y Hod, los pilares y soportes de la Torá y de los estudiosos de Torá. Dice el Rebe Najmán:

> En verdad, ese dinero que damos a un estudioso de Torá es un aspecto de Torá, literalmente. Ninguna transgresión puede cancelar esa mitzvá, pues enseñaron nuestros Sabios: "El pecado no puede extinguir la Torá" (*Sotá* 21a).

El mérito adquirido al hacer una mitzvá es muy grande, pero puede ser contrarrestado y borrado por el pecado. Sin embargo, el valor del estudio de la Torá ocupa una categoría especial - su mérito es tan enorme que nunca puede ser anulado por una transgresión. Por inferencia, tampoco puede serlo el mérito de dar caridad para sustentar el estudio de la Torá.

En otra lección, el Rebe Najmán enseña que las letras hebreas de la palabra *MaMóN* (dinero) son un acrónimo de la frase *Misham Nitasher Moshé* ("de allí Moshé se hizo rico") (*Likutey Moharán* I, 60:1). El rabí Natán explica que al hacer esa conexión, el Rebe indica que el dinero está enraizado en la Torá. Así, cuando el dinero es "devuelto" a la Torá en la forma de caridad a un estudioso de Torá, de hecho se transforma en Torá (*Torat Natán* 204:1). Este concepto tiene un paralelo en la idea de que el alimento que ingerimos se transforma en nuestra esencia. De la misma manera, el dinero dado a un estudioso de Torá es "consumido" por ese estudioso de una manera o de otra y en última instancia es utilizado para sustentar su estudio de Torá. Por lo tanto el dinero dado a un estudioso se vuelve literalmente Torá y como tal no puede ser anulado; su mérito es eterno. Reb Najmán Jazán, el primer discípulo del rabí Natán, agrega que no sólo la transgresión no puede extinguir la Torá, sino que mediante el estudio de la Torá uno puede tener el mérito de que sus transgresiones sean perdonadas (ver *Berajot* 5b).

Podemos concluir que la mitzvá esencial de la caridad es apoyar el estudio de la Torá - es decir, asistir financieramente a los estudiosos de Torá, apoyando la impresión y difusión de las enseñanzas de Torá y demás (*Tefilot ve Tajanunim* I, 36).

El Rebe Najmán cuenta una historia para ilustrar este punto:

> Había dos amigos íntimos que acababan debe contraer matrimonio. Uno de ellos vio al otro cometiendo algo impropio, alejándose del verdadero sendero. Sin embargo, no le prestó atención a ello, pensando que había sido sólo un accidente. Pero cuando vio que su amigo continuaba y hacia algo mucho peor, comprendió que el otro era de hecho un pecador. Decidió

que no tendría nada más que ver con su viejo amigo y se alejó completamente de él.

Todo ese tiempo, ambos habían sido mantenidos por sus suegros, tal como era costumbre. Luego de un tiempo, dejaron la casa de sus suegros y tuvieron que ganarse la vida por sí mismos.

El pecador comenzó a prosperar y llegó a ser muy rico. Su amigo, por otro lado, se hizo muy pobre y se sentía disgustado quejándose de la injusticia de Dios. Se decía: "Yo sé que mi antiguo compañero cometió un gran pecado. ¿Por qué se le otorga tanta grandeza y riqueza?".

Una noche el hombre pobre tuvo una visión. Vio un gran número de hombres acercándose, llevando unas bolsas con monedas. Podía escuchar el tintineo de las monedas a medida que se aproximaban.

Trató de ir a su encuentro, pero lo detuvieron con una advertencia: "No toques nada de este dinero. Todo pertenece a tu antiguo amigo".

Comprendiendo que éste era un momento oportuno, les preguntó: "¿Por qué es él digno de esta riqueza? ¡Yo mismo pude ver cuando cometía un gran pecado!".

Le contestaron: "Desde el día en que ambos dejaron la mesa de sus suegros, tu amigo dispuso de un tiempo para el estudio diario de la Torá. Se comprometió a estudiar una determinada cantidad todos los días. Por lo tanto y pese a su gran pecado, tu compañero es digno de estas riquezas. Pues aunque el pecado puede extinguir las buenas obras, no puede extinguir la Torá (*veein avará mejavé Torá*)".

Las iniciales de las palabras *Veein Avará Mejavé Torá* (el pecado no puede extinguir la Torá) conforman la palabra *MAOT* (dinero). [Ello se debe a que el dinero se transforma de hecho en Torá] (*Sabiduría y Enseñanzas del Rabí Najmán de Breslov* #137).

El Rebe Najmán contó esta historia para enfatizar la

importancia de establecer tiempos fijos para el estudio de la Torá. Pero también subrayó el valor del estudio de la Torá con respecto a la recompensa que trae: aquel que estudia Torá es bendecido con un ingreso constante y un sustento adecuado (*Parparaot LeJojmá* I, 104).

En síntesis, la caridad dada para sustentar el estudio de la Torá tiene un valor totalmente diferente y exaltado. La luz de esa mitzvá nunca puede ser extinguida y debido a que esa caridad de hecho se *transforma* en Torá, asume la naturaleza de la Torá. La palabra hebrea *TORá* está etimológicamente relacionada con la palabra *TORé* (guía). Así como la Torá contiene la sabiduría para guiarnos a través de la vida, de la misma manera la caridad dada para sustentar la Torá tiene ese mismo poder.

En otra instancia, el Rebe Najmán enseña que cuando nos regocijamos con nuestras buenas acciones fortalecemos las "piernas", Netzaj y Hod - los pilares que sustentan la Torá (*Likutey Moharán* II, 81). El *Zohar* llama a Netzaj y Hod "los soportes fieles" (*Tikuney Zohar* 13b). Así como la gente levanta sus piernas y baila debido a la alegría, de la misma manera cuando nos regocijamos con nuestras buenas acciones, nuestras "piernas" se elevan. En nuestro contexto, hemos visto que toda buena acción que hacemos es considerada un acto de caridad, de modo que llevar a cabo las mitzvot cuenta como un acto de caridad y somos subsecuentemente elevados por nuestras buenas acciones. Más aún, cuando damos caridad -especialmente para sustentar el estudio de la Torá- y nos regocijamos en ello, entonces nuestros "soportes" también son elevados y aumenta nuestra riqueza, de modo que podemos continuar apoyando a otros.

## AGRADECIMIENTO

En otra lección, el Rebe Najmán demuestra cómo el hecho de apoyar a los estudiosos de Torá mediante la caridad trae un renacimiento espiritual (*Likutey Moharán* II, 2:1-3). Comienza por indicar el papel del agradecimiento en nuestra relación con Dios:

> El agradecimiento y la alabanza al gran Nombre de Dios son la esencia del deleite del Mundo que Viene. Es conocer a Dios, mediante lo cual nos acercamos a Él. Porque cuanto más reconocemos a Dios, más cerca estamos de Él.

> En el tiempo que viene, todo lo demás carecerá de importancia, como en "Todos los sacrificios serán abolidos excepto la ofrenda de agradecimiento" (*Vaikrá Rabah* 9:7, 27:12). El único sacrificio que quedará en ese tiempo será la ofrenda de agradecimiento. Ésta es la cercanía lograda a través del agradecimiento y de la expresión de gratitud. Agradecer, alabar y reconocer a Dios - tal cual está escrito, "Porque la tierra estará llena del conocimiento de Dios como las aguas cubren el fondo del mar" (Isaías 11:9) - éste es el deleite más grande del Mundo que Viene.

¿Qué es exactamente el deleite del Mundo que Viene? Dado que Dios es Infinito, siempre habrá nuevas revelaciones en nuestro conocimiento de Él, de modo que cada momento se volverá otro motivo de deleite, otro motivo para disfrutar los grandes placeres que nos esperan en el Futuro. El Rebe explica que incluso hoy en día podemos tener un anticipo de ese deleite agradeciendo a Dios por lo que tenemos y reconociendo Su Presencia en nuestras vidas. Cuanto más lo hagamos, más llegaremos a conocerLo y a deleitarnos en Su presencia. Continúa el Rebe:

> Agradecer, que es el deleite del Mundo que Viene, corresponde al concepto de la *halajá* (la ley judía). Pues la ley de la Torá que la persona estudia -y en especial las ideas que origina- son el deleite del Mundo que Viene, como dicen los Sabios: "Todo aquel que estudie *halajot* todos los días tendrá asegurado el Mundo que Viene" (*Nidá* 63a). Determinar una nueva regla legal genera un nuevo intelecto y *daat*, el conocimiento más profundo y la conciencia de Dios que es el

deleite esencial del mundo que viene... Apoyar a los estudiosos de la Torá es lo mismo que estudiar las leyes de la Torá, que son llamadas "las bondades de David" (Isaías 55:3) pues la ley está de acuerdo con su opinión (ver *Sanedrín* 93b). Esto es como enseñaron nuestros Sabios: "Dios está con él" (Samuel I, 16:18). Él esta cerca de Dios, que es el deleite del Mundo que Viene.

Como el Rebe explica ahora, otra manera de experimentar el deleite del Mundo que Viene es estudiando *halajá*, dado que la ley judía contiene el conocimiento de lo que Dios quiere de nosotros. Ésta es Su Torá y cuanto más la estudiemos, mayor será el conocimiento que tengamos de Él. También se encuentra mencionado en esa lección el hecho de que las *halajot* mismas representan "actos de bondad", pues ellas nos permiten experimentar lo Divino.

Y es por ello que el agradecimiento es llamado *halajá*. [En épocas del Templo], se llevaba una ofrenda de agradecimiento cuando uno era salvado del peligro. [Hoy en día] cuando surge un problema en la vida de la persona, éste afecta principalmente al corazón. Es el corazón, más que todo, el que conoce y siente el problema, como está escrito, "El corazón conoce su propia amargura" (Proverbios 14:10). Pues "el corazón comprende" (*Berajot* 61a) y así es quien más sufre el problema.

Y entonces, en momentos de dificultad, toda la sangre se junta y se eleva hacia el corazón. Ello es similar a cuando hay un problema en cierto lugar y toda la gente converge y se dirige a consultar al sabio local para obtener su consejo. De manera similar, toda la sangre se junta y se eleva hacia el corazón en busca de consejo y de una solución al problema. De esa manera, [la sangre] inunda el corazón por lo que éste se encuentra con un gran problema y dificultad. Como si no fuera suficiente el hecho de que el corazón mismo se preocupa -pues siente el peligro más que todos los demás- también la sangre lo inunda, produciéndole una gran desazón...

Pero más tarde, cuando la persona emerge del peligro, la sangre que circula por las arterias del cuerpo vuelve a su estado normal. El agradecimiento que surge cuando uno emerge del peligro es conocido como *HaLaJá*, debido al *taHaLuJot* (andar) de la sangre que retorna al fluir normal a través de las arterias del cuerpo cuando la persona emerge del peligro.

Hasta este punto, el Rebe ha afirmado que el agradecer a Dios y el estudio de la *halajá* (la ley judía) son sinónimos. Ahora explica por qué el agradecimiento también es llamado *halajá*. Cuando nos sentimos en peligro, la adrenalina entra en el torrente sanguíneo y la sangre corre a través del cuerpo a gran velocidad. Pero cuando experimentamos un alivio de la presión, la sangre se calma o "anda" (*HoLeJ*) por el cuerpo a un paso normal. Así *HaLaJá* indica el ser aliviado del problema - momento en el cual es más probable que alabemos a Dios y Le agradezcamos por librarnos de nuestras dificultades.

El Rebe une ahora esto con la caridad y el apoyo a los estudiosos de Torá, ilustrando esta conexión con el nacimiento de un niño:

> Con esto se facilita el dar a luz. Cuando la mujer toma la posición de parto, "sus muslos se enfrían" (*Sotá* 11b) y esto facilita el nacimiento. Cuando la sangre se eleva, el área se tensa y [la sangre] empuja fuera al niño. Más tarde, la sangre retorna a su lugar. Esto es el agradecimiento/*HaLaJá* - el andar (*taHaLuJot*) de la sangre que retorna a fluir normalmente, como se explicó más arriba. El motivo es que *halajá* también significa nacimiento.

Durante el trabajo de parto, la madre está angustiada hasta que el niño nace, pues el flujo normal de la sangre se ve interrumpido para facilitar el nacimiento. Cuando el niño sale, la sangre retoma su fluir, simbolizando una *halijá* (andar) normal, motivo para agradecer a Dios. El estudio de la Torá -en especial cuando lleva a originar nuevas ideas- connota la misma idea. El estudioso debe trabajar mucho con sus estudios para aclarar las leyes que está estudiando. Pero cuando surge una nueva idea como resultado de ese trabajo, ello también significa un nacimiento, como explica ahora el Rebe Najmán:

> Inicialmente, aquellos que apoyan a la Torá dando dinero a sus estudiosos disminuyen su propia riqueza. Darle dinero a un estudioso de Torá los deja con menos de lo que tenían. Esto es como en "sus muslos se enfrían", pues la palabra *damim* (sangre) implica dos cosas (*Meguilá* 14b). Pero más tarde, mediante el dinero utilizado para sustentar al estudioso de Torá, nacen *halajot*/bondades. Ese influjo de bondad restaura y completa entonces todo lo que faltaba.

La frase "*Damim* implica dos cosas" hace referencia a los dos significados de la palabra *damim*, "sangre" y "dinero". Como explica el Rebe, la sangre corre hacia el canal de nacimiento para ayudar al nacimiento del niño. La sangre deja las piernas de la mujer que está dando a luz y sólo retorna después del nacimiento. De manera similar, aquellos que dan caridad para sustentar a la Torá y a su estudio encuentran que el dinero los deja. Éste "corre" hacia el lugar en donde es necesario para "dar a luz" nuevas ideas en la ley de la Torá. Cuando las leyes son estudiadas y se generan nuevas ideas, entonces "nacen" las bondades -las "bondades de David"- que representan el flujo de abundancia y de bendiciones hacia el mundo. Esas bondades le aseguran al donante que el dinero que entregó para el estudio de la Torá le será devuelto a sus propios bolsillos.

El Rebe concluye esta parte de la lección con las palabras "Y éste es el deleite del Mundo que Viene".

A partir de esta lección podemos ver que al dar caridad para sustentar el estudio de la Torá, el donante merece el deleite del Mundo que Viene, incluso estando en este mundo. Más aún, el propósito de esa clase de caridad es "dar a luz" nuevas revelaciones de Torá y de Divinidad; y entonces, tal como sucede con un nacimiento, donde la sangre retorna más tarde a su fluir original, de la misma manera, el fluir de la abundancia descenderá hacia el donante quien no echará de menos los fondos que ha dado para caridad. Abundarán las bendiciones y, como con la llegada de un nuevo niño, habrá incluso nuevos motivos para alegrarse - ¡con una más grande abundancia y bendición!

De este modo la caridad tiene el poder de hacer que el donante comprenda que es él el afortunado, lo que a su vez lo transforma en una persona agradecida. Reconocerá los muchos motivos que tiene para agradecer, llegando así más cerca de Dios -que en sí mismo es un deleite- y volviéndose una persona capaz de regocijarse y deleitarse en la Divinidad.

R' Aarón Leib Tziguelman de Polonia (m. circa 1943) trabajó incansablemente para recolectar los fondos necesarios para imprimir las enseñanzas del Rebe Najmán y del rabí Natán. Él solía decir, "*HaDPaSáH* (la impresión de libros) tiene la misma *Guematria* (valor numérico) que *OLaM HaBA* ([la recompensa de] el Mundo que Viene)".

# 3

## COMO EL DAR
## AYUDA
## AL MUNDO

# ORGULLO
# Y RETORNO

*Sigue dando mientras encuentres gente que lo necesite, mientras tengas qué dar y mientras tengas el poder de hacerlo (El Libro de los Atributos, Caridad A59).*

¿Qué sucedería si alguien te dijera que tu caridad realmente puede cambiar la vida de alguien *y* hacer del mundo un lugar mucho mejor para vivir? ¿Le creerías? Y sin embargo es verdad, absoluta verdad. Incluso una pequeña donación puede hacer maravillas de maneras que ni siquiera podemos llegar a imaginar, dejando su marca no sólo en el mundo material sino también en el ámbito espiritual.

El Rebe Najmán dijo cierta vez: "El término básico para toda buena acción es *tzedakah* (caridad)" (*Tzadik* #567). El rabí Natán explica que la declaración del Rebe significa que cada mitzvá que hacemos se encuentra en la categoría de *tzedakah* pues cada mitzvá es un acto de bondad para el alma, así como la caridad es un acto de bondad hacia el pobre (*Likutey Halajot, Tzedakah* 1).

Vemos las importantes implicancias de esta afirmación en una lección única que introduce elementos tan dispares como el orgullo de Dios por el pueblo judío, comer en santidad, hacer prosélitos y el aumento del amor y el temor a Dios, conectando todo esto con una nueva comprensión del poder de la caridad (adaptado del *Kitzur Likutey Moharán* I, 17).

## EL ORGULLO DE DIOS

El Rebe Najmán dice que el propósito de toda la creación
es el orgullo y el deleite que Dios siente por el pueblo judío.
El Tzadik es aquel que revela el orgullo de Dios por el pueblo
judío, lo que aumenta el amor y el temor a Dios en el mundo.
¿Cómo funciona esto?

El Rebe explica que cada ser creado es único en su
apariencia, en su fuerza, en su naturaleza y en su comportamiento.
Entre las categorías generales de los seres creados -lo mineral,
lo vegetal, lo animal y lo humano- hay un infinito número de
diferencias y esto también es verdad dentro de cada categoría
entre los diferentes tipos de creaciones. Esas diferencias
detalladas son el resultado de la voluntad de Dios; Él quiso que
una cosa fuese de una manera y otra cosa, de otra manera.

El Tzadik está constantemente buscando comprender esa
voluntad, revelar la motivación de Dios al crear la existencia
como un todo y en sus partes. Él accede a esa comprensión a
través de Tiferet - a través de la belleza que encuentra en el
pueblo judío como grupo y como individuos y en el orgullo
que Dios siente por ellos. De manera similar, las variaciones
que existen entre las diferentes creaciones fueron determinadas
de acuerdo con el orgullo que Dios sentiría por cada judío
individual. Al buscar constantemente, el Tzadik encuentra ese
orgullo y belleza en cada individuo y así comprende la voluntad
de Dios en la creación como un todo, al igual que en sus diversas
criaturas y en todos los detalles de esas criaturas.

Cuando el Tzadik revela el orgullo que Dios siente por
el pueblo judío también se revelan el amor y el temor a Dios.
Esto despierta el amor y el temor a Dios en los demás. El Rebe
Najmán explica con una parábola cómo sucede esto:

> Es indudable que todos temen y tiemblan ante la

presencia de un rey. Pero en el cumpleaños del rey, cuando él lleva sus vestimentas más hermosas [literalmente, sus "vestimentas de orgullo"], ese temor se revela más aún - dado que ver algo afecta a la persona más profundamente que el solo hecho de saber de ello.

La revelación del orgullo, que es también la revelación del temor, lleva a su vez a la revelación de la voluntad y del amor. Porque es la manera del rey el que en sus cumpleaños lleve las vestimentas más hermosas y que un gran temor se apodere de sus súbditos, que todos tiemblen y se inclinen a sus pies. Subsecuentemente, el rey le revela su voluntad a cada persona y le da regalos de acuerdo a su posición y a la voluntad del rey y al amor que siente por ella. Esta última etapa corresponde al amor. Pues inicialmente, al revelarse el orgullo y el esplendor del rey, se apodera de todos el miedo y el temor. Pero más tarde, cuando la gente percibe la buena voluntad del rey y lo cerca que él se siente de cada persona, todos se allegan a él y lo aman.

Cuando el Tzadik revela el orgullo que Dios siente por el pueblo judío, ello es análogo al cumpleaños del rey, a la coronación real - en otras palabras, al nacimiento del Reinado de Dios... Al revelar ese orgullo, los Tzadikim también revelan la voluntad de Dios en cada una de las cosas... Se comprende entonces que el temor y el amor a Dios son provocados por el Tzadik que revela ese orgullo.

El orgullo de Dios no está limitado a aquellos judíos que guardan Sus mandamientos. Dios se enorgullece incluso del judío más alejado. Incluso un judío pecador -en la medida en que aún se identifique como judío- retiene su propia belleza individual de la cual se enorgullece Dios. Por lo tanto está prohibido perder la esperanza en el amor de Dios, aunque la persona haya cometido grandes males y haya causado tremendos daños. El afecto de Dios siempre estará sobre ella y podrá siempre retornar a Dios. Si alguien se encuentra en tal situación, lo más importante será unirse a los hombres de la verdad, dado que ellos son capaces de encontrar el bien y la belleza incluso en los judíos más alejados y pueden ayudarlos a retornar a Dios.

En la Kabalá el amor es un paralelo de la *sefirá* de Jesed y el temor es un paralelo de Guevurá. Si encontramos el equilibrio entre esos dos atributos importantes a través de *TiFeRet*, también encontramos *PeER* (orgullo) - es decir, el orgullo que todos los judíos sienten por su esencia.

El Rebe Najmán enseña que si el judío no siente tal orgullo, ello significa que sus atributos de amor y de temor son insuficientes y que carece de la capacidad de generar *peer*. La persona queda en la oscuridad dado que la luz del Tzadik no la ilumina; en verdad, la luz del Tzadik le está oculta debido a su insensatez y a sus actos vergonzosos. Existe una manera de rectificar todo esto: comiendo de la manera apropiada. Mientras que el comer como un glotón embota la mente, haciendo que la luz del Tzadik se oculte, comer lentamente y con moderación produce lo contrario. Esta última clase de comer -un acto llamado "la perfección del Altar"- eleva el intelecto y anula la insensatez que oscurece la mente de la persona y que le impide sentir el orgullo. Consecuentemente, será capaz de sentir amor y temor a Dios.

## RECTIFICANDO EL ALTAR

El Rebe Najmán procede a conectar la insensatez de la mente y la gula con la enseñanza de nuestros Sabios de que la mesa de la persona es comparable al Altar sobre el cual se ofrecían los sacrificios (*Berajot* 55a). Comer en santidad es equivalente a llevar un sacrificio al Templo y a elevar todas las partes de la creación hacia Dios. Pero cuando el comer (i.e., el Altar) es corrompido -como en nuestro contexto, a través de la gula- entonces ese comer corrompido nutre la idolatría y aleja a la gente de Dios (ver *Zohar* II, 139a). Esto es lo que se quiere decir con el hecho de que la insensatez oscurece la mente de la persona y le impide sentir amor y temor.

¿Cómo es posible rectificar ese "Altar"? ¿Cómo puede uno rectificar el comer corrompido y la subsecuente insensatez e idolatría que ello genera?

Explica el Rebe Najmán:

Los daños al altar se corrigen mediante los prosélitos. Pues todo el poder que tiene la idolatría proviene de los daños en el altar - es decir, de las chispas sagradas del altar que cayeron hacia los lugares de idolatría (*Zohar* II, 139a).[1] Cuando el prosélito abandona su propia fe y sigue la fe judía, subyuga a la idolatría que proviene de los daños en el Altar y las chispas de las partes del Altar retornan a su lugar. Entonces, el Altar -que se asemeja a la mesa de la persona (*Berajot* 55a)- vuelve a estar libre de defecto alguno; en otras palabras, la persona merece comer con la santidad apropiada.

Al influenciar a los idólatras o a aquellos que están lejos de Dios para que se vuelvan prosélitos,[2] la persona misma se acerca a lo Divino. Demuestra que tiene fe en Dios y así niega la idolatría que surge de un Altar corrompido.

¿Y cómo es que uno atrae a los prosélitos? Mediante la caridad.

La caridad que uno les da a los verdaderos Tzadikim y a las personas pobres y rectas es considerada como caridad a muchas almas judías [pues esos Tzadikim le enseñan a mucha gente, permitiendo que muchos se acerquen a Dios]. La caridad que se le da al verdadero estudioso de Torá aumenta y extiende

---

1 Esto significa que o bien uno ofrece sacrificios a Dios (i.e., el Altar) o bien sirve a la idolatría.

2 El término "prosélitos" en las enseñanzas del Rebe Najmán hace referencia a los conversos y a los *baalei teshuvá*, a los judíos que retornan a su propia fe.

grandemente el área de "aire claro y tranquilo". Está escrito, "La riqueza agrega muchos amigos" (Proverbios 19:4). Cuando damos caridad, difundimos la buena voluntad, creando así una atmósfera de tranquilidad y de paz. Cuanto más grande sea la caridad dada a los Tzadikim, mayores serán las áreas de tranquilidad que se ayude a crear.

El Rebe explica que en un ambiente pacífico, las palabras del sabio pueden ser oídas incluso a una gran distancia. Cuando el aire está tranquilo y calmo, las palabras pueden ir muy lejos. Pero cuando sopla un fuerte viento es imposible oír incluso el sonido de la voz de otra persona y menos aún sus palabras. De la misma manera, cuando el amor y la armonía reinan entre la gente, ello es el concepto de "un aire calmo y tranquilo" y sus palabras son oídas a la distancia. Pero cuando hay enemistad entre las personas, ese odio es similar a un viento tormentoso, a un viento maligno que crea divisiones entre ellas.

Así, en una atmósfera de "aire calmo y tranquilo", las palabras del Tzadik pueden llegar a la gente que está muy lejos de Dios, acercándola como prosélitos y *baalei teshuvá*. El libro de Ester alude a este fenómeno cuando describe la influencia de Mordejai: "Su fama salió hacia todas las provincias" (Ester 9:4). El "ojo bondadoso" de Mordejai y sus actos caritativos crearon un ámbito muy extenso de aire tranquilo, haciendo posible difundir la palabra de Dios. Oír sobre Mordejai hizo que mucha de la gente común del reino se convirtiese (ibid; 8:17).

También nosotros podemos crear las condiciones atmosféricas correctas para atraer a los conversos y a los *baalei teshuvá*. ¿Cómo? Dando caridad a los verdaderos Tzadikim y a la gente pobre y recta. Por extensión, si existe una atmósfera convulsionada en nuestros propios hogares, podemos crear una atmósfera de tranquilidad dando caridad.

Entonces, cuando la persona sabe cómo expresarse con

"un habla judía" [i.e., con palabras de fe y de reconocimiento de Dios], las palabras que dice se inscriben y se graban en el aire, viajando y siendo oídas a la distancia. De ese modo las palabras se inscriben en los libros de los gentiles, sea cual fuere la escritura usada en ese país. Subsecuentemente, los gentiles encuentran en sus propios libros cosas que contradicen su fe y consecuentemente, se convierten [al judaísmo]. Se han contado tales historias sobre muchos prosélitos que se convirtieron de esa manera y todo como resultado de este fenómeno.

## EL BIEN "CAUTIVO"

El Rebe Najmán nos ha llevado en un viaje largo y satisfactorio para mostrarnos cuánto puede hacer nuestra caridad. Pero la caridad hace mucho más. Cuando les damos caridad a los Tzadikim, no sólo les otorgamos más poder a sus palabras para llegar a más gente, sino que también los ayudamos a levantar la bandera del judaísmo contra las naciones no judías que intentan suprimirnos. Continúa el Rebe:

> Pero, ¿por qué son precisamente esos individuos los que encuentran ideas que contradicen su fe y son llevados a reconocer la fe judía, mientras que otros no encuentran nada? Debes saber que ello se debe al bien -es decir, a las partes de las almas judías- que los gentiles retienen cautivo. Pues como resultado de los decretos [antijudíos] de los gentiles, de los impuestos y demás, ellos retienen el bien del pueblo judío al impedir que los judíos cumplan con las mitzvot de Dios. Ese bien a que impiden llegar a la existencia es así "retenido en cautividad" dentro de su dominio. Al comienzo de su cautiverio ese bien recuerda que proviene de un lugar muy elevado y exaltado. Sin embargo, más tarde, los gentiles abruman a ese bien y lo suprimen dentro de su dominio, hasta que es capturado y encadenado a ellos y olvida su verdadero y exaltado nivel.

Sin embargo no todo está perdido. El Rebe Najmán explica que cuando el "habla judía" sale y queda inscripta en los libros de los gentiles, ese bien se descubre allí entonces en la forma de ideas que contradicen la fe de los gentiles. Este bien recuerda que proviene de un lugar santo y exaltado - dado que Dios consultó con las almas de Israel antes de crear el universo, por lo que las almas de Israel se encuentran sobre todos los mundos. Cuando ese bien se conecta con el mensaje judío, comienza a sentir dolor y anhelo por Dios, siente piedad de sí mismo por haber caído en tales profundidades. Esto comienza su retorno hacia la santidad. Agrega el Rebe:

> A partir de esto, cada persona puede comprender cuánto necesita apiadarse de sí, al recordar la elevación de su innata raíz espiritual. Debe decirse a sí misma, "Yo provengo de la simiente del pueblo judío, que se encuentra por sobre todos los mundos y que fue el 'primer pensamiento' de Dios [cuando decidió crear el mundo]. ¡En qué estado tan degradado me encuentro ahora! Y, Dios no lo permita -¡Dios no lo permita!- ¿quién sabe qué me depara el futuro? Pues el Malo quiere destruirme, Dios no lo permita". De esa manera, la persona tendrá piedad de sí y se ocupará de retornar a Dios.

Sin embargo, para el bien "cautivo", el retorno no es tan simple. Dado que ese bien aún se encuentra muy apegado a las naciones, cuando trata de liberarse, algo del mal de las naciones es arrancado junto con él. Entonces ese mal también retorna al ámbito de la santidad, manifestándose como prosélitos.

Pero el ámbito del mal no está dispuesto a entregar tan fácilmente su botín. El Rebe Najmán dice que cuando el mal ve que el bien está anhelando retornar a su lugar, fortalece su garra más aún y lo lleva hacia un ocultamiento más profundo. Ese bien entra entonces en los recovecos más hondos del pensamiento - es decir, las naciones comienzan a tener pensamientos sobre ese bien, llevándolo hacia un ocultamiento más grande aún dentro de los recovecos de sus pensamientos. Subsecuentemente, ese bien surge en la forma de sus descendientes, dado que el cerebro es el origen del proceso reproductivo (cf. *Zohar Jadash* 15a). Dado que el mal en sus descendientes no tiene la fuerza para vencer al bien que también está dentro de ellos, el bien emerge a través de esos hijos y ellos se vuelven prosélitos.[3]

De modo que los prosélitos del pueblo judío son el resultado final de nuestra caridad. Primero nuestro dar crea una atmósfera tranquila dentro de la cual las palabras de los verdaderos Tzadikim pueden difundirse y ser oídas. Sus palabras llegan tan lejos como para quedar inscriptas en lugares muy distantes de Dios -incluso en lugares de idolatría- donde también despiertan las almas para retornar a Dios. El atraer a los prosélitos rectifica entonces el daño hecho por haber comido de manera impropia (la corrupción del Altar) y lleva a la gente hacia el conocimiento y la conciencia de Dios. Entonces todos serán capaces de abandonar su insensatez y reconocer a Dios, aumentando así el orgullo que Dios siente por Su nación. Esto difunde el amor y el temor de Dios - y al atraer a los prosélitos, ayuda a difundir el amor y el temor también entre los no judíos, permitiendo que Dios se enorgullezca de la belleza de toda Su creación.

Al rectificar nuestras acciones, también se aclara nuestra mente como para percibir la luz del Tzadik y recibir de él el amor y el temor. El Rebe Najmán explica que el factor más importante responsable del embotamiento de la mente y del intelecto corresponde a los instrumentos de la acción, dado que un accionar impropio arruina la mente. Es posible rectificar los instrumentos de la acción dando caridad, que depende de la "acción", como está aludido en el versículo "El acto de caridad trae paz" (Isaías 32:17).

---

3 Esto explica por qué encontramos algunos prosélitos que son descendientes de los nazis y de otros terribles malvados (ver *Sanedrín* 96b).

Cuando el Templo estaba en pie, la gente que cometía actos insensatos y pecados llevaba sacrificios para ser ofrecidos en el Altar, como parte de su arrepentimiento. En virtud de esa acción, que reflejaba su deseo de volver a conectarse con Dios y demostrar su aceptación de la autoridad de Dios, sus pecados eran perdonados. Hoy en día carecemos del Altar, pero tenemos otros medios para rectificar los daños producidos por nuestra insensatez. La principal rectificación es la caridad, pues la caridad difunde el aire de tranquilidad que finalmente llevará a todo de retorno a Dios - incluso al bien que está cautivo por las naciones. Esto es el "orgullo y retorno" - el *PeER* (orgullo, relacionado con la palabra *tiFERet*, belleza) que Dios siente por los judíos y por el bien cautivo que es liberado y retorna a su fuente.

## EL MILAGRO DE JÁNUCA

El rabí Natán ilustra las ideas que hemos estado explorando con la historia del milagro de Jánuca, que ocurrió durante la ocupación griega de la Tierra de Israel, hace cerca de 2200 años.

En esa época, los opresores griegos prohibieron a los judíos cumplir con la Torá, haciendo que todo ese bien potencial cayera en la cautividad. Los griegos llegaron incluso a impurificar el Altar del Templo llevando un cerdo como sacrificio. Cuando los Macabeos -judíos comprometidos con la Torá- vencieron a las fuerzas griegas, volvieron a inaugurar el Templo, encendieron nuevamente la Menorá y purificaron el Altar, rectificando aquello que estaba corrompido. El bien que fuera capturado por los griegos debido a sus decretos antijudíos ahora fue liberado. Al año siguiente, los sabios de esa generación instituyeron la mitzvá de encender las luces de Jánuca.

La luz de Jánuca representa la luz y la belleza del pueblo judío - el bien que estaba cautivo y que fue subsecuentemente redimido por los Tzadikim (los Macabeos). Esos Tzadikim revelaron el orgullo que Dios siente por el pueblo judío y así fueron capaces de difundir la Divinidad, volviendo a inaugurar el Templo

Vemos que la mitzvá de encender las luces de Jánuca le incumbe a cada persona de cada hogar[4] - cada uno enciende una menorá y agrega una luz extra cada noche. ¿Por qué todos deben encenderla? Porque cada lámpara individual representa la alegría y el orgullo que Dios siente por cada individuo. Y debido a que hay mucho más bien oculto dentro de cada uno, encendemos una luz adicional para iluminar lo oculto - y hacernos recordar a los Tzadikim que instituyeron esta mitzvá y quienes engloban el orgullo adicional y la luz que se encuentra en cada individuo.

La mejor manera de cumplir con la mitzvá del encendido es con aceite de oliva, en conmemoración a la Menorá del Templo que utilizaba exclusivamente aceite de oliva puro (*Oraj Jaim* 673:1). El aceite de oliva representa la realeza y la grandeza, ejemplificando el orgullo de Dios por el pueblo judío. Los griegos impurificaron todo el aceite que estaba en el Templo; degradaron a los judíos y a su carácter real. Los Macabeos encontraron un pequeño recipiente de aceite de oliva puro que aún tenía el sello del sumo sacerdote. Ese recipiente no había sido tocado por los impuros griegos y aunque contenía aceite para un solo un día, ¡ese aceite siguió encendido durante ocho días completos!

El tiempo terrestre, tal cual lo conocemos, está compuesto por el ciclo de siete días, pero el milagro del aceite duró más que eso - ocho días. Esto alude a lo sobrenatural -a aquello que se encuentra más allá del tiempo y de la naturaleza- y también al bien, a la belleza y al orgullo que se encuentran en los judíos, atributos atemporales que persisten incluso en la dificultad y en los momentos difíciles (basado en *Likutey Halajot, Toen VeNitan* 5:1-3).

---

4 El marido enciende generalmente tanto para él como para su esposa. La mujer que vive sola debe encender su propia menorá.

De acuerdo a la Kabalá, el sumo sacerdote, que presidía el encendido de la Menorá en el Templo, representa *jesed* (actos de bondad y de caridad).[5] Como explica la lección del Rebe Najmán, los actos de caridad sacan a luz el bien que estaba degradado o mantenido cautivo entre las naciones. Al dar caridad, creamos una atmósfera de paz y de tranquilidad, permitiendo que ese bien sea elevado hacia su fuente. Así el sumo sacerdote representa al Tzadik que puede revelar el bien que se encuentra en los lugares impuros o abyectos.

El rabí Natán agrega que Jánuca es un tiempo especial para dar caridad, dado que los días de esta festividad son propicios para rectificar los daños del alma.[6] La caridad tiene un enorme poder para revelar la Divinidad, incluso en los momentos más oscuros. La dominación griega fue ciertamente un momento así, cuando abundaban las filosofías heréticas y se ejercía una gran presión sobre los judíos buscando su asimilación. El mundo occidental de hoy en día es el heredero de la filosofía griega, del culto al ego y del ateísmo, en oposición directa a las enseñanzas del judaísmo. Así como nuestros ancestros ganaron la guerra espiritual en contra de los griegos, también nosotros tenemos el poder de emerger victoriosos. ¡Lo único que hace falta es practicar la caridad!

Cierta vez el rabí Leví Itzjak de Berdichov salió de viaje para recolectar dinero con el objetivo de casar a una joven huérfana. Llegó a una posada donde un grupo de pecadores estaba jugando a las cartas. Cuando el rabí Leví Itzjak les solicitó un aporte para ayudar a la joven novia, comenzaron a burlarse de él y le preguntaron qué ganarían en recompensa por la mitzvá. "¡*Olam Haba* (el Mundo que viene)!", les respondió.

---

5 Ver *Zohar* III, 145b. El judío puede ser clasificado como Cohen, Leví o Israel. De acuerdo a la Kabalá, el Cohen representa Jesed, el Leví representa Guevurá y el Israel representa Tiferet.
6 *Mishná Brurá* 670:1; *Kitzur Shuljan Aruj* 139:1.

Un hombre en particular era muy burlón y dijo, "¡De todas maneras no tengo allí un lugar para mí!". Entonces, para agregar insulto a la injuria, le dijo al rabí Leví Itzjak, "¡Pero te daré todo el dinero que necesitas para su dote si aceptas para ti mi *Olam Haba*!".

El rabí Itzjak aprovechó inmediatamente la oportunidad y redactó un contrato. El hombre sorprendido estuvo de acuerdo y firmó, dándole al rabí todo el dinero necesario para la boda.

Cuando el hombre volvió a su hogar, comenzó a reírse de lo que consideraba una transacción tonta. Su esposa le preguntó qué había sucedido y cuando él se lo contó, ella quedó lívida. "¿Tu *Olam Haba*?", gritó. "¿*Vendiste* lo poco que podrías tener?". Después de una acalorada discusión, ella obligó a su marido, muy en contra de su voluntad, a volver al rabí Leví Itzjak y pedirle que cancelara el contrato.

El rabí Itzjak, por supuesto, se negó al comienzo. El hombre rogó, pero el rabí Itzjak continuó negándose. Finalmente el hombre le pidió, "Quédate con todo el dinero, pero por favor, por favor, ¡devuélveme mi porción en el Mundo que Viene!". El rabí Itzjak estuvo de acuerdo.

Con el contrato anulado, el hombre le preguntó al rabí Leví Itzjak cuál sería su porción, la del hombre, en el mundo futuro. El rabí Itzjak respondió, "Cuando me diste por primera vez tu porción, realmente no valía mucho. ¡Pero ahora que has donado esa suma para poder casar a una joven huérfana, tu porción es muy, muy grande en verdad!".

# LA CAUSA DIGNA

*La benevolencia de la persona la*
*lleva a sentir amor por los Tzadikim*
*(El Libro de los Atributos, Caridad A44).*

La vida nos presenta elecciones en virtualmente todo lo que hacemos. La caridad no es una excepción. Hay tantas causas caritativas que buscan nuestra donación. Cada una ensalza sus logros, tratando de impresionarnos con su valía. Depende de nosotros elegir cómo y dónde contribuir. Consideremos la siguiente afirmación de nuestros Sabios:

> Debemos estarles agradecidos a los embaucadores; de no ser por ellos, seríamos culpables todos los días, como está escrito, "y tu ojo no sea malo para con tu hermano menesteroso de modo que no le des y clame contra ti al Señor; pues será pecado en ti" (Deuteronomio 15:9; *Ketubot* 68a).

Rashi (*loc. cit.*) explica que somos culpables cuando pasamos por alto las necesidades de los pobres. Pero debido a que existen mentirosos y embaucadores, se nos permite ser escépticos y comprobar quién es el receptor para asegurarnos de que sus necesidades son genuinas.

El Midrash relata que el rabí Iojanan y el rabí Shimón ben Lakish fueron a bañarse en las aguas termales de Tiberias. Cuando estaban por entrar a la casa de baños un hombre, vestido con harapos, se les acercó y les pidió caridad. Ellos le prometieron darle algo cuando salieran del baño. Pero más tarde, al salir, encontraron al hombre muerto. Lamentando su negligencia, dijeron, "Llevemos a cabo las preparaciones fúnebres requeridas y hagamos esta última mitzvá de bondad por el pobre hombre". Al desvestirlo para preparar su cuerpo para el entierro, encontraron en su bolso 600 monedas de oro (*Vaikrá Rabah* 34:10).

Claramente, si ellos le hubiesen dado dinero, habrían estado contribuyendo con un receptor indigno. Esto nos enseña que está permitido comprobar la valía de la persona a la cual le estamos dando. Como estipula la ley judía, si la persona llega a nuestra puerta pidiendo comida, debemos dársela de manera inmediata, pues es posible que no haya comido en días. Pero si llega pidiendo caridad por otros motivos, debemos investigar sobre la naturaleza de su pedido (*Iore Dea* 251:10). Esto, en síntesis, es un importante obstáculo en el proceso de dar caridad. Hay tantas causas, con tantas subdivisiones, que necesitamos un programa especial de computación sólo para comprobar la información y llegar a una decisión. Como hace notar el rabí Natán en todas sus plegarias en el *Likutey Tefilot*, uno sólo puede seguir su corazón, después de muchas plegarias e introspección, para asegurarse de que su caridad vaya al destino adecuado.

Sin embargo, hay un receptor que siempre es la elección adecuada para la caridad - debido al hecho de que darle a él es como darles a muchos, muchos otros al mismo tiempo. Esa persona es el Tzadik.

## DÁNDOLE A UN TZADIK

El Rebe Najmán explica por qué el Tzadik es la mejor opción para nuestras donaciones de caridad, con una visión única sobre la ley de atracción (*Likutey Moharán* I, 70):

> Todas las cosas se encuentran sobre la tierra. Podemos ver de manera empírica que todo se origina en la tierra y que todas las cosas y criaturas se mueven o descansan sobre la

tierra. No pueden despegarse y moverse de la tierra a no ser que haya una fuerza contraria - alguien que ejerza presión sobre la cosa, sacándola de su lugar sobre la tierra y alejándola de allí.

Cuánto algo se aleje de la tierra será proporcional al poder de la fuerza contraria. Pero luego, cuando esa fuerza se acabe, la cosa retornará a la tierra. Por ejemplo, si la persona arroja un objeto hacia el cielo, ello ejerce una fuerza sobre el objeto y lo despega de la tierra. La fuerza que ejerza sobre el objeto y cuán alto sea arrojado serán proporcionales a su poder. Pero más tarde, cuando se agote la fuerza contraria que ha ejercido, el objeto retornará y caerá a la tierra.

Ello se debe a que la tierra ejerce una atracción gravitacional, atrayendo todo hacia sí. De otra manera, nada podría existir sobre ella; las cosas se despegarían. Pues la tierra es redonda, con la gente asentada en todas partes, como es sabido. Sin embargo, la tierra posee una fuerza de atracción. Así, cuando la fuerza contraria se agota y el objeto retorna y cae a la tierra, cuanto más cerca se encuentre más rápido caerá. Ello se debe a que está llegando cerca del corazón de la atracción gravitacional de la tierra y por ello cae con mayor velocidad.

El Tzadik es el aspecto de la tierra. Pues él es el cimiento del mundo, como está escrito, "El Tzadik es el cimiento del mundo" (Proverbios 10:25). Todas las cosas se encuentran apoyadas en él y él posee una fuerza de atracción mediante la cual atrae todo hacia sí.

El Tzadik es un paralelo de la *sefirá* de Iesod (Cimiento). De acuerdo a la Kabalá, toda la abundancia y la energía canalizadas desde Arriba a través de las *sefirot* superiores descienden hacia Iesod antes de ser transferidas a Maljut (Reinado), desde donde alcanzan este mundo material. Ésta es la explicación de la afirmación del Rebe de que el Tzadik "posee una fuerza de atracción mediante la cual atrae todo hacia sí". El verdadero Tzadik es el núcleo espiritual y el cimiento del mundo, de modo que se lo asemeja al corazón de la tierra. Al igual que la fuerza de gravedad que atrae a las cosas hacia el centro de la tierra, el Tzadik posee una fuerza de atracción mediante la cual atrae al mundo entero hacia sí - y, como pronto veremos, lleva todo más cerca de Dios y de la Torá.

Sólo existe un Tzadik así en el mundo. Él es el cimiento del mundo, del cual provienen todas las cosas. Incluso todos los otros Tzadikim son meramente sus retoños, cada uno en la medida de su nivel. Uno es un retoño directo; otro un brote de un retoño.

Pues ese Tzadik único es humilde y modesto. Él se hace como [la tierra, como] el polvo, como en "No soy más que polvo y cenizas" (Génesis 18:27). Es por ello que él es "el cimiento del mundo" - es decir, el aspecto de [la tierra, de su] polvo, sobre la cual existe todo. De aquí nuestro pedido: "Y que mi alma sea como polvo para todos" (plegaria de la *Amidá*) y como el polvo [i.e., la tierra], tendrá una fuerza de atracción para atraer todo hacia sí.

El Ari enseña que todas las almas están enraizadas en el alma del Tzadik. Asemeja el alma del Tzadik al tronco de un gran árbol, cuyas ramas, ramitas y hojas representan las almas de sus seguidores - retoños directos y brotes de retoños (ver *Shaar HaGuilgulim* #31, páginas 83-88). Es por ello que ciertas almas gravitan hacia un Tzadik mientras que otras van a otra parte, siendo cada una un retoño de una diferente raíz de almas. Aun así, todas están englobadas en el Tzadik único que es el "cimiento del mundo".

Continúa el Rebe Najmán:

Y ese Tzadik atrae hacia sí todos los influjos de abundancia y [los dispersa] en el mundo, siendo esto el aspecto del "polvo de oro" (Job 28:6). En otras palabras, toda la abundancia proviene de alguien que es el aspecto del "polvo de oro". Por lo tanto todo aquel que le dé caridad a ese Tzadik será bendecido de manera inmediata. Ha sembrado en una tierra cuya cosecha es copiosa, como en "Siembren para ustedes semillas de caridad y cosecharán de acuerdo con la bondad" (Hoshea 10:2).

La Torá compara el dar caridad con la siembra. Todo aquel que dé caridad de seguro cosechará de acuerdo con la bondad que haya sembrado.[7] El Rebe Najmán extiende esa analogía más aún. Asemeja al Tzadik con el "polvo de oro" - es decir, el suelo fértil. Así como el suelo fértil da una copiosa cosecha, sembrar caridad a través del Tzadik humilde produce una gran abundancia.

Pero si uno le da caridad a alguien que no es el aspecto del polvo, no tendrá recompensa alguna. Así fue como Jeremías maldijo al pueblo de Anatot: "'Oh Dios… actúa contra ellos en el tiempo de Tu ira' (Jeremías 18:23) - hazlos tropezar a través de aquellos que son indignos" (*Bava Kama* 16b). Ellos no son el aspecto del polvo de modo que la caridad que uno les da no siembra nada en absoluto.

Toda la declaración del profeta dice: "Oh Dios, Tú sabes todo su propósito para hacerme morir. No perdones su iniquidad y su pecado no borres de Tu vista; antes sean hechos tropezar delante de Ti; ¡actúa con ellos en el tiempo de Tu ira!". Los Sabios explican que cuando aquellos que buscaron avergonzar a Jeremías lo acusaron falsamente de inmoralidad, él oró a Dios para que "fueran hechos tropezar" - es decir, que la caridad que dieran sólo fuera hacia los indignos. Consecuentemente, no recibirían ninguna recompensa, pues sus semillas de caridad serían sembradas en una tierra infértil - dada a los indignos que no pueden traer abundancia desde arriba y mucho menos canalizarla hacia los demás.

A partir de esta enseñanza de los Sabios, el Rebe Najmán deriva la inversa: Dar caridad al Tzadik que es el "cimiento del

---

7 Metzudat David, ad loc., ver también *Suká* 49b.

mundo" trae una recompensa inmediata y copiosa. Ese Tzadik es el medio a través del cual toda la abundancia que proviene de arriba es dispensada hacia todo el mundo. Dar caridad al Tzadik es por lo tanto análogo a sembrar en una tierra fértil. El dador cosecha bendiciones directamente desde su fuente.

El rabí Natán expresa esta idea como sigue: "Dar caridad a los que son dignos le trae a la persona recompensas de abundancia, de bendiciones, de la compasión de Dios, de vida, paz, hijos, salud, sustento y todo lo que es bueno, por siempre" (*Likutey Tefilot* I, 70).

Habiendo demostrado mediante el ejemplo de la caridad que es posible recibir beneficios *materiales* del Tzadik, el Rebe Najmán continúa la lección volviendo nuestra atención hacia los beneficios *espirituales* de la "atracción gravitacional" del Tzadik. Recordemos que el Tzadik es un paralelo de la *sefirá* de Iesod, el punto que recoge todas las energías que se filtran hacia abajo y que dispensa esa abundancia hacia la *sefirá* de Maljut, de la cual desciende hasta nuestro mundo. De manera similar, todas nuestras bendiciones y alabanzas a Dios se elevan a través de Maljut hacia Iesod, de donde son canalizadas directamente hacia arriba.

Cuando recibimos la abundancia, la recibimos a través de Iesod, del Tzadik. Cuando damos caridad al Tzadik, devolvemos nuestra bendición a Dios. Ello es similar a cuando recibimos bendiciones de Dios y Le agradecemos y Lo alabamos, de modo que el flujo de abundancia es recíproco. Dios da y nosotros recibimos, entonces nosotros damos y Dios recibe. Cuando Dios "recibe", Él se ve inclinado a hacer que descienda más abundancia sobre nosotros. Lo mismo sucede cuando damos caridad a los que son dignos y especialmente al Tzadik. Esa caridad es bendecida de manera inmediata, pues el donante ha despertado la voluntad de Dios para entregar bendiciones adicionales.

## LA CARIDAD DE LOS MALVADOS

En otra lección, el Rebe Najmán habla sobre el valor de dar caridad a los hombres de verdad (*Likutey Moharán* I, 251). En esa enseñanza, el Rebe hace referencia a la disputa y a la controversia, al alcance de la influencia de los malvados y a cómo ello puede ser contrarrestado mediante la caridad. También presenta un concepto que aún no hemos tratado: qué sucede cuando un malvado da caridad. Dice lo siguiente:

> ¡Debes saber! Como resultado del conflicto -es decir, de las disputas- hay gente importante que recibe los pensamientos de los malvados - es decir, debido a esto se ve afectada por pensamientos heréticos. La rectificación para ello es poner el conflicto en manos de Dios, que Dios libre la batalla. Con esto, uno anula los pensamientos de los malvados.

Las disputas de las cuales habla el Rebe Najmán incluyen todas las clases de conflictos -disputas entre estudiosos de Torá, peleas familiares, altercados en los negocios, conflictos dentro y entre las comunidades y las guerras entre las naciones. En la atmósfera emocionalmente cargada del desacuerdo y de la disputa, incluso la gente importante se ve influenciada por ideas que normalmente nunca tendría. "Pensar" con la emoción en lugar de pensar con la mente vuelve a la persona susceptible a toda clase de influencias malvadas externas, incluso de ideas heréticas. En su lugar, el Rebe Najmán recomienda "poner el conflicto en manos de Dios". Esto implica permanecer en silencio y no tomar un papel activo en la disputa. El hecho mismo de que la persona se vuelva a Dios en medio del conflicto demuestra su fe en Él e incluso fortalece esa fe. Ello anula los pensamientos heréticos.

Agrega el rabí Natán: La Mishná enseña que un aumento de la caridad trae un aumento en la paz (*Avot* 2:7). Si, pese a dar caridad, persiste la disputa, ello es una señal de que la caridad estaba dañada (por ejemplo, que fue dada a gente que no era digna o a una causa impropia). La caridad también es considerada dañada cuando quien la da está motivado por la ganancia personal, así sea por honor, poder o algún otro elemento egoísta. Tal caridad corrompida sólo puede llevar a la disputa (*Likutey Halajot, Shevuot* 2:35).

Hay otro caso en el cual aumenta la disputa: cuando la persona malvada da caridad. Explica el Rebe Najmán:

> Debes saber que como resultado de la caridad [dada por los malvados], sus pensamientos pueden prevalecer incluso aunque los rectos pongan el conflicto en manos de Dios.

Las Escrituras y el Talmud presentan varios ejemplos de malvados que dan caridad. En el Libro de Proverbios (28:8), el rey Salomón afirma con respecto a la caridad de los malvados: "Aquel que aumenta su riqueza mediante la usura y la ganancia injusta, la está juntando para aquel que beneficiará al pobre". Rashi explica que tal persona deberá pagar impuestos a las autoridades, que luego utilizarán ese dinero para construir puentes y caminos de los cuales también se beneficiarán los pobres. El Talmud cita el ejemplo del rey Shavur de Persia, quien tomaba el dinero de los judíos ricos y lo distribuida entre los pobres de su reino (*Bava Metzía* 70b).

En otra instancia, el Rebe Najmán explica que al dar caridad crece la influencia de *cualquier* persona (*Likutey Moharán* I, 17:5; ver el capítulo anterior). Así, la caridad dada por los malvados -aunque vaya a causas indignas- permite que sus herejías prevalezcan sobre los demás. De la misma manera, el Rebe enseña que la caridad está íntimamente asociada con la moralidad, pero que la caridad de una persona inmoral puede despertar inmoralidad incluso en gente virtuosa (ibid., II, 15).

## EL HOMBRE DE VERDAD

Sólo una clase de persona puede contrarrestar el mal de los malvados: el "hombre de verdad". De acuerdo al Rebe Najmán, el hombre de verdad es aquel que observa los mandamientos tan meticulosamente en privado, entre él y su Hacedor, como en presencia de sus congéneres.

El Talmud afirma que la mayor parte de la gente está más preocupada por lo que los otros seres humanos la ven haciendo que lo que Dios ve (cf. *Berajot* 28b). No así el hombre de verdad, que no busca reconocimiento ni recompensa por llevar a cabo las *mitzvot*. Su única intención es servir a Dios de la mejor manera posible, con sinceridad y con simpleza, sin importar que lo vean ni sepan de sus devociones. En otra instancia, el Rebe Najmán explica que el hombre de verdad es alguien que no depende de nadie - ni por dinero, ni por honor, poder, status ni ninguna otra cosa. Esa libertad le permite ser verdadero y genuino en todo lo que hace, a diferencia de aquel que depende de los demás debido a lo que éstos le pueden dar, incluyendo el reconocimiento por sus buenas acciones (*Likutey Moharán* I, 66:3).

Es por ello que el hombre de verdad puede contrarrestar el poder de la caridad dada por los malvados. Su honestidad e integridad actúan como un magneto para atraer la caridad de ellos hacia él, a la vez que actúa como un campo opuesto y sus méritos rechazan y anulan el poder que tienen los malvados por haber dado caridad. El Rebe hace la conexión entre la caridad y la verdad de la siguiente manera:

> Esto es como está escrito, "Será como nuestra caridad si guardamos toda esta mitzvá [es decir, la Torá] delante del Señor, tu Dios, como Él nos ha ordenado" (Deuteronomio 6:25) - significando, cuando tengamos el aspecto de verdad. Pues cuidar y observar todos los mandamientos delante de

Dios, en cada detalle, tal como uno lo haría en presencia de los seres humanos - éste es el aspecto de la verdad... Y entonces "Será como nuestra caridad". Específicamente, "nuestra" - es decir, atraeremos todas las caridades hacia nosotros, porque es naturaleza de la caridad el ir hacia la verdad. De modo que cuando el hombre de verdad atrae las caridades hacia él, [los malvados] se ven privados del poder de la caridad y sus pensamientos heréticos no tienen poder.

Al exhortar al pueblo judío a observar la Torá, Moisés detalló los milagros que Dios les hizo y explicó que todo fue en aras de ellos - para que pudieran practicar con diligencia la Torá tal cual Dios ordenó y, al hacerlo, cosechar una gran recompensa. Esa recompensa es la caridad, que entonces será volcada hacia las causas dignas. La caridad vendrá hacia nosotros cuando observemos la Torá en aras de Dios, en lugar de hacerlo esperando la opinión de otra gente, y cuando la llevemos a cabo con todos sus detalles y particularidades. Cuando nos volvamos "hombres de verdad", les quitaremos a los malvados el poder de la caridad, dado que la verdad atrae a la caridad. Ello hace que la influencia de la caridad de los malvados quede anulada y que sus pensamientos heréticos no puedan prevalecer sobre los demás. El Rebe Najmán fortalece ahora la conexión entre la verdad y la caridad:

> El hecho de que la caridad sea atraída hacia la verdad tiene que ver con que la caridad es un aspecto de la verdad, pues la verdad es una... Pues si decimos la verdad sobre algo, sólo una sola cosa puede ser dicha - es decir, la verdad tal cual es. Pero es posible decir muchas mentiras sobre algo, como se explica en otra instancia (ver *Likutey Moharán* I, 51).

El Rebe Najmán ofrece una analogía para ilustrar este punto. Sólo una sola cosa verdadera puede ser dicha sobre el material de un recipiente de plata: que es de plata. Si alguien quiere decir una mentira, habrá muchas cosas que pueda decir.

Puede decir que es un recipiente de oro o de cobre o de bronce y demás. Lo mismo se aplica a todo lo que hay en el mundo. La verdad es una - la persona sólo puede decir la verdad si dice la única cosa que es verdad. Pero la mentira es múltiple - una vez que alguien dice algo falso, podrá decir muchas cosas sobre ello. La verdad es sinónimo de la Providencia Divina, de la unidad, de la paz, del bien, de la pureza y de la santidad.

> De aquí que el Santo, bendito sea, la Torá e Israel son enteramente uno (ver *Zohar* III, 73a). Pues Dios es verdad, Su Torá es verdad e Israel es verdad. Dado que todos son verdad, todos son uno. Ello se debe a que la verdad nunca cambia, como está escrito, "Pues Yo, Dios, no he cambiado; y tú, la casa de Iaacov no has dejado de ser" (Malaji 3:6). Pues Dios es verdad; Él es Uno, sin cambio alguno.

Aquello que une a Dios con la Torá y con el pueblo judío es el hecho de que cada uno corresponde a la verdad, como está escrito, "El Señor es un Dios verdadero" (Jeremías 10:10), "La Torá de verdad estaba en su boca" (Malaji 2:6) y "Te he plantado [Israel], noble viña, una simiente enteramente verdadera" (Jeremías 2:21).

Sin embargo, las percepciones de Dios que tiene la gente difieren entre sí. La Kabalá explica que de arriba sólo proviene una luz indiferenciada. Esa luz se adapta a la forma del recipiente que la capta (*Likutey Moharán* I, 36:6). De manera similar, mientras que Dios Mismo es Uno y nunca cambia, las percepciones de Dios que tiene la gente sí cambian. El Rebe Najmán ilustra este principio con el sol. Aunque los rayos del sol irradian de una manera uniforme -el Rebe llama a esto "energía uniforme"- los objetos sobre los cuales brillan se ven afectados de diferentes maneras.

> El sol es una energía exclusivamente uniforme, mientras que el cambio ocurre en los receptores. Pues hay numerosos cambios que se producen por medio del sol, por ejemplo: el hecho de fundirse y endurecerse, el enfriarse y el calentarse, al

igual que otros procesos, como se explica en otra instancia (ver *Likutey Moharán* I, 63:1). Ello se debe sólo a los receptores, como cuando el sol brilla sobre la cera y la derrite. Ello se debe a que la cera no es realmente dura y se funde. Lo mismo es verdad de los otros procesos que ocurren debido al sol. El sol es una energía exclusivamente uniforme.

El Rebe habla de los diferentes cambios producidos por el calor del sol al igual que por el fuego: el fundirse y el endurecerse, el cocinar y el quemar, el oscurecer y el aclarar. Al igual que el calor del fuego, los rayos del sol producen diferentes cambios en diferentes objetos. Para ilustrar el hecho de que los rayos del sol afectan diferentes recipientes de manera diferente, el Rebe Najmán utiliza el ejemplo de la cera, que los rayos del sol hacen derretir. Sabemos que esos mismos rayos pueden hacer que la madera recién cortada se seque y se endurezca.

Y ésta es la idea de la caridad, que es comparable al sol y a la verdad... Una vez que la persona depende de los otros, su rostro cambia y toma diferentes colores (*Berajot* 6b). Ello se debe a que la caridad produce diferentes cambios, los cuales se deben sólo a los receptores. Sin embargo, la caridad, que es el aspecto de la verdad/sol, es una energía exclusivamente uniforme en la cual no hay cambios.

Como una energía exclusivamente uniforme, el sol es uno y así corresponde a la verdad. La caridad también es sinónimo de la verdad. Por lo tanto se dice que "los actos de caridad brillarán como el sol" (Metzudat David sobre Malaji 3:20). Si es así, ¿por qué vemos diferencias en los actos de caridad? El Rebe toma prestada una palabra del Talmud - *KRUM*, un pájaro multicolor cuyas plumas cambian de color cuando están al sol (*Berajot* 6b). A veces el rostro de la persona cambia de color, como cuando es avergonzada y pierde prestigio, cayendo del nivel elevado (*RUM*) que tenía. En nuestro contexto, depender de los demás es equivalente a recibir caridad. La vergüenza del receptor de la caridad hace que su rostro cambie de colores.

Los cambios sólo ocurren en los receptores, cuyos rostros toman varios colores. Está aquel cuyo rostro cambia debido al orgullo, pues siente que no es adecuado que deba depender de los demás; y otro, debido a la humildad, por estar dependiendo de los demás. Están aquellos cuyos rostros cambian debido a la alegría; se regocijan por el hecho de que les dan [caridad]. De modo que los cambios sólo ocurren en los receptores - cada rostro cambiando de acuerdo a su aspecto. Sin embargo, la caridad es una energía exclusivamente uniforme, pues es el aspecto de la verdad/sol y por lo tanto se ve atraída por la verdad.

El *Parparaot LeJojmá* hace notar que la persona cuyo rostro cambia de color o de expresión -así sea debido a la vergüenza, a la humildad o incluso a la alegría- carece de verdad (cf. *Zohar* III, 89b). Esos cambios indican que depende de otros y así está lejos de la verdad - en otras palabras, le es difícil ser tan meticulosa con las *mitzvot* que sólo Dios ve como con aquellas que lleva a cabo en presencia de los demás. Como depende de la buena opinión de los otros, sólo realiza buenas acciones cuando alguien la está mirando. Por contraste, el hombre de verdad no depende de los demás. Es tan meticuloso en llevar a cabo las *mitzvot* en privado como cuando la gente está mirando, su rostro nunca cambia de color ni de expresión debido a la reacción de los demás. Al igual que el sol y al igual que la caridad, posee la cualidad de lo que inmutable, de la energía uniforme.

El Rebe concluye esta lección haciéndonos recordar que cuando abundan las disputas debemos entregarle la batalla a Dios. El Rebe enseña que debemos mantenernos en silencio y apoyarnos en Dios para que libre la batalla por nosotros. Éste es el significado del versículo "Dios luchará por ustedes, pero ustedes deberán mantenerse en silencio" (Éxodo 14:14).

Cierta vez, siendo el rabí Abraham Sternhartz (1862-1955) *Rav* de Kremenchug, recibió la visita urgente del jefe comunitario. Habían llegado varios soldados al pueblo y demandaban 50.000 rublos a cambio de dos judíos que tenían cautivos. Si para la noche la comunidad no les daba ese dinero, matarían a los rehenes.

"Ciertamente esto requiere de mi atención", clamó el rabí Abraham corriendo a buscar su abrigo. "¡Es una gran mitzvá redimir a un cautivo judío!".

Corrió a la casa de uno de los miembros más ricos de la comunidad. El hombre escuchó cuidadosamente su pedido y le preguntó, "¿Cuánto quieres que dé?".

"Diez mil rublos", respondió el rabí Abraham.

"¿Qué?", exclamó el hombre. "¿Por una Mitzvá tan importante sólo estás pidiendo 10.000? ¡Te daré 20.000!".

En la casa siguiente, el rabí Abraham pidió 5.000 rublos y el benefactor le dio 10.000. Esta escena se repitió en casi cada hogar que visitó hasta que acumuló los 50.000 rublos en muy poco tiempo. Pero antes de entregarles el dinero del rescate a los soldados, el rabí Abraham le dijo al jefe comunitario, "Toma todo el dinero y devuélveselo a los donantes".

"¿Pero que hay de los judíos capturados?", exclamó el otro hombre.

"En lugar de darles el dinero a los soldados", respondió el rabí Abraham, "toma diez de los muchachos más fuertes de la Ieshivá y que simulen que están por entregar el dinero. En su lugar, atacarán a los soldados y liberarán a los prisioneros".

El jefe comunitario estaba aturdido. ¡Tal comportamiento daría como resultado un pogrom! El rabí Abraham comprendió su duda. "Todo lo que escuchaste que dije en el pasado siempre ha salido bien", le aseguró. "También ahora, haz lo que te digo y Dios nos ayudará".

Después de devolver todo el dinero, el jefe comunitario llamó a una reunión de todo el pueblo y les habló sobre el peligro. La gente del pueblo debatió el tema y decidió hacerle caso a su *Rav*.

A la hora señalada, el jefe comunitario acompañó a los jóvenes a la plaza del pueblo y miró mientras éstos atacaban a los soldados. Los soldados comenzaron a gritar y a pedir misericordia. "Todo se debe a ustedes judíos", lloriqueaban. "Los judíos echan a perder todo. Nosotros estábamos caminando pacíficamente cuando nos encontramos con esos dos judíos que sugirieron que simulásemos tenerlos cautivos y pidiéramos dinero para compartir las ganancias". Los dos judíos y los soldados que los habían "capturado" fueron expulsados del pueblo.

Más tarde el jefe comunitario visitó al rabí Abraham una vez más. "Siempre supimos que eras un Tzadik", le dijo. "¡Pero nunca supimos que fueras un profeta!".

"No soy un profeta", respondió el rabí Abraham. "Pero he aprendido de mis maestros que una mitzvá nunca es fácil. Cuando los judíos ricos donaron tan voluntariamente lo que yo les pedí y pude recolectar el dinero tan rápidamente, ¡comprendí que ello no era para una *mitzvá*!".

# DIOS, EL REY Y EL COBRADOR DE IMPUESTOS

*Si la gente no es caritativa, los gobiernos invariablemente emitirán malos decretos, llevándose su dinero (El Libro de los Atributos, Caridad A26).*

Enseñó el rabí Iehudá bar Shalom: Así como las ganancias de la persona están decretadas en Rosh HaShaná, igualmente sus pérdidas están determinadas en Rosh HaShaná. Si lo merece, esas "pérdidas" van para caridad. Si no lo merece, van a los impuestos (*Bava Batra* 10a).

Para ilustrar esta enseñanza, el Talmud relata que en la noche después de Rosh HaShaná, Raban Iojanan ben Zakai soñó que sus sobrinos perderían 700 dinares en el año que comenzaba. Todo ese año, se ocupó de hacer que dieran caridad y pudo recoger de ellos un total de 683 dinares. Al final del año, el gobierno mandó a buscar a sus sobrinos [y les ordenó pagar una multa de 700 dinares]. El rabí Iojanan les dijo que no tuviesen temor, que finalmente la deuda sólo sería de 17 dinares. Ellos pagaron ese monto y fueron liberados. Cuando le preguntaron cómo lo había sabido, el rabí Iojanan respondió que había soñado sobre ello y procedió a tomar su dinero para caridad. "¿Por qué no nos dijiste nada?", le preguntaron. "Porque quería que lo hicieran en aras de la mitzvá", les respondió.

Todos nos encontramos cada año con obligaciones inesperadas. Gastos súbitos suelen presentarse: facturas médicas, arreglos inesperados, artefactos rotos, costos agregados a la educación de nuestros hijos y demás. Siempre hay algo. Como hemos visto, dar caridad nos protege de tales "pérdidas".

¿Pero realmente funciona de esa manera? Consideremos esta declaración de nuestros Sabios:

Cuando el Templo estaba en pie, la persona daba su shekel y ello le traía el perdón. Ahora que no hay Templo, si los judíos dan caridad, ello les trae el perdón. De lo contrario, las naciones vienen y toman [su dinero]. Pero aunque el dinero es tomado en contra de su voluntad, ello es considerado como caridad, como está escrito, "Tus autoridades serán paz y tus cobradores de impuestos, caridad" (Isaías 60:17; *Bava Batra* 9a).

El profeta Isaías está hablando sobre el final del exilio. Cuando llegue ese momento, aquellos que oprimieron a los judíos harán la paz mientras que aquellos que cobraron impuestos injustos retornarán lo que confiscaron. Más aún, como explican ahora los Sabios, incluso mientras esos impuestos son cobrados, son considerados como caridad. Cuando el cobrador de impuestos pasa a recolectar su dinero, a quien busca es a los ricos; los pobres quedan exentos. Esto también es considerado caridad (Maharsha sobre *Bava Batra* 10a). Además, los gobiernos utilizan los fondos recolectados mediante impuestos para construir caminos, infraestructuras y otras obras públicas que también benefician a los pobres.

Como dijo Benjamín Franklin, "Nada hay más seguro que la muerte y los impuestos". Los impuestos no son algo que pueda evitarse fácilmente - y quizás no se supone que lo hagamos. La ley judía es muy clara con respecto a las obligaciones de cada persona en cuanto a pagar por el agua, por la eliminación de los residuos, la mantención de las rutas, la seguridad y otros servicios gubernamentales. Todos deben pagar alguna clase de impuesto para el mantenimiento de su comunidad o ciudad. Entonces, ¿por qué siempre hay tanta reticencia a pagar los impuestos?

## IMPUESTOS SIN REPRESENTACIÓN

Un cambio paradigmático en la manera en la cual se evaluaban y se recolectaban los impuestos en las comunidades judías tuvo lugar en el siglo XVII. Hasta ese momento, la responsabilidad de los impuestos estaba en manos de los líderes de la comunidad judía. Ellos solían evaluar la capacidad de pago de cada persona de acuerdo con su riqueza y tamaño de la familia. Éste sistema funcionó muy bien hasta los pogroms de Jmielnicki en 1648-49, cuando comunidades enteras fueron borradas y cerca de un millón de judíos asesinados. Las tremendas condiciones de los sobrevivientes que tuvieron que volver a reconstruir sus vidas posibilitaron el ascenso de una nueva clase de líderes comunitarios: arrogantes e indignos, que tomaron el poder en aras del poder mismo y por el honor y la gloria que acompañaban esa posición. Esto llevó a un deterioro mayor dentro de las comunidades y a la aplicación de impuestos injustos que favorecían a los ricos y cargaban a los empobrecidos. Ello se transformó en un elemento importante de amargura y disputa dentro de las comunidades judías de Europa Oriental entre los siglos XVII y XIX (ver más arriba, "El Ojo Bondadoso").

Aún más opresivos fueron los incesantes impuestos aplicados sobre las comunidades judías por los gobiernos y autoridades locales, quienes sin ninguna buena razón acumulaban impuestos sobre sus súbditos judíos. Esos impuestos sólo tenían el objetivo de sustentar su propia diversión egoísta, para llenar sus cofres cada vez que los vaciaban debido a un estilo de vida dispendioso. El mismo malgastar del dinero de los impuestos continúa hoy en día, con presupuestos gubernamentales inflados y gastos que sólo tienen el objetivo de apoyar causas indignas y líderes indignos.

Estos son los impuestos y los pagos injustos a los cuales

hace referencia el Talmud cuando habla de nuestras "pérdidas" ante los impuestos. Si estuviéramos haciendo lo correcto, entonces Mashíaj ya habría llegado y esos daños habrían sido rectificados. En su lugar, nos enfrentamos con situaciones insostenibles. Tomemos, por ejemplo, los exorbitantes impuestos pagados por el ciudadano medio israelí, la mayor parte de los cuales van para defensa. Por supuesto, esos impuestos son necesarios para propósitos de seguridad. Dado que los países árabes que rodean a Israel tienen la intención de eliminar el estado, asesinando a los civiles inocentes, los impuestos para seguridad son un tema real. Es un ejemplo de una "contribución gubernamental" forzada que es considerada "caridad".

No podemos quejarnos demasiado de los impuestos forzados. Dado que aún no nos hemos perfeccionado a nosotros mismos, ¿cómo podemos esperar que el sistema impositivo sea perfecto? Pero podemos examinar cómo nuestra caridad cae en las manos de los gobiernos impropios y qué es lo que permite que líderes indignos les cobren impuestos injustos a sus súbditos. Y podemos considerar qué es posible hacer para expulsar a esos líderes falsos e indignos y llevar al poder gobiernos más humanos y caritativos.

## LA RAÍZ DE LA GLORIA

Alguna gente busca posiciones de autoridad debido al honor y la gloria que ello le brinda. Incluso aquellos que no corren detrás del honor están igualmente satisfechos cuando éste les llega. Hay un buen motivo para ello. Enseña el Rebe Najmán (*Likutey Moharán* I, 67:1-5):

> El alma es muy valiosa. Uno debe ser muy cuidadoso con ella y guardarla muy bien. Es necesario por lo tanto tener mucho cuidado cuando se presenta algún nuevo honor o gloria. Ello se debe a que la gloria es "la madre de todos los seres

vivos" (Génesis 3:20) y la raíz de todas las almas. Cuando el alma fallece, es llevada hacia la gloria, su raíz, como en "La gloria de Dios te recogerá" (Isaías 58:1). Las almas fallecen y son recogidas en la gloria debido a que ésa es su raíz.

El Rebe Najmán comienza esta lección hablando de la grandeza del alma. Como lo explica el rabí Natán, el alma es "una porción del Dios de arriba" (Job 31:2) y como la define el *Zohar* utilizando una metáfora mística, el alma es "tallada del Trono de Gloria de Dios" (*Zohar* III, 29b; cf. *Shabat* 152b). Cada judío recibe esa chispa Divina mediante la cual debe reconocer y glorificar a Dios para unirse a Él. Por lo tanto la persona debe cuidar su alma y no empañarla con el pecado. Ello significa buscar la pureza y la santidad y hacer lo mejor para alcanzar una genuina humildad y temor al Cielo.

Dado que la gloria de Dios es la raíz de todas las almas, el alma retorna a ella cuando llega el momento de dejar este mundo. La cita de Isaías trata sobre el viaje del alma después que deja el cuerpo: es recolectada en la gloria de Dios y recibe la recompensa de sus acciones en el Jardín del Edén. Así, la persona debe ser muy cuidadosa cuando se ve expuesta al honor y a la gloria. Dado que la gloria es la raíz del alma, la exposición al honor puede ser un llamado a retornar a su fuente.

La enseñanza del Rebe Najmán presenta un problema. Siempre se nos está demostrando honor o respeto de una manera o de otra. Puede ser nada más que el hecho de que alguien nos abra la puerta. Si somos ancianos, puede ser que la gente se levante y nos ofrezca el asiento. Ciertamente en el caso de un individuo prominente -un rabí muy conocido, un filántropo o un líder político- el honor y la gloria son parte de su día. Si cada instancia de recibir un nuevo honor puede acelerar la muerte, ¿qué posibilidades hay de sobrevivir?

¿Y qué es honrar? Una de las enseñanzas más

fundamentales de la Torá es honrar y respetar a los demás, especialmente a los padres y a los maestros (ver *Kidushin* 32b). ¿Cómo es posible que sea una mitzvá si honrarlos pone en peligro sus vidas? Encontramos una respuesta en lo que el Rebe Najmán continúa enseñando:

> Sin embargo, "la medida del bien es más grande" (*Ioma* 76a) y así en muchas instancias el honor es beneficioso. En otras palabras, cuando una nueva alma le llega a una persona, ésta viene investida en gloria... Así la mayor parte de las veces en que la persona recibe un nuevo honor, ello es para bien - es decir, el honor le trae una nueva alma... Uno debe por lo tanto tener mucho cuidado y recibir el honor con abundante santidad, sólo en aras de Dios, dado que el honor y la gloria son la raíz de todas las almas.

El Rebe aplica una expresión del Talmud, "la medida del bien es más grande", para enseñarnos que la mayor parte del honor que nos llega es beneficioso, siempre y cuando sepamos cómo recibirlo de la manera apropiada. Hemos visto que el alma emana de la gloria (es decir, del Trono de Gloria) y que "la medida del bien es más grande". Por lo tanto la mayor parte de las veces en que recibimos honor, ello no es una indicación de que nuestras almas nos serán retiradas, sino que se nos ha dado una nueva alma.

Aunque el Rebe Najmán no lo explica, una "nueva alma" puede significar una renovada energía espiritual - una nueva inspiración e incentivo en el servicio a Dios. La palabra hebrea *nefesh* (alma) también connota "voluntad" o "deseo" (ver Rashi sobre Génesis 23:8). Esa conexión entre el alma y el deseo explica nuestra persistente búsqueda de nuevos conocimientos y de nuevos logros, así sean materiales o espirituales. En ese contexto, la nueva alma a la cual alude el Rebe podría traducirse como un nuevo y mayor deseo de lograr algo. Cada nuevo logro se asocia con el honor que trae aparejado.

Éste es el significado del alma "investida en la gloria". Aspirar a mayores objetivos espirituales nos permite lograr niveles aún más grandes de gloria. Cuando le entregamos a Dios el honor que recibimos, nos acercamos al Santo, bendito sea. Si, por otro lado, nuestras aspiraciones son por la gloria en sí misma, para el engrandecimiento personal, entonces el honor que obtenemos puede hacer que nuestra alma sea "recolectada en la gloria, en su raíz". Ese "fallecer" es análogo a perder el camino espiritual, como resultado de lo cual nos veremos inexorablemente atraídos hacia una existencia materialista.

Tal resultado contradice el motivo por el cual fue traída a la existencia toda la creación - para revelar la gloria de Dios, como afirma el profeta Isaías, citando a Dios Mismo: "Todo lo que es llamado en Mi Nombre; por Mi gloria lo he creado" (Isaías 43:7). El honor sólo le pertenece a Dios; está prohibido reclamar cualquier honor que recibamos. Guardárnoslo para nuestro propio engrandecimiento en lugar de volverlo hacia Dios constituye un daño de la gloria. Por el contrario, debemos utilizar la gloria que nos llega como una oportunidad para acercarnos a Dios y honrarLo.

Si nos detenemos a considerar las principales fuerzas que motivan a los seres humanos, rápidamente se vuelve claro que el honor y la gloria se encuentran entre las primeras. Declara Isaías: "La tierra entera está llena de Su gloria" (ibid., 6:3) - es decir, todo en el mundo fue creado para darle gloria a Dios y Su gloria puede encontrarse en todas partes y en todas las cosas. Sin embargo, muchas veces parece más como si el "mundo entero estuviera lleno de la gloria de *él*" - de la búsqueda de honor y gloria por parte del hombre. Ningún ser humano está totalmente libre de este deseo, que no es menos poderoso que el deseo de dinero o de poder. Aun así a partir de la lección del Rebe, percibimos un motivo más profundo para ello. La necesidad de honor y de renombre por parte del hombre surge de la necesidad inherente de su alma de reunirse con su fuente. Esa fuente, como ha demostrado el Rebe Najmán, es la gloria de Dios. De hecho, el poderoso atractivo que el honor ejerce sobre la gente testifica de la poderosa influencia del alma.

En uno de sus cuentos clásicos, "El Señor de la Plegaria", el Rebe Najmán describe la manera en que la gente reacciona cuando no se le demuestra el honor que espera:

> Si a la persona no se le demuestra el honor apropiado o si la gente dice algo que disminuya ese honor, puede llegar a la ira e incluso a cometer asesinatos. Se siente mortalmente ofendida, pues el honor es lo más importante entre la gente. Incluso después de muerto, lo más importante es el honor. La gente tiene mucho cuidado en honrar a los muertos, enterrándolos con honor. [Incluso dicen de él, "Todo lo que hacemos es en aras de ti, para tu honor"]. Los muertos no tienen nada que hacer con la riqueza ni con el placer pero aun así, la gente es muy cuidadosa en honrar a los muertos (*Los Cuentos del Rabí Najmán* #12, p.171).

El Rebe Najmán recomienda tener mucho cuidado y guardar nuestras almas. Pues la única manera de utilizar el honor apropiadamente y de dirigirlo hacia Dios es si nuestras almas están unidas a Dios. De otra manera, utilizaremos la gloria que nos llegue para engrandecernos (lo que de hecho sólo minará nuestro honor).

¿Qué haremos por lo tanto cuando nos llegue el honor? ¿Cómo podremos manejarlo de la manera apropiada? ¿Que debemos hacer con él?

## EL ROSTRO DE SANTIDAD

Continúa el Rebe Najmán:

> Uno debe también asegurarse de que la gloria tenga un rostro (*panim*). La gula produce un daño en la gloria de

modo que ésta carece de rostro. Ello se debe a que la mesa de la persona es el aspecto de la corona del reinado (Rashi sobre *Ioma* 72b), que corresponde a la gloria, como en "Rey de gloria" (Salmos 24:10). La gloria es así el aspecto de Maljut (Reinado). Cuando la persona genera un daño a través del comer, la gloria se corrompe y no tiene rostro, como en "Ocultaré Mi rostro [de ellos] y serán devorados" (Deuteronomio 31:17). La gula es así un ocultamiento del rostro.

La palabra hebrea *panim*, que significa "cara" o "rostro", también connota una muestra de favor, especialmente favor Divino. En general, cuando en las enseñanzas kabalísticas o jasídicas se habla del *panim* de algo, ello es una referencia a su esencia, que se revela en su "rostro". Tener un "rostro" indica que esa cosa se encuentra en un estado rectificado, en un estado de santidad. La declaración del Rebe Najmán de que "uno debe también asegurarse de que la gloria tenga un rostro" implica asegurarse de que la gloria alcance su lugar apropiado. Dado que el lugar de la gloria es con Dios, ello significa que cada persona debe darle a Dios todo el honor y la gloria que le lleguen. Un ejemplo sería un sabio importante a quien se honra como erudito de Torá. Puede aceptar el honor que se le otorga, pero porque ello se debe a que reconoce que ese honor es debido a Dios y a Su Torá. La gloria entonces tiene un "rostro" - su esencia (i.e., Divinidad) se revela y manifiesta como honor de una manera respetable.

Comer también puede ser un acto de respeto y de honor: ello demuestra respeto por el alimento, por la mesa y por los demás que están sentados con la persona. Por otro lado, comer como un glotón corrompe ese honor y la "mesa" se transforma en un vehículo para sustentar al Otro Lado. En nuestra lección, el Rebe llama a esto una corrupción de la gloria. En lugar de aumentar la gloria, ésta queda sin el aspecto de un rostro (*PaNIM*) -es decir no alcanza un estado rectificado- y pasa hacia los descarados (*azei PaNIM*). Esto es lo que básicamente les da poder a los líderes indignos, cuyos gobiernos traen juicios y sufrimientos sobre aquellos que dominan.

Ahora el Rebe Najmán comienza a desarrollar la conexión entre la autoridad, el reinado y la gloria. Maljut, al igual que el honor, tiene tanto una aplicación humana como Divina. Hace referencia a la autoridad ejercida por el hombre y también se aplica al Reinado y a la Autoridad de Dios. El Rebe alude a esto cuando habla de recibir honor en aras de Dios - es decir, para revelar el Maljut de Dios. ¿Como es posible? El primer paso para asegurarse de que siempre estemos honrando a Dios y no a nosotros es controlar los bajos deseos.

Restringirse en la comida, quebrar el deseo de comer, produce una elevación del rostro. Como enseñaron nuestros Sabios: "'Que Dios eleve Su rostro hacia ustedes' (Números 6:26) - ¿cómo podría no elevar Mi rostro hacia el pueblo judío? Pues Yo dije, 'Comerán y serán saciados y bendecirán' (Deuteronomio 4:10), pero aun así ellos son estrictos incluso en la medida de una aceituna, en la medida de un huevo" (*Berajot* 20b).[8] Vemos a partir de esto que el hecho de quebrar el deseo de comer -ser estrictos incluso en el tamaño de una aceituna o en el tamaño de un huevo- genera una elevación del rostro.

El Talmud continúa explicando que si bien es verdad que Dios ejerce una justicia precisa, la extraordinaria devoción del pueblo judío requiere que Él lo trate de manera diferente.

---

8 La obligación de recitar las Gracias Después de las Comidas se deriva del versículo "Comerán y serán saciados y bendecirán al Señor tu Dios" (Deuteronomio 8:10). Varias opiniones en la ley judía indican que uno tiene que comer una comida completa para ser considerado "saciado". Otros mantienen que es necesario comer una cantidad de pan equivalente al tamaño de un huevo (aproximadamente 60 g). Aun otros dicen que la cantidad necesaria no es más grande que el tamaño de una aceituna (aproximadamente 30 g). En la práctica, la persona está obligada a recitar las Gracias Después de las Comidas incluso por un trozo de pan del tamaño de una aceituna (ver *Tosafot, Berajot* 49b, *v.i. Rebí Meir*).

Pues cuando el judío no insiste en ingerir una comida completa para recitar las Gracias Después de las Comidas, sino que se considera "saciado" incluso con una pequeña cantidad, su servicio Divino se encuentra más allá de la letra de la ley (*lifnim mishurat hadin*). Debido a que ellos le muestran favor a Dios, por así decirlo, al cumplir con Sus mandamientos más allá de lo que se les ha ordenado, Él a su vez, los considera merecedores de Su favor.[9]

Así vemos que al estar satisfechos incluso con una pequeña cantidad de pan -es decir, al quebrar nuestro deseo de tener una comida completa- bendecimos a Dios. Esto hace que Él "eleve Su rostro" - para entregarnos favor. Por el contrario, cuando la persona sucumbe al deseo de comer, su servicio a Dios entra en el ámbito del juicio y de la precisión, pues sólo bendice a Dios cuando ello es requerido estrictamente. Por lo tanto el Rebe Najmán enseña que el hecho de sucumbir a la gula lleva a una corrupción del rostro - es decir, a una ausencia de favor.

En síntesis, de una manera o de otra, el honor y la gloria nos llegan en dosis grandes o pequeñas. Ese honor tiene el objetivo de ayudarnos en nuestro crecimiento espiritual, para que aprendamos a dirigirlo hacia el reconocimiento y el aumento de la gloria de Dios. El deseo de honor exigido por mucha gente surge de la pulsión profunda e interna de acercarse a la raíz. En nuestros ambientes corpóreos, sin embargo, esos deseos usualmente se transforman en búsquedas de engrandecimiento personal y no son utilizados para la gloria de Dios. Debe ser nuestra misión tratar honestamente con el honor que nos llega, comprendiendo que debemos transmitírselo a Dios. Esto le da un "rostro" al honor. De sucumbir a la gula, retiramos ese "rostro" de la gloria y lo usamos para nuestros propios propósitos.

---

9 *Iun Iaacov, Berajot* 20b, *v.i. omru.*

## EL AUDAZ Y EL OSADO

"Perder el rostro" mediante la gula también nos hace vulnerables al gobierno de los elementos incorrectos – a aquellos que toman el honor y el poder para sí mismos.

Cuando la gula de la persona produce un daño, de modo que la gloria se corrompe y no tiene un rostro, los osados ganan el poder. Entonces la gloria, que es Maljut, cae. Los osados de la generación se apropian entonces de la gloria, dado que "La osadía (*azut*) es un reinado sin corona" (*Sanedrín* 105a).

Cuando Maljut, que es la mesa de santidad, es deficiente, entonces la osadía... se hace más fuerte. Éste es el significado de "Los perros son osados, nunca están saciados" (Isaías 56:11)... [Tales deseos] les dan poder a los osados, que son como perros descarados, como en "El rostro de la generación es el rostro de un perro" (*Sotá* 49b). Y esto es "Estos son los pastores que no pueden comprender" (Isaías 56:11) - ellos se vuelven pastores y líderes de la generación, pues la gloria ha caído en ellos y se la han apropiado.

Enseña el rey Salomón: "Dios hizo uno frente al otro" (Eclesiastés 7:14), significando que cada cosa creada por Dios tiene un paralelo, un lado opuesto. Esta capacidad de elegir entre el bien y el mal, entre lo correcto y lo incorrecto, entre lo santo y lo no santo, le da al hombre la libertad de elección. Cuando lo bueno, lo correcto y lo santo caen en la gula, entonces la gloria no tiene "rostro"; es usurpada por los osados - el mal, lo no santo y la gente equivocada.

La palabra hebrea *azut* tiene un doble significado y puede connotar audacia (un rasgo positivo) u osadía (un rasgo negativo). Cuando se ejercita de la manera apropiada, *azut* se manifiesta como audacia, una cualidad necesaria para todo aquel que ostente una posición de poder o autoridad. Pero cuando se ejercita de la manera inapropiada o ilegítima, *azut* es osadía;

esto es "un reinado sin corona" y un aspecto del Maljut del Otro Lado.

Aunque la osadía puede darle a la persona considerable poder y autoridad, no puede otorgarle la confirmación de un monarca legítimo - es decir, una corona.[10] Cuando el Maljut de santidad cae, los osados y la gente indigna asumen el liderazgo. El Rebe Najmán los compara con perros, citando a Isaías. Al igual que los perros cuya hambre nunca está saciada, esos líderes nunca están satisfechos con lo que toman para sí. Así sea a través de los impuestos o de las expropiaciones, le roban a la gente repetidamente y son incapaces de comprender qué es lo que se necesita para ser un verdadero líder.

El Rebe avanza entonces un paso más, explicando cómo esos líderes indignos se aprovechan de sus naciones y comunidades, actuando sin vergüenza para su propio bien. No utilizan la cualidad de *azut* que poseen para ninguna mejora audaz, sino que descaradamente fuerzan su voluntad sobre el pueblo, aumentando su propia estatura y ganancias.

La caída de Maljut hacia los descarados corresponde al aspecto de *tzedek* (justicia) - lo opuesto del juicio compasivo. *Tzedek* hace referencia generalmente a una interpretación estrecha y a una aplicación estricta de las reglas de la ley, al ámbito del juicio y de la precisión. Demandar los propios derechos es buscar una justicia absoluta, aferrarse a la letra de la ley.

El rabí Natán explica que aunque *tzedek* es ciertamente una cualidad santa, contiene elementos de conciencia restringida y de juicios severos. Esas cualidades de restricción se manifiestan cuando, como resultado de la gula, Maljut y la gloria son usurpados por los descarados. El rostro (*PaNIM*) se transforma entonces en un rostro oculto (*hastarat PaNIM*) y el Otro Lado se

---

10 Ver Rashi, *Sanedrín* 105a, *v.i. maljuta.*

apropia de *tzedek* y lo corrompe aún más (*Torat Natán* #4).

Como enseñó el Rebe Najmán anteriormente, es necesario asegurarse de que la gloria tenga un "rostro". Justicia significa seguir la letra de la ley, pero ello despierta las severidades y el juicio estricto. Para asegurar el rostro de la gloria debemos ir más allá de la letra de la ley. Ello eleva el "rostro", haciendo descender el favor Divino y la bondad.

Cuando Maljut y la gloria caen hacia los osados, ello es entonces el aspecto de *TzeDeK* (justicia estricta). [Esto lo vemos en las formas de las tres letras hebreas que conforman la palabra *TzeDeK* - *Tzadi* (צ), *Dalet* (ד) y *Kuf* (ק)]. Pues la letra *tzadi* (צ) está formada por una *iud* y una *nun*, con el rostro de la *iud* vuelto hacia afuera de la *nun*. [La *NuN*] es el aspecto de Maljut, como en "Que su nombre se perpetúe (*iNoN*) tanto como el sol" (Salmos 72:17). [La *iud* vuelta hacia el otro lado] alude al ocultamiento del rostro - es decir, a que la gloria no tiene rostro.

Éste es el aspecto de la *DaLet*: la gloria/Maljut está disminuida y empobrecida (*neDaLDeLá*). Ella sucumbe entonces al Otro Lado - es decir, a los osados.

Y éste es el aspecto de la *KuF*: cuando la gloria/Maljut es disminuida y empobrecida, es como un *KuF* (simio) comparado con un ser humano. Es decir, la pata de la letra *hei* (ה) se extiende para que [la *hei*] se transforme en una *kuf* (ק) - es decir, la pata se extiende más abajo, como en "Sus pies descienden a la muerte" (Proverbios 5:5) y las fuerzas del Otro Lado toman de allí el sustento.

Así cuando la gloria/Maljut cae en medio de ellos, se encuentra entonces en el aspecto de "Sus pies descienden a la muerte". Maljut de santidad debe depender de ellos para sobrevivir. Es por eso que, cuando el pueblo judío tiene que actuar con fuerza para asegurar la supervivencia de nuestra sagrada religión, debe recibir la autoridad y la aprobación [para ello] del Maljut de los idólatras.

## IDEAS KABALÍSTICAS

La explicación del Rebe Najmán sobre las formas de las letras que conforman la palabra *tzedek* se basa en las enseñanzas del Ari[11] y alude al hecho de que la persona Divina Maljut se encuentra en un estado imperfecto. La Kabalá enseña que de todas las *sefirot*, sólo Maljut carece de luz propia; ella refleja la iluminación que recibe de las otras *sefirot*.[12] Debido a esa pobreza inherente (*DaLuT*), se dice que Maljut es sinónimo de la letra *DaLeT*. Así, la *Dalet* de la palabra *tzeDek* indica que la gula no sólo ha corrompido a Maljut sino que también la ha disminuido y la ha dejado en un estado empobrecido (de modo que no tiene nada propio y nunca está saciada).

La letra hebrea *kuf* (ק) es única - es la única de las 22 letras regulares del alfabeto hebreo que se extiende por debajo del renglón. Ello significa que cuando Maljut está corrompida y la *iud* y la *nun* que forman la letra *tzadi* se encuentran espalda con espalda, Maljut desciende hacia la absoluta pobreza. Lo que en un momento fue un liderazgo verdadero y digno y un rostro respetable del honor, se vuelve en su lugar como un simio. Cuando Maljut cae en las manos del Otro Lado y en el gobierno de los descarados, el poder de estos últimos y su autoridad es "un reinado sin corona"; en comparación con los verdaderos líderes y gobernantes son como "un simio comparado con un ser humano".

La Kabalá explica el versículo "Sus pies descienden a la muerte" como sigue: Cuando Maljut cae, las fuerzas del Otro Lado toman de allí el sustento y la fuerza. "Sus pies" -los niveles más bajos de Maljut- se encuentran en el límite mismo de todos los mundos. Cuando ellos "descienden a la muerte", los pies de

---

11 *Pri Etz Jaim, Shaar HaZemirot* 5, p.153.
12 *Zohar* I, 249b; ver también *Likutey Moharán* I, 1:2.

Maljut se vuelven la fuente de santidad de la cual se sustentan las fuerzas del mal del Otro Lado, lo que lleva a darles poder a los líderes indignos.

Podemos ahora comprender mejor la idea de *tzedek* como justicia severa. *Tzedek* indica conciencia restringida y la presencia de severidades y juicios estrictos. Con Maljut en un estado disminuido y empobrecido, prevalecen las severidades y los juicios estrictos. Maljut y la gloria asociada con el Reinado de Santidad descienden al ámbito del Otro Lado. Entonces la gloria y el poder se encuentran en manos de los malvados y de los osados, quienes utilizan esas cualidades para ascender a posiciones de autoridad y de control.

Con Maljut subyugada bajo el gobierno del Otro Lado, el pueblo judío -cuyo único gobierno proviene de Maljut de Santidad- carece de autoridad y dominio. En su lugar, debemos depender de aquellos que están en el poder - es decir, del Maljut de los idólatras del Otro Lado. Es por ello que, a lo largo del extenso exilio de nuestra nación, hemos debido buscar repetidamente el permiso de los gobernantes o de los gobiernos de los países en los cuales vivimos, para construir sinagogas y establecer escuelas de Torá y a veces incluso para llevar a cabo las *mitzvot* más básicas. Esto ha sido particularmente así cuando líderes indignos -judíos o no- han expropiado la riqueza de los demás, utilizando su autoridad no merecida para cobrar impuestos que no tienen otro propósito más que aumentar su base de poder.

## LA CARIDAD ELEVA A LOS CAÍDOS

¿Acaso estamos impotentes ante las fuerzas del mal? Por supuesto que no. Afirma el Rebe:

> Uno debe ocuparse de elevar la gloria/Maljut de en medio de ellos. Esto se logra a través de la caridad, como en

"La caridad salva de la muerte" (Proverbios 10:2). Dar caridad eleva y rescata a la gloria/Maljut del aspecto de "Sus pies descienden a la muerte", transformando así a *TzeDeK* (justicia) en *TzeDaKah* (caridad).

Coloquialmente, la palabra hebrea *tzedakah* ha llegado a connotar contribuciones monetarias para los pobres. Sin embargo, en su uso bíblico, la palabra significa "rectitud". En nuestro contexto, la afirmación "La caridad salva de la muerte" significa que la caridad salva a Maljut evitando que sus niveles más bajos "desciendan a la muerte" - al ámbito del Otro Lado. Cuanta más caridad damos y cuantos más actos rectos llevamos a cabo, más elevamos a Maljut desde el Otro Lado y les damos un "rostro" y respetabilidad a los verdaderos líderes. Entonces los osados y los indignos son vencidos.

¿Cómo se produce esto?

El Rebe Najmán enseña que debemos transformar *tzedek* en *tzedakah* - la justicia estricta en rectitud. Para comprender el punto del Rebe, primero necesitamos apreciar correctamente la clase de rectitud a la cual hace referencia *tzedakah*. Si *tzedek* es la regla estricta de la ley, entonces *tzedakah* es una regla superior de la ley. Ello significa hacer lo que es moralmente correcto -no aquello que es "políticamente correcto"- incluso si la letra de la ley no lo requiere o incluso si la justicia estricta dicta otra cosa.

Por ejemplo, la justicia estricta demanda que no le demos nada al pobre; después de todo, debe merecer su pobreza por haber usurpado la gloria de Dios y haber sucumbido a la gula. La rectitud, por otro lado, dicta que vayamos más allá de la letra de la ley, actuando con compasión y bondad hacia el necesitado.

Como se explicó más arriba, cuando actuamos más allá de la letra de la ley -en este caso, transformando el *tzedek* que le corresponde al indigno en *tzedakah*- entonces el "rostro" de gloria/Maljut se eleva y nosotros nos transformamos, a su vez, en receptores del favor y del rostro de Dios.

Al tratar sobre el versículo "La caridad salva de la muerte", el *Zohar* (III, 113b) enseña que el pobre es como Maljut, que tampoco tiene nada propio. Es por eso que los Sabios comparan a la pobreza con la muerte (*Nedarim* 64b). La persona que no tiene nada es análoga a Maljut empobrecido que ha descendido al ámbito del Otro Lado, al ámbito de la muerte. Cuando le mostramos compasión al pobre y le damos caridad, le damos vida. (Éste es el significado profundo de "La caridad salva de la muerte" - el pobre que recibe la caridad es elevado desde el ámbito de la muerte hacia el ámbito de la vida). Cuando damos caridad con la intención específica de cumplir con la mitzvá o nos ocupamos de ir tras de los pobres para poderles dar, tal caridad sobrepasa a todas las otras *mitzvot*. Ello eleva a Maljut de las garras del Otro Lado y anula el poder del mal; también mitiga los juicios estrictos, transformando a *tzedek* en *tzedakah*.

Continúa el Rebe:

*Tzedakah* corresponde a los cinco *JaSaDim* (benevolencias). Ello se debe a que *tzedakah* es el aspecto de *JeSeD* (bondad), como enseñaron nuestros Sabios: "La caridad sólo tiene valor en proporción a la bondad que contiene, como está escrito, 'Siembren para ustedes semillas de caridad y cosecharán de acuerdo con la bondad'" (Hoshea 10:2; *Suká* 49b). Por medio de los cinco *jasadim* agregamos una *hei*, de modo que *tzedek* se transforma en *tzedakaH*. Ello tiene un paralelo en la Torá, que menciona *tzedakah* cinco veces, correspondiente a los cinco *jasadim*.

Comentando sobre la enseñanza de los Sabios de que el valor de la caridad está en proporción a la bondad con la cual es llevada a cabo, Rashi afirma que el hecho de dar es *tzedakah*, mientras que la manera en la cual se da es bondad. Es decir, podemos esperar a que el pobre venga hacia nosotros o podemos hacer el esfuerzo de enviar el dinero o el alimento al pobre.

Cuanto más involucrado se esté, mayor será el valor de la caridad.

De acuerdo a la Kabalá, Maljut es el receptor de las diez energías: cinco *guevurot* (severidades) y cinco *jasadim* (benevolencias). *Tzedek* se manifiesta como sufrimiento y pobreza, que son el aspecto de las cinco *guevurot* que descienden a Maljut. Dar caridad al pobre transfiere cinco *jasadim* a Maljut y mitiga esas *guevurot*. La letra *hei* tiene el valor numérico de cinco. Cuando mitigamos las cinco *guevurot* de Maljut con los cinco *jasadim*, agregamos una *hei* a *tzedek*, transformándola en *tzedakaH*. Más aún, la palabra *tzedakah* aparece cinco veces en la Torá, subrayando este punto:

■ Él [Abraham] tuvo fe en Dios y Él [Dios] se lo consideró como caridad (*tzedakah*) (Génesis 15:6).

■ Pues Yo lo he conocido, a fin de que mande a sus hijos y a su casa después de él y que guarden el camino de Dios haciendo caridad (*tzedakah*) y justicia (ibid., 18:19).

■ Iehudá reconoció y dijo, "Ella es [más] recta (*tzedakah*) que yo" (ibid., 38:26).

■ Será como nuestra caridad (*tzedakah*) si guardamos todo este mandamientos delante del Señor, tu Dios, como Él nos ha ordenado (Deuteronomio 6:25).

■ Si el hombre pobre… sin falta le devolverás la prenda al ponerse el sol, para que se acueste en su ropa y te bendiga y te será caridad (*tzedakah*) delante del Señor, tu Dios (ibid., 24:13).

En verdad, una de las instancias en la cual se menciona *tzedakah* en la Torá no parece ser en absoluto un caso de caridad: el versículo en el cual Iehudá llama a Tamar "recta" (*tzedakah*). Sin embargo, las palabras de Iehudá, *tzedakah mimeni*, significan literalmente "caridad de mí". Iehudá había decidido salvarle la vida a Tamar cuando ella le mostró pruebas de que él era el padre del niño aún no nacido. El *Parparaot LeJojmá* (I, 67) explica que esto también es una expresión de caridad, pues el *Zohar* (III, 72a) enseña: Iehudá dijo, "*Tzedakah mimeni* - la mitzvá de la *tzedakah* que salvará a Tamar viene de mí". Dar caridad mitiga a *tzedek* y vence a los osados. Ello, a su vez, vuelve a elevar a Maljut hacia el ámbito de la santidad y lo hace retornar a su lugar de gloria.

La unión de Iehudá y Tamar comenzó una genealogía que finalmente llevaría al nacimiento del rey David, un líder verdadero y digno. De la dinastía de David emergerá el Mashíaj - otro líder verdadero y digno que hará retornar la decencia y la honestidad al gobierno y a los gobernantes. Cuando llegue el Mashíaj, volveremos a experimentar la revelación de Maljut.

Esto nos lleva de vuelta al comienzo. Los errores de la gente, desde hace mucho tiempo, han oscurecido el Reinado y la Autoridad de Dios (al ir en contra de Su voluntad), corrompiendo a Maljut, el Reinado de Santidad. Maljut ha sido forzada a descender al ámbito del Otro Lado, siendo usurpada por gente indigna. Y aunque trabajamos muy duro para ganarnos el sustento, no podemos guardar el dinero que ganamos, dado que incesantemente debemos pagar impuestos para llenar los cofres de todo oficial descarado que se las arregle para obtener una posición de poder. Nuestros Sabios enseñan que los impuestos de los gobernantes, de una manera perversa, nos son acreditados como "caridad". ¿Pero no sería mucho mejor si pudiésemos dar los fondos de caridad de manera directa?

La gente siempre dice que una persona puede hacer la diferencia. El Rebe Najmán enseña cómo *nosotros* podemos hacer que esto suceda. Todo lo que debemos hacer es dar caridad - tanto como podamos. No menos de lo que podamos y quizás incluso un poco más de lo que realmente podamos. Al dar, elevamos a Maljut desde el Otro Lado y contrarrestamos la influencia de los líderes descarados que no merecen el poder ni la autoridad. Nos libramos de los políticos buscadores de gloria y de aquellos propulsados por el honor. Propugnamos líderes dignos que puedan realmente guiar, aquellos que realmente se preocupen de la gente y eviten los impuestos innecesarios y las cargas pesadas. Veremos los beneficios de la caridad ir directamente hacia los necesitados y la manifestación de la gloria de Dios para todos.

Un hombre rico solía darle caridad a Reb Zusha de Anipoli. Cada vez que le daba, veía que su negocio era bendecido y tenía mayores ganancias.

Cierta vez viajó para ver a Reb Zusha pero no pudo hallarlo pues éste había ido a ver a su rebe, el Maguid de Mezritch. El hombre se preguntó, "¿Es que Reb Zusha tiene un rebe? ¡Debe ser mucho más grande que Reb Zusha! ¡Imagina las ganancias que podría tener si le diera caridad al rebe de Reb Zusha!".

De ahí en más, el hombre comenzó a viajar a Mezritch y a darle su caridad al Maguid. Pero he aquí, en lugar de aumentar, su fortuna empezó a disminuir. Viajó para ver al Maguid y le pidió que le explicase lo que estaba sucediendo, pero el Maguid le dijo, "Yo no sé. Trata de preguntarle a Reb Zusha".

Volvió a ver a Reb Zusha y le preguntó, "Si cuando te daba a ti, mi fortuna crecía, ¿cómo es que cuando comencé a darle a tu rebe mi fortuna empezó disminuir?".

Reb Zusha le respondió, "Cuando me dabas el dinero, le mostrabas al Cielo que no eras muy quisquilloso con respecto a quién le estabas dando. De modo que el Cielo actuaba medida por medida y no se preocupaba si te daba más dinero. Pero ahora que te has vuelto muy selectivo con tu caridad y eres muy cuidadoso de dársela sólo a quien consideras una gran persona, el Cielo actúa hacia ti de la misma manera. ¡Ellos también se ocupan de ver a quién le dan su dinero!".

# EL TOQUE
# DE MIDAS

*Tan grande es el poder del diezmo
que puede transformar una maldición
en una bendición (El Libro de los
Atributos, Caridad B10).*

Uno de los personajes de la mitología griega era un rey llamado Midas quien oró pidiendo que todo lo que tocara se transformase en oro. Un día sus plegarias fueron respondidas. Su riqueza aumentó enormemente y todas sus cosas se transformaron en oro bajo sus dedos. Estaba contento más allá de toda medida. Es decir, hasta que se sentó a comer. Porque incluso el alimento que tocaba se transformaba en oro incomible. Comprendiendo que la bendición no era realmente una bendición, pidió que le fuera retirado "el toque de Midas".

En el mundo moderno, el toque que transforma todo en oro es la imaginación. Esa maravillosa herramienta permite que la mente humana se extienda más allá de sus límites y nos lleve adonde queramos ir. Nuestras ideas creativas pueden producir nuevos productos y procesos que beneficiarán a toda la humanidad y harán que el inventor se vuelva tremendamente rico. Incluso podemos inventarnos para nosotros mismos una maravillosa vida, encontrando el bien en medio de nuestros problemas y dificultades y aceptando que todo lo que viene de Dios es para bien. Pero en general, no es así como utilizamos nuestra imaginación.

En la cosmovisión del Rebe Najmán, la imaginación es en realidad un trampolín para lograr alturas espirituales más grandes. Controlar su poder es el primer paso hacia el ascenso en la escala de la espiritualidad y para ayudar a los demás a ascender también. La caridad tiene un papel importantísimo en el éxito de nuestros emprendimientos, tal cual pronto veremos.

## DE CORAZÓN Y MENTE

En varias de sus lecciones, el Rebe Najmán habla del poder de la imaginación frente al intelecto. Por un lado, menciona el increíble poder creativo que subyace en la imaginación, que puede propulsar a la persona hacia mayores alturas. Pero por otro, rechaza la influencia de los deseos ilusorios que pueden extraviar a la persona.

El Rebe Najmán llama al poder de la imaginación el *medamé belev* (literalmente, "la imaginación en el corazón"). La raíz del *MeDaMé* es parte de la naturaleza física del cuerpo, dado que *ADaM*, el primer hombre, fue creado de la *ADaMá* (tierra) (Génesis 2:7). Aquí el Rebe Najmán equipara la imaginación con los deseos ilusorios, que asemeja a las *klipot* (fuerzas del mal) que se manifiestan como pensamientos malignos, confusiones y obstáculos. Cuando es usada para ello, el poder de la imaginación del hombre ofusca y embota la santidad enraizada en su alma Divina.

Mientras que el Rebe Najmán conecta la imaginación con el corazón, es sorprendente que el rabí Natán, basado en otras enseñanzas del Rebe, la llame "el mensajero del intelecto". El rabí Natán explica que el intelecto mismo no tiene contacto alguno con lo físico; su única conciencia de lo corpóreo viene a través de su mensajero, la imaginación. Éste es el motivo por el cual la imaginación es el verdadero asiento de la libertad de elección, pues la esencia interior del intelecto está perfectamente unida a Dios. Divorciado de todos los deseos y rasgos negativos, no tiene más opción que hacer la voluntad de Dios. Por lo tanto el papel de la imaginación es, por así decirlo, llevar conceptos de la realidad física hacia el intelecto. Eso lo lleva a cabo comparando conceptos y encontrando patrones similares en esos conceptos. Sin embargo, en el proceso de hacer asociaciones y de unir ideas, la imaginación -a no ser que haya alcanzado un nivel de claridad y pureza- se ve sujeta al juicio erróneo y a la falsedad, que puede llevar al intelecto a tomar las decisiones equivocadas (*Likutey Halajot, Shlujin* 5:1).

Así, el poder de la imaginación, que existe dentro de cada uno de nosotros, puede incentivarnos hacia mayores alturas o llevarnos hacia lo opuesto. Podemos utilizarlo para crear una imagen en nuestra mente de cierto objetivo y al imaginarlo -empleando la "visualización creativa"- trabajar para lograrlo. O podemos utilizar la imaginación para comparar una cosa con otra y actuar entonces de acuerdo con las conclusiones de ese proceso mental. Si carecemos de claridad para llevar a cabo verdaderas comparaciones, la imaginación puede terminar llevándonos por el sendero equivocado.

Sobre el mismo tema, el rabí Natán dice que el poder de la imaginación surge del Árbol del Conocimiento del Bien y del Mal (*Torat Natán* 25:2). Esto también subraya el rol que juega la imaginación como una interfaz entre lo santo y lo no santo. Puede ser llevada hacia el bien (el intelecto), para que la imaginación ayude a la persona en el servicio a Dios o puede ser llevada hacia el mal (los deseos del corazón) cuando la imaginación crea ilusiones que alejan a la persona de Dios.

## DE LA POTENCIA AL ACTO

El Rebe Najmán hace referencia en su lección a ambos aspectos de la imaginación (*Likutey Moharán* I, 25). Habla sobre el objetivo del hombre de elevar la imaginación desde el corazón hacia el intelecto, lo que es un proceso en tres etapas. Los pasos son: (1) librarse de las ilusiones, (2) actualizar el intelecto y (3) adquirir conocimiento. Enseña el Rebe Najmán:

> Cada persona debe quebrar el poder de la imaginación y entrar en el intelecto. Pero si se deja llevar tras los deseos ilusorios, ello es el aspecto de "las visiones del corazón" (cf. Deuteronomio 29:18). Sigue tras la inclinación de su corazón... Debe liberarse de la visión del corazón... para no ir detrás de sus deseos ilusorios, sino tras el intelecto.

Rashi explica que "las visiones del corazón" connotan desear lo que el corazón ve. Así como los ojos son atraídos por lo que están viendo, la persona es atraída por lo que "ve" y "siente" su corazón. Éstas son las ilusiones a las cuales hace referencia el Rebe Najmán - las pasiones y deseos del corazón. Debemos elevarnos por sobre las "visiones del corazón", pues esas ilusiones pueden ocultarnos la Divinidad.

> Mientras la persona no haya pasado su intelecto de la potencia al acto, no habrá utilizado su intelecto y para ella el intelecto aún estará en potencia, aunque ya haya quebrado la imaginación. La característica del intelecto ha salido a la superficie pues "cuando uno se eleva, el otro cae", pero el intelecto aún está en estado potencial (i.e., Jojmá). Luego, cuando utiliza su intelecto y lo usa, el intelecto se actualiza (Biná)... Y nuevamente, después, cuando comprende con su intelecto todo lo que el intelecto humano tiene el poder de comprender, entonces su intelecto se transforma en un intelecto adquirido (Daat)...

En otra lección, el Rebe Najmán equipara a Iaacov con el intelecto y a Esaú con la insensatez (*Likutey Moharán* I, 1:2). Aquí, al contrastar las características del intelecto con aquellas de los deseos ilusorios, aplica la expresión que utiliza Rashi para demostrar la relación entre Iaacov y Esaú: "Cuando uno se eleva, el otro cae" (Rashi sobre Génesis 25:23). Su poder es mutuamente excluyente - cuando uno avanza, el otro pierde poder y retrocede.

De manera similar, cuando la persona se libra de una ilusión, el intelecto se hace presente. Cada uno de nosotros posee estos dos elementos contrastantes y depende de nosotros dejar que gobiernen las ilusiones o el intelecto; es imposible tener ambos. Por lo tanto, como el Rebe Najmán explica, el primer paso debe consistir en quebrar las ilusiones. Cuando lo logramos, de modo que las ilusiones retroceden, el intelecto sale a la superficie. Así nos elevamos al nivel del "intelecto potencial".

Para actualizar el potencial y elevarlo al nivel de "intelecto en acto", necesitamos utilizar por un lado el intelecto para estudiar la Torá y por otro el poder de la imaginación para desarrollar nuevas ideas de Torá. Esto implica el proceso de comparar una cosa con otra, lo que crea recipientes para captar la sabiduría de la santidad que yace en todo aquello que estamos estudiando. De esa manera, el poder de nuestro intelecto pasa de la potencia al acto.

La etapa final es el "intelecto adquirido". Esto implica transformar el material en bruto de Jojmá (Sabiduría o intelecto potencial), por medio del proceso mental de Biná (Comprensión o intelecto en acto) para generar Daat (Conocimiento o intelecto adquirido).[13]

El intelecto adquirido es equivalente al intelecto espiritual - es decir, es el conocimiento de Dios. Aunque la Torá, de hecho, es una con Dios (*Zohar* III, 73a), debemos diferenciar aquí entre "conocimiento de Torá" y "conocimiento de Dios". Conocimiento de Torá significa que la persona ha estudiado los detalles de la Torá, los ha comprendido y así ha adquirido conocimiento. Pero esto no dice nada sobre su conocimiento o cercanía con Dios.

---

13 Habiendo identificado los tres *mojín* (Mentalidades) de Jojmá, Biná y Daat, pronto estudiaremos su conexión con la caridad. Vemos que la mitzvá de dar caridad comprende toda la estructura de las Diez Sefirot y es una fuerza muy importante para la generación de la abundancia y la bendición que descienden desde Arriba hasta llegar a nosotros.

En verdad, están aquellos que han estudiado Torá pero que están muy lejos de Dios. Ello se debe a que han hecho de la erudición su objetivo principal y utilizan el conocimiento de Torá para su propio beneficio. Por el contrario, aquellos que estudian Torá en aras de servir a Dios, utilizando su conocimiento para acercarse a Él, al estudiar para cumplir con las *mitzvot* de la Torá y así reconocer la Soberanía de Dios y Su Providencia sobre cada detalle en la creación - ellos reciben lo que se conoce como "intelecto adquirido". Así explica el rabí Natán: Mientras la persona no haya alcanzado el nivel del intelecto adquirido no podrá confiar en su conocimiento. Las *klipot* de la ilusión pueden dominarla fácilmente (*Torat Natán* 25:7).

El rabí Natán equipara las tres etapas del intelecto con Jojmá, Biná y Daat. Como se indicó más arriba, Jojmá es el intelecto potencial, pues la sabiduría aún está indiferenciada y no aclarada. Biná, la etapa siguiente, es el intelecto en acto, pues la comprensión se dedica a extraer y desarrollar una estructura lógica a partir de la sabiduría. Por lo tanto Biná es "comprender una cosa a partir de otra" (*Sanedrín* 93b). Daat, la etapa final, es la externalización de la sabiduría y de la comprensión, la plenitud del proceso del pensamiento, cuando se alcanza el conocimiento de Dios - el intelecto adquirido.

Las tres etapas del intelecto pueden compararse con el corpus de la Torá en general. El Jumash (los Cinco Libros de Moisés) comprende de manera seminal todo el cuerpo de la ley de la Torá, pero sin definiciones concluyentes con respecto a ella. Todas las leyes están presentadas de manera potencial. La Mishná (la redacción de la Ley Oral) es la etapa intermedia en la cual las leyes aparecen en una forma actualizada para que puedan establecerse los principios de su aplicación. Aun así, no se puede derivar ninguna ley directamente de la Mishná. Para ello debemos volvernos a la Guemará, en la cual se une toda la sabiduría y la comprensión del Jumash y la Mishná. El resultado es la aplicación práctica de la ley - es decir, el intelecto adquirido. Sólo con el *daat* que da el Talmud pueden cumplirse apropiadamente las *mitzvot* de la Torá (*Torat Natán* 25:5).

Es importante notar que cada persona tiene su propio y único nivel cuando se trata del intelecto. Cuando el Rebe Najmán dice, "Todo lo que el intelecto humano tiene el poder de comprender", ello significa cada uno de acuerdo a su propio nivel. Una vez que alcanzamos el intelecto máximo de ese nivel, podemos comenzar a avanzar hacia un nivel superior.

En resumen, debemos quebrar las ilusiones y deseos, la "imaginación en el corazón". De esa manera seremos capaces de actualizar nuestro intelecto potencial y obtener el intelecto adquirido, que representa la perfección en ese nivel. Ahora que hemos comenzado a ascender la escala espiritual, debemos continuar nuestra búsqueda de mayor conocimiento en niveles más elevados, como continúa explicando el Rebe.

## ASCENDIENDO LA ESCALA

¡Y debes saber! En cada mundo y en cada nivel existen esas ilusiones. Son las cáscaras que preceden al fruto y que rodean aquello que es santo, correspondiente a "Los malvados andan alrededor" (Salmos 12:9). Y cuando la persona pasa de un nivel a otro, tiene que atravesar esas ilusiones para alcanzar la santidad. Tan pronto como asciende al [próximo] nivel, las fuerzas del mal de ese nivel se despiertan y la rodean por todas partes. Tiene que vencerlas y quebrarlas para purificar ese lugar de las fuerzas del mal.

Dijo el rey Salomón, "Dios hizo uno frente al otro" (Eclesiastés 7:14). "Uno" hace referencia a la santidad; "el otro" hace referencia a las *klipot*. En cada nivel, para cada medida de santidad, existe una medida correspondiente de lo no santo. Así, si quebramos las *klipot* y alcanzamos el intelecto de un nivel en particular, solamente lo logramos en ese nivel. Cuando nos elevamos más aún, nos enfrentamos con un nuevo grupo de *klipot* - aquellas que corresponden a la santidad de ese nivel superior y que la rodean. El Ari enseña que ¡hay miles y miles de niveles dentro de cada mundo! (*Etz Jaim* 1:2). En cada nivel encontramos nuevas ilusiones y tenemos que luchar nuevamente con las *klipot*. El término *klipot*, traducido en la lección como "fuerzas del mal", significa literalmente "cáscaras". Así como la cáscara rodea al fruto, las *klipot* rodean el intelecto. En cada etapa debemos quebrar la cáscara y descartarla antes de adquirir el fruto.

El versículo de los Salmos citado por el Rebe, "Los malvados andan alrededor", hace referencia a los malvados que no dejan en paz al pobre ni al enfermo. Los rodean y los atormentan de todas las maneras posibles,[14] al igual que las *klipot*, que mantienen a la gente apegada a sus bajos deseos.

Sucede a menudo que cuando la persona encuentra dificultades y problemas en su sendero espiritual inmediatamente supone que está cayendo y retrocediendo. El Rebe dice que esto no es así. Más bien, esas dificultades son una señal de que ha entrado a un nivel superior, donde ahora debe encontrar las *klipot* que rodean ese nivel. Las dificultades también pueden ser tomadas como un aviso para aquellos que equivocadamente piensan que han alcanzado un elevado nivel de intelecto, cuando todo lo que realmente han alcanzado son las *klipot* del nivel superior. Continúa el Rebe:

> ¡Y debes saber! No hay dos personas que sean iguales. Ello se debe a que todas las almas se encuentran en diferentes niveles... Por lo tanto, cuando una persona desea ascender desde su nivel a un nivel superior, la persona en el nivel superior debe ascender hacia un nivel más elevado todavía.

---

14 Ver Rashi y Metzudat David sobre Salmos 12:9.

Ello se debe a que es imposible que dos personas se encuentren en el mismo nivel... Y aunque las *klipot* del nivel superior ya han sido quebradas por la persona que estaba allí, sin embargo, cuando la... otra persona asciende, las fuerzas del mal vuelven a despertar... y ahora es ella la que tiene que quebrarlas y vencerlas nuevamente.

Como se mencionó más arriba, el Ari asemeja el orden de las almas con las ramas y las hojas de un árbol. El árbol tiene raíces, un tronco, ramas, pequeñas ramas y hojas. De manera similar, todas las almas son parte del "árbol" que es el alma de Adán. Cada raíz de ese árbol incluye un desarrollado sistema de almas. Dependiendo de su fuente, ciertas almas pueden servir como raíces de otras almas, mientras que otras sirven como ramas y otras más como hojas (*Shaar HaGuilgulim* #11, #31). Consecuentemente, no hay dos personas que sean iguales. Cada una tiene una raíz diferente o incluso si dos provienen de la misma raíz, tienen diferentes posiciones en el sistema.

Debe hacerse notar que aunque un alma puede provenir de una parte inferior del árbol, de modo que comenzó su vida en un nivel espiritual inferior, es posible que ascienda a través del estudio de la Torá y del cumplimiento de las *mitzvot*. Así el Ari enseña que incluso si uno comienza en un nivel muy bajo puede elevarse al nivel de Moisés (ibid., #1).

Dado que dos personas no pueden ocupar el mismo nivel, ¿qué sucede cuando una persona merece ascender a un nivel superior? ¿Qué sucede con la persona que ya estaba en ese otro nivel? El Rebe Najmán explica que cuando una persona asciende, aquella que se encuentra arriba se eleva más aún y ello, a su vez, eleva a todas las que están por encima.

El rabí Natán escribe que ésta es la esencia de la mitzvá de "Ama a tu prójimo como a ti mismo" (Levítico 19:18). Ascender y hacer que otros asciendan completa la estructura

180 | LA BENDICIÓN DE DAR

de santidad. Las acciones de una sola persona tienen el poder de elevar a todos aquellos que se encuentran por encima, cada uno hacia su lugar apropiado (*Torat Natán* 25:11). Se sigue de lo que el Rebe Najmán dice aquí que todo aquel que se encuentra por sobre la persona que avanza en su conocimiento de Dios, automáticamente avanzará en la escala espiritual. Por lo tanto los logros de un individuo que busca a Dios son de hecho para beneficio de muchos.

## REVELANDO LA GRANDEZA DE DIOS

Luego, el Rebe Najmán enseña que la única manera de vencer las ilusiones, los malos pensamientos, los deseos, las confusiones y los obstáculos de un nivel en particular es revelando la grandeza de Dios.

En su explicación, el Rebe menciona diversas formas en las que se manifiestan las fuerzas del mal. Ello es para hacernos conscientes de que lo que constituye las *klipot* no es de hecho el mal en sí ni una mala acción, sino todo aquello que nos impide entrar y avanzar en la santidad. Las *klipot* pueden ser ilusiones de la mente, deseos del corazón, nuestras frustraciones diarias o las acciones que llevamos a cabo. Continúa el Rebe:

> El Ari escribe que la canción *Hodu* (Crónicas I, 16:8-36), que comienza con "Alaben a Dios, proclamen Su Nombre", fue instituida al comienzo de las plegarias de la mañana para vencer a las fuerzas del mal de los niveles inferiores.[15] Ello se debe a que las fuerzas del mal se elevan… pero al proclamar la grandeza del Creador, son vencidas.

Las plegarias de la mañana están compuestas de cuatro

---

15 *Pri Etz Jaim, Shaar HaZemirot* #1, p.139. El recitado de esta canción da como resultado la unificación de los Cuatro Mundos.

secciones que son un paralelo de los Cuatro Mundos,[16] comenzando con el primero o más bajo y continuando hasta el cuarto o más elevado:

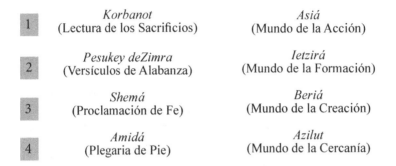

| 1 | *Korbanot*<br>(Lectura de los Sacrificios) | *Asiá*<br>(Mundo de la Acción) |
|---|---|---|
| 2 | *Pesukey deZimra*<br>(Versículos de Alabanza) | *Ietzirá*<br>(Mundo de la Formación) |
| 3 | *Shemá*<br>(Proclamación de Fe) | *Beriá*<br>(Mundo de la Creación) |
| 4 | *Amidá*<br>(Plegaria de Pie) | *Azilut*<br>(Mundo de la Cercanía) |

El objetivo de las plegarias es ayudarnos a ascender la escala espiritual, comenzando con los niveles más bajos del Mundo de *Asiá*. El Ari enseña que al finalizar el recitado de los *Korbanot*, el Mundo de *Asiá* asciende hacia el próximo mundo más elevado, el Mundo de *Ietzirá*. Como resultado, las *klipot* en *Ietzirá* vuelven a despertar y tratan de impedir ese ascenso. Para contrarrestarlo, recitamos el Salmo conocido como *Hodu* ("Alaben") al comienzo de los *Pesukey deZimra*. Este Salmo llama a todos, humanos y ángeles, a reconocer la grandeza de Dios. El recitado de esos versículos que expresan la grandeza de Dios hace que las *klipot* teman a Dios y se retracten, por así decirlo, de su oposición.

También enseña el Ari que las *klipot* son más fuertes durante la oscuridad de la noche.[17] Cuando comienza el día, su poder disminuye. Mediante las *mitzvot* de la mañana -lavarnos las manos, ocuparnos de las necesidades corporales, colocarnos el *talit* y los *tefilín*- nos limpiamos de las *klipot* que se nos han

---

16 Ver Diagramas
17 *Pri Etz Jaim, Shaar HaTefilá* #1, p. 2; ibid., #4, p. 6.

apegado durante la noche. Entonces, al recitar la plegaria de la mañana, unimos los Cuatro Mundos haciendo que *Asiá* ascienda hacia *Ietzirá*, *Ietzirá* hacia *Beriá* y *Beriá* hacia *Atzilut*.

En nuestro contexto, las *klipot* reinan cuando la oscuridad -en otras palabras, las ilusiones, los malos pensamientos, los deseos y demás- se aferra a nosotros. Utilizar el intelecto para reconocer a Dios nos permite quebrar esas ilusiones, limpiándonos así de esas *klipot*. Entonces debemos encarar el ascenso hacia el próximo nivel. Sin embargo, debido a que las *klipot* del nivel superior han vuelto a despertar, necesitamos invocar la grandeza de Dios para vencerlas. El Rebe Najmán explica ahora otra manera de revelar la grandeza de Dios: a través de la caridad.

> Ahora bien, la grandeza del Creador se revela a través de la caridad que se les da a las personas necesitadas que lo merecen.

Así como el hecho de expresar la grandeza de Dios elimina a las *klipot*, de la misma manera dar caridad produce la revelación de la Divinidad y la huida de las *klipot*. Al dar caridad, exhibimos nuestra fe en que es Dios Quien creó el mundo y Quien les da el sustento a todos - que todo el dinero Le pertenece a Él. De esa manera, la caridad revela la grandeza de Dios (*Parparaot LeJojmá* I, 25). El rabí Natán agrega que la caridad también incluye actos de bondad (*Torat Natán* 25:11).

Podemos inferir de esta lección que el objetivo de la caridad es revelar la grandeza de Dios. Por lo tanto el criterio primario para determinar a quién darle gira alrededor de cuánto revela la grandeza de Dios en el mundo el receptor de nuestra caridad, así sea un individuo o una organización.

## LOS COLORES SUPERIORES

El rabí Natán hace notar que además de revelar la grandeza de Dios, el hecho de darles caridad a destinatarios que lo merezcan ilumina los "colores superiores". Este término hace referencia a las *sefirot*, con cada *sefirá* correspondiente a un color diferente.[18] Cuando el pueblo judío cumple con las *mitzvot*, esos colores interactúan y se coordinan, manifestándose como una clase de belleza Celestial - es decir, la belleza y la profundidad de Dios, que ayuda a que los demás la perciban también (*Zohar* II, 152b). El rabí Natán agrega que esos colores superiores se encuentran en el "dinero judío" porque el judío utiliza sus fondos para el cumplimiento de las *mitzvot* - por ejemplo, para los gastos del Shabat y de las Festividades, para ayudar al estudio de la Torá, para darles caridad a los que lo merecen y para comprar alimento kosher (*Likutey Halajot, Kidushin* 3:12).

El Rebe Najmán enseña que la grandeza de Dios puede verse en los colores superiores, que se revelan a través de la caridad. El hecho de revelar los colores superiores elimina a las *klipot* y nos permite alcanzar el conocimiento de Dios. Sin embargo, hay una advertencia:

> Pero los colores superiores... no brillan a no ser que le lleguen a un judío, porque ése es su lugar. Cuando uno queda incluido en el otro, esos colores irradian, como en "Israel, en quien Yo Me enorgullezco" (Isaías 49:3). Ello se debe a que el lugar de los colores sólo está en Israel.

Los colores de la plata y del oro corresponden respectivamente a Jesed (Bondad) y a Guevurá (Fuerza). Estas dos *sefirot* se combinan para formar una tercera *sefirá*, Tiferet

---

18 Ver Diagramas.

(Belleza) (*Zohar* II, 90b).[19] Así el Rebe Najmán enseña que los metales preciosos de la plata y el oro, en la forma de monedas, reflejan el esplendor Celestial. El rabí Natán agrega que la raíz superior de la plata y del oro es extremadamente elevada al punto en que el esplendor Celestial que reflejan es la grandeza de Dios Mismo. Al mismo tiempo, debido a que "Dios hizo uno frente al otro", el oro y la plata -es decir, el dinero- y sus ilusiones relacionadas son la causa más común de nuestro alejamiento de Dios. Algunas de las *klipot* más poderosas que impiden nuestra entrada a la santidad se manifiestan en temas monetarios (*Torat Natán* 25:14).

El profeta Isaías enfatiza el hecho de que Dios se enorgullece de cada judío. La palabra hebrea para orgullo en este versículo es *PeER*, que también significa "esplendor". Así la afirmación "Israel, en quien Yo Me enorgullezco" enseña que cuando los colores superiores están en su lugar, interactuando dentro de Israel/*TiFeRet*, se revela la grandeza de Dios, pues ese esplendor Celestial surge de Él.

Y cuando los colores irradian, el Santo, bendito sea, se exalta y se enorgullece en ellos, como en "Mía es la plata, Mía es el oro" (Hagai 2:8). Con ellos se hacen "vestimentas de salvación (*isha*)" (Isaías 61:10). *IShA* (salvación) connota mirar, como en "Ellos miraron (*IShAu*) a Dios" (Samuel II, 22.42). Debido al esplendor, todos miran hacia Dios, pues todos desean verLo.

Cuando los colores superiores se coordinan y se unen

---

19 El motivo por el cual los colores superiores sólo se encuentran en la nación de Israel se debe a que Jesed y Guevurá se combinan en Tiferet, la plata y el oro entran en sus lugares adecuados. Tiferet es la *sefirá* dominante de las seis *sefirot* que comprenden el *partzuf* (persona) de *Zeir Anpin* (el Rostro Pequeño) y *Zeir Anpin* mismo es a veces llamado Tiferet; también ocasionalmente se lo denomina Israel. Por lo tanto, "su lugar" -el lugar de Jesed (plata) y Guevurá (oro)- "sólo está en Israel" (en el judío).

entre sí, irradian y manifiestan un esplendor magnífico. Pero los colores sólo se revelan cuando están en posesión del judío; entonces Dios se exalta y se enorgullece en Israel, diciendo, "Mía es la plata, Mío es el oro". En otras palabras, el esplendor de la plata y del oro -los colores que irradian y están en el judío- se encuentran de hecho en Dios Mismo.

Como hemos visto, la plata y el oro encarnan los colores superiores que, cuando están con el judío, irradian su esplendor oculto. La plata y el oro -y en verdad, todo el dinero- no son más que un ropaje que inviste el esplendor Celestial. El esplendor Celestial que irradia de la plata y del oro hace que la gente quiera mirarlos y así "las vestimentas de *IShA* (salvación)" son "vestimentas de *IShAu* (de mirar)", que atraen la atención de la gente. En verdad, todos se ven atraídos por los colores que revelan la grandeza de Dios. Todos miran hacia Dios, hipnotizados por el brillo de la plata y del oro que refleja Su grandeza y esplendor.

Sin embargo, cuando la plata y el oro están en manos de las naciones, desaparecen las luces de los colores y éstos no brillan, pues ése no es su lugar. Sólo le pertenecen al judío, como en "Israel, en quien Yo Me enorgullezco (*etPaER*)". Pues el *PeER* (esplendor) de los colores está allí.

Y como resultado, las naciones desean el dinero de Israel. Y aunque ellas [ya] tienen mucho oro y plata, desean el dinero del judío como si nunca antes hubiesen visto dinero alguno. Ello se debe a que los colores no brillan en la plata y el oro que ellas poseen. La gracia y el valor no se encuentran en su dinero, pues la gracia y el esplendor sólo se revelan en Israel.

A lo largo de nuestro extenso exilio, los gobernantes gentiles y los terratenientes han cargado de impuestos a las comunidades judías asentadas en sus tierras. Nunca satisfechos con lo que recibían, siempre encontraban motivos adicionales para continuar cobrando impuestos y usurpando el dinero de los judíos. Ello ha continuado incluso hasta los así llamados "civilizados" siglos XX y XXI, tal cual puede comprobarse en la infatuación con la cual los nazis acapararon el oro y las posesiones de sus víctimas judías y en el interés de los medios de comunicación por el "dinero judío".

Las ideas del Rebe están reflejadas en la enseñanza de nuestros Sabios, "Sé cuidadoso con las autoridades gobernantes, pues se muestran amigables sólo cuando es para su propio beneficio. Actúan amigablemente cuando les conviene pero no apoyan a la persona en el momento de dificultad" (*Avot* 2:3). El Rebe Najmán hace notar la similitud entre la palabra *ReShut* (autoridades gobernantes) y *RaShim* (gente empobrecida). No importa cuán ricas hayan sido las naciones que gobernaron al pueblo judío, siempre quisieron el dinero judío. Lo que realmente anhelan, por supuesto, es el esplendor y la gracia que da el dinero judío. Careciendo de esas cualidades y del placer que el dinero otorga debido a ese esplendor y gracia, en verdad están empobrecidas.

> ¡Pero debes saber! Tan pronto como los no judíos reciben el dinero de Israel, la gracia y el esplendor desaparecen de inmediato de ese dinero. Debido a ello, los no judíos siempre están demandando más dinero de Israel. Olvidan el dinero que ya han recibido, pues la gracia desapareció tan pronto como les llegó a sus manos. Éste es el significado de "Actúan amigablemente cuando les conviene".

## LA GRACIA DE LA CARIDAD

Hemos visto que cuando el dinero pasa del judío al no judío pierde su lustre. ¿Qué sucede con ese brillo? ¿Se pierde para siempre? Y por otro lado, ¿qué hay del dinero que nunca estuvo en manos judías? ¿Es que alguna vez tuvo algún brillo?

El Rebe Najmán revela un segundo lado del proceso. Tal cual mencionó, cuando los no judíos toman posesión del dinero judío los colores no brillan. Ello indica que no han desaparecido totalmente, que el proceso es reversible. Cuando el no judío le da o le devuelve el dinero al judío, los colores superiores inmediatamente comienzan a brillar una vez más.

El Rebe retorna ahora a la conexión entre la caridad y los colores superiores. Dice que el dar caridad es un testimonio de la grandeza de Dios, del hecho de que Él gobierna el mundo de acuerdo con Su voluntad.

En virtud de su caridad, la persona rectifica todo su dinero al punto en que los colores se revelan y brillan. Todo su dinero toma entonces el aspecto de "Mía es la plata, Mío es el oro" y "Me regocijaré grandemente en Dios… pues Él me vistió con vestimentas de salvación y me cubrió con ropas de caridad" (Isaías 61.10).

Cuando damos caridad de la manera apropiada,[20] rectificamos nuestro dinero. Entonces mereceremos las vestimentas de salvación/mirar - seremos dignos de ver el esplendor Celestial investido en nuestro dinero, por así decirlo.

El rabí Natán hace notar que dar caridad de la manera apropiada es un acto muy grande, mediante el cual rectificamos completamente nuestro dinero. Dar caridad de la manera apropiada nos permite quebrar las klipot que funcionan como barreras a la santidad y al intelecto adquirido, y así podemos ascender de un nivel al otro (Torat Natán 25:18). Lo contrario también es verdad. Así como el lustre está oculto cuando el dinero llega a manos de los no judíos, de la misma manera, el dinero pierde su brillo cuando es adquirido por judíos cuyos negocios

---

20 Dar el 10 por ciento de las ganancias es considerado en general algo aceptable, pero las circunstancias varían. Aquellos que tienen ganancias importantes pueden y deben dar más que eso, mientras que aquellos que no pueden llegar siquiera a ese monto deben tratar de dar lo que puedan. También es importante darles a personas y a causas dignas.

son deshonestos. Atraídos por el esplendor, buscan más y más dinero al punto en que sucumben al deseo de riquezas. Como resultado, su dinero no puede irradiar el esplendor y la belleza inherentes en él (ibid., 25:15).

## CUANDO LOS IMPUESTOS SE VUELVEN CARIDAD

Como se explicó, los no judíos se ven atraídos por el esplendor de los colores superiores en el dinero judío y se encargan de tomarlo por la fuerza. Pero cuando ello sucede, dice el Rebe Najmán, el dinero tomado es considerado caridad.

E incluso el dinero que las naciones toman de nosotros es considerado caridad. Esto es como enseñaron nuestros Sabios concerniente a la frase "y tus cobradores de impuestos, caridad" (Isaías 60:17; *Bava Batra* 9a).

El profeta Isaías nos asegura que todo el dinero que fue tomado ilegalmente de los judíos durante su exilio les será devuelto en su totalidad. Los cobradores de impuestos y los gobernantes que lo tomaron lo devolverán. Nuestros Sabios comentan que incluso aquello que fue tomado en contra de nuestra voluntad, no fue por nada. Se nos recompensará por cada pérdida monetaria como si hubiésemos dado el dinero para caridad. En nuestro contexto, hemos visto que perder dinero frente a un no judío indica que el dinero no estaba rectificado. Sin embargo, cuando los no judíos lo toman, ello es considerado como caridad y entonces el resto del dinero judío es automáticamente rectificado.

Esto no se aplica a los impuestos generales que van hacia los servicios que todos necesitamos y de los cuales todos nos beneficiamos. Por otro lado, el dinero tomado del judío que es considerado como caridad hace referencia al dinero que debe entregar para satisfacer las demandas inadmisibles de los terratenientes, de los políticos y demás. El *Parparaot LeJojmá* explica que ello es considerado caridad porque virtualmente cada impuesto de esa naturaleza, no importa la justificación que se le dé, es pagado para asegurar que los judíos puedan continuar observando la Torá y las *mitzvot*. Entonces, en última instancia, ese dinero sirve para revelar la grandeza de Dios.

Al mismo tiempo, el dinero que las naciones toman de nosotros produce en última instancia su propia caída, dice el rabí Natán. Como se explicó más arriba, la caridad quiebra las *klipot*, permitiendo que ascienda el intelecto. Dado que la caridad quiebra las *klipot*, los impuestos que son extraídos de los judíos de manera ilegal -y que son considerados "caridad"- finalmente quebrarán a las naciones que los tomaron (*Torat Natán* 25:21).[21]

El Rebe concluye esta lección mencionando que los colores superiores son bendecidos como resultado de la caridad. Como enseñan nuestros Sabios: "Cada centavo suma para formar una gran cantidad" (*Bava Batra* 9b). Incluso los centavos dados para caridad crecen finalmente conformando una gran suma, trayendo así bendición a los colores superiores - es decir, al oro y a la plata que constituyen el dinero.

En síntesis, todos debemos hacer lo posible por quebrar el poder de la imaginación que reside en el corazón. De esa manera seremos capaces de actualizar nuestro intelecto potencial para que se transforme en un intelecto adquirido. En cada nivel existen nuevas medidas de intelecto rodeadas por nuevas ilusiones. Al ascender la escala espiritual, debemos subyugar las *klipot* de cada nuevo nivel. Vencer a las *klipot* requiere de una revelación de la

---

21 Un ejemplo de esta clase de impuesto es el impuesto a la propiedad que ayuda a cubrir los presupuestos de las escuelas públicas de muchas ciudades. Aunque la mayoría de los judíos envía a sus hijos a escuelas privadas, deben compartir la carga de los impuestos para pagar el servicio de escuelas públicas con las cuales no tienen relación alguna.

grandeza de Dios. Esto se logra al dar caridad a un destinatario digno. Entonces el resto de nuestro dinero se rectifica al punto en que la grandeza de Dios se manifiesta a través del esplendor Celestial que se encuentra en nuestra plata y en nuestro oro (i.e., nuestro dinero). Pero ese esplendor sólo brilla cuando el oro y la plata están en posesión del judío. Cuando las naciones desean ese esplendor y conspiran para sacárselo a los judíos, una vez que el dinero deja las manos judías, su brillo desaparece y queda oculto hasta que es devuelto.

Los impuestos adicionales que pagamos son considerados como dar caridad a los indignos. Si nos aseguramos de dar caridad a la gente que lo merece y a las organizaciones adecuadas, podremos contrarrestar las demandas injustas hechas sobre nuestros ingresos y reducir a un nivel razonable nuestras pérdidas en el aspecto de los impuestos.

Más aún, al dar caridad, rectificamos el resto de nuestro dinero, haciendo que brillen los colores superiores dentro del dinero. De manera similar, utilizar el dinero para *mitzvot* -gastar en honor al Shabat, ayudar al estudio de la Torá, comprar alimento kosher- también hace que se revele la grandeza de Dios. Entonces se anulan las *klipot* - las "cáscaras" del mal representando las ilusiones y obstáculos que enfrentamos en la vida. Consecuentemente, crecemos espiritual y emocionalmente, ascendemos a niveles más elevados y obtenemos el intelecto adquirido. Todo ello se hace posible debido a que damos algo para caridad y, más específicamente, a destinatarios dignos.

* *

Es interesante notar que cuando el Rebe Najmán completó esta enseñanza mencionó que esta lección explicaba la idea de "elevar". Es decir, una persona eleva a su compañero. Debido a que la persona en el nivel inferior asciende al nivel superior, su compañero, que está en ese nivel asciende a un nivel más elevado todavía. Lo mismo sucede con el compañero de su compañero que se encuentra en un nivel mucho más elevado todavía y que puede ascender más aún. Todos se elevan cada vez más, pues es imposible que dos personas se encuentren en el mismo nivel.

Esta idea refleja la enseñanza kabalística de elevar cada mundo y unirlo con el mundo que se encuentra por encima. El rabí Natán dice que esto cumple con la mitzvá de "ama a tu prójimo como a ti mismo" (*Torat Natán* 25:11). El hacer que también asciendan aquellos que están por encima de nosotros completa la estructura de santidad. Los actos de bondad y de caridad nos ayudan a involucrarnos y a interactuar con los demás, lo cual es análogo a la interacción de los colores superiores.

Así las buenas acciones de un solo individuo -y especialmente la caridad que lleva a cabo- traen la elevación de todos aquellos que se encuentran por encima, cada uno hacia su propio lugar. Nuestra caridad se transforma en algo mágico, una especie de "toque de Midas", dado que esos dones son todos bendecidos con la revelación de los colores superiores.

¡Por lo tanto, utiliza tu imaginación y mira cuánto bien cada uno de tus actos caritativos puede lograr!

R'Aba Shojet y su hijo, R' Shmuel, salieron en viaje desde Tcherin para poder pasar Rosh HaShaná del año 5570 (1809) con el Rebe Najmán en Breslov. Como regalo para el Rebe, R' Aba había comprado una hermosa copa de plata.

En el camino, fueron atrapados por una lluvia anormalmente torrencial y no pudieron encontrar un cochero que quisiese llevarlos. Pronto comprendieron que estaban en peligro de no llegar a Breslov a tiempo para la festividad. Finalmente encontraron un cochero dispuesto a llevarlos, pero sólo si R' Aba le pagaba lo que pedía. El precio era exorbitante, pero R' Aba estuvo de acuerdo. ¡¿Cómo no estar con el Rebe para Rosh HaShaná?!

Para su desilusión los jasidim pronto descubrieron que los caminos se habían vuelto tan barrosos que el viaje se volvió casi imposible. Fue cerca del mediodía del día anterior a Rosh HaShaná que pudieron llegar a Heisin (a 30 km de Breslov), con la tremenda posibilidad de que debieran pasar la festividad en algún lugar del camino.

R' Aba presionó al cochero, un judío simple, para que condujese más rápido. Después de restallar su látigo una o dos veces, el cochero azuzó a los caballos, *"Nu, kinderlaj. Tzum Reben!* - Vamos, niños. ¡Rápido al Rebe!".* Súbitamente los caballos comenzaron a correr cada vez más rápido y R' Aba y su hijo llegaron a Breslov durante las plegarias de la tarde. No tuvieron tiempo de ver al Rebe Najmán antes de la festividad.

Más tarde esa noche, con todos los jasidim reunidos alrededor del Rebe para el *tish* (comida), el Rebe Najmán le dijo a R' Aba , "¡Aba! Cuéntanos sobre tu viaje". R' Aba relató las dificultades que él y su hijo habían encontrado en el camino y admitió que no había tenido más opción que pagarle al cochero con la copa de plata que había comprado para el Rebe.

"¿Cómo puedo alabarlos por este viaje?", le dijo el Rebe Najmán a R' Aba. "Por la copa, le sacaré los ojos y los dientes al Satán. En cuanto a ti, Aba, no hay recompensa suficientemente grande en este mundo. Y tú, R' Shmuel, ¡tú te quedas con la sopa!".

Poco después de Rosh HaShaná, R' Aba falleció. Su hijo, R' Shmuel se dedicó a los negocios y pronto se volvió extremadamente rico. Todos comprendieron entonces la grandeza del regalo que R' Aba le había llevado al Rebe ¡y las recompensas de tal caridad! (*Avenea Barzel*, p. 48, #76; *Siaj Sarfei Kodesh* 1-198).

# EL AGRADO
# DIVINO

A finales del siglo XVIII, el rabí Menajem Mendel de Vitebsk, el rabí Abraham de Kalisk y varios cientos de sus jasidim se mudaron desde Europa Oriental a la Tierra Santa. Se asentaron principalmente en Safed (Tzefat) y Tiberias. El rabí Menajem Mendel le encomendó al rabí Shneur Zalman de Liadi, fundador de la Jasidut Jabad-Lubavitch, hacerse cargo de la recolección de fondos en Ucrania para esas comunidades en la Tierra Santa. Luego del fallecimiento del rabí Menajem Mendel, el rabí Abraham de Kalisk se volvió el líder de las comunidades que se habían asentado en Safed y en Tiberias y expresó su oposición a algunos de los escritos del rabí Shneur Zalman. Como resultado se desató una disputa entre los recaudadores de fondos y aquellos a quienes estaban destinados. Durante varios años, los maestros jasídicos en Ucrania trataron en vano de hacer la paz entre ellos.

El Rebe Najmán viajó a la Tierra Santa entre septiembre del año 1798 y abril de 1799, durante las guerras napoleónicas. Mientras estuvo en Tiberias se encontró con el rabí Abraham, quien le pidió que solucionase las diferencias entre él y el rabí Shneur Zalman. Cuando el Rebe Najmán volvió a Ucrania, viajó para ver al rabí Shneur Zalman y obtener una tregua, pero no tuvo éxito. Años más tarde, dado que el conflicto aún persistía, el Rebe Najmán trató este tema en una lección que entrelaza los conceptos de la Tierra Santa, la disputa, la caridad y la revelación de la gloria de Dios (*Likutey Moharán* II, 71).

Dado que "El acto de caridad trae paz" (Isaías 32:17), ¿cómo es que surge el conflicto? ¿Y por qué la disputa continúa manifestándose hasta hoy en día en muchas áreas de la caridad? Esta lección demuestra el verdadero poder de la caridad para trascender las divisiones y permitirles a los judíos, en donde fuere que estén, beneficiarse de la atmósfera santificada de la Tierra Santa.

## DOS INTELECTOS

Comienza el Rebe:

La esencia de la sabiduría se centra exclusivamente en la Tierra de Israel. Incluso los judíos que viven fuera de la Tierra reciben y absorben toda su sabiduría de la Tierra de Israel. Cada judío tiene una porción en la Tierra de Israel y de acuerdo a su porción, así recibe y absorbe su sabiduría de la Tierra. Sin embargo, cuando la gente corrompe el honor de Dios, cae de la sabiduría de la Tierra de Israel y sus mentes quedan en un estado asociado con "fuera de la Tierra". Esto, a su vez, lleva al conflicto dado que el estado mental asociado con "fuera de la Tierra" se identifica con la disputa y el conflicto.

Subyacente a las palabras del Rebe se encuentra el concepto llamado el "intelecto de la Tierra Santa". Ese intelecto proviene directamente de la mirada de Dios sobre la Tierra, como está escrito, "[La Tierra de Israel] es una tierra de la cual se ocupa el Señor, tu Dios; los ojos del Señor, tu Dios, están siempre sobre ella, desde el comienzo del año hasta el final del año" (Deuteronomio 11:12). En otra instancia encontramos que los ojos representan la sabiduría, como en "Sus ojos se abrieron" (Rashi sobre Génesis 3:7). Así la mirada de Dios representa sabiduría y dado que Sus ojos están centrados en la Tierra Santa, Su mirada le trae una gran sabiduría a la Tierra. Consecuentemente, enseñan nuestros Sabios: "No hay sabiduría comparable a la sabiduría de la Tierra Santa".[22] Esta sabiduría representa la Providencia Divina, el continuo conocimiento y conciencia de Dios.

Así tenemos el intelecto de la Tierra Santa y el intelecto del exilio (la diáspora). La Tierra Santa es el lugar de la Piedra Fundacional de la cual emanó el mundo entero (*Ioma* 54b) y de manera similar, el intelecto de la diáspora está sustentado y recibe su vitalidad del intelecto de la Tierra Santa, porque éste emana de ese lugar sagrado.

Ahora bien, cada judío tiene una porción en la Tierra Santa y de acuerdo a esa porción toma el sustento del intelecto de la Tierra Santa. Pero cuando la persona corrompe la gloria de Dios -que da como resultado el exilio- el intelecto de la diáspora no puede tomar el sustento del intelecto de la Tierra y el intelecto de la persona se transforma en una "mentalidad del exilio". Una mentalidad del exilio es un aspecto de la disputa, en el hecho de que uno está "fuera" de la norma, separado de la conciencia de Dios y de la Providencia Divina. Pregunta el Rebe Najmán:

> Si ése es el caso, debería haber disputas sólo fuera de la Tierra. ¡Pero vemos que también hay conflictos y desacuerdos dentro de la Tierra también!

Explica este fenómeno como sigue:

> Toda la creación fue traída a la existencia sólo para la gloria de Dios. Por lo tanto todo fue creado para los seres humanos, dado que el realce de la gloria de Dios depende específica y exclusivamente de los seres humanos. Así, cuando alguna clase de gloria y honor le llega a la persona, debe ser extremadamente cuidadosa y no tomar nada para sí. En su lugar, debe asegurarse de retornar y de elevar toda la gloria hacia Dios. De esa manera, rectifica y sustenta al mundo entero, dado

---

22 *Bereshit Rabah* 16:4; ver también *Likutey Moharán* II, 40.

que el mundo entero y todo lo que hay en él fue creado sólo para el honor y la gloria de Dios. Y la gloria de Dios se revela en la Tierra Santa, donde se manifiesta la Providencia Divina.

Además, existe un concepto denominado *Noam HaElion* (Agrado Divino). Ésta es la abundancia que desciende hacia este mundo y que revela la gloria de Dios. Cuando desciende el *Noam HaElion* junto con la gloria de Dios, ello significa que el intelecto dañado (que representa una gloria dañada) puede recibir su rectificación. Cuando esos intelectos se rectifican hay paz y deleite.

Como explica el Ari, el *Noam HaElion*, la "abundancia que revela la gloria de Dios", está enraizado en Biná, un nivel trascendente que se encuentra más allá de todas las cosas de este mundo.[23] En ese nivel, todo se encuentra en un estado de unidad con Dios y dado que "Dios es bueno" (Salmos 145:9), todo es bueno, beneficioso y agradable. Este nivel también representa el maná, la abundancia y la bendición.

Ahora bien, cuando desciende el *Noam HaElion*, se presenta la oportunidad de recibir la bendición Divina. Ello representa la Providencia Divina que se manifiesta en la Tierra Santa y la posibilidad de recibir mayores niveles de intelecto, que revelan niveles más grandes de la gloria de Dios. Cuando esto sucede en la Tierra Santa, los intelectos de la diáspora también experimentan de alguna manera la presencia de ese *Noam HaElion* y, reconociendo que están corrompidos, esos intelectos tratan de lograr una rectificación a través de las nuevas revelaciones de la gloria de Dios y del *Noam HaElion*. En su intento por encontrar una rectificación entran a la Tierra Santa con sus intelectos dañados. Como el Rebe explica en la lección, de estar limitados en su alcance, esos intelectos dañados podrían recibir una rectificación. Pero si son demasiado agresivos, pueden abrumar el *Noam HaElion* y traer la disputa y la división a la Tierra misma.

---

23 *Shaar HaKavanot, Inian Kavanat Jazarat HaAmidá* 3, p.259.

Los intelectos asociados con la Tierra de Israel están identificados con el deleite de la Torá y con la paz, mientras que los intelectos asociados con los lugares fuera de la Tierra están identificados con el ataque y el conflicto. A través de la caridad y particularmente a través de la caridad dada a la gente que vive en la Tierra de Israel, se crea un recipiente en el cual es posible recibir un influjo de ese agrado.

El *Noam HaElion* desciende continuamente, pues Dios siempre está entregando Su abundancia. Sin embargo, para recibir esa abundancia debemos dar caridad. Nuestro dar crea el recipiente en el cual podemos recibir esa abundancia. Al dar caridad -y especialmente a las personas dignas y necesitadas en la Tierra de Israel- revelamos los buenos deseos en nuestros corazones, pues la caridad es un acto de amor y de generosidad que estimula un amor superior: el Agrado Divino.

## LOS MOTIVOS DE LA DISPUTA

Continúa el Rebe Najmán:

Está escrito, "Los cordeles (*javalim*) han caído para mí en lugares agradables (*baneimim*)" (Salmos 16:6). La palabra *JaVaLiM* (cordeles) se asemeja a *JoVLiM* (aquellos que producen daño y disputa - es decir, el intelecto de fuera de la Tierra Santa). *BaNeIMim* (lugares agradables) alude al *NoAM HaElion*, que hace referencia a la Tierra Santa (cf. *Sanedrín* 24a).

Los *jovlim*, los intelectos dañados, buscan rectificación pues ha descendido el *Noam HaElion*. ¿Qué sucede cuando buscan ser rectificados? Si el recipiente es capaz de recibir el *Noam HaElion*, el Agrado Divino desciende, se recibe el intelecto de la Tierra Santa y los intelectos dañados son rectificados. Si el *Noam HaElion* desciende pero no puede ser recibido, los intelectos dañados de la diáspora pueden incluso afectar al intelecto de la Tierra Santa de una manera negativa. Ésta es la razón subyacente a la disputa y al conflicto que existen en la Tierra de Israel.

El Rebe Najmán está diciendo que la disputa es endémica de la diáspora, mientras que la paz y el agrado deberían ser la norma de la Tierra de Israel. Pero el conflicto también existe en la Tierra Santa debido a que las disputas que derivan de una mentalidad del exilio han penetrado allí. De acuerdo al Rebe recibimos el agrado de la Tierra Santa al crear un recipiente en el cual recibir esa bendición. Creamos ese recipiente por medio de la caridad.

El rabí Natán agrega que la gloria de Dios debe ser revelada a través de la manifestación del intelecto de la Tierra de Israel, que está asociado con el *Noam HaElion*. Pero cada intento de revelar la Divinidad provoca una reacción opuesta de parte de los intelectos corrompidos. Por lo tanto, para revelar la gloria de Dios debemos dar caridad, creando recipientes en los cuales recibir esos intelectos. Entonces los intelectos dañados podrán ser rectificados y habrá paz y agrado. Concluye el Rebe Najmán:

> Cuando la persona honra a Dios, merece el intelecto de la Tierra de Israel conocido como el "agrado" y así se hace digna de sentir el agrado de la Torá. Pues en verdad, existe un agrado presente en la Torá y ello es lo más importante - merecer la experiencia del agrado de la Torá. ¡Afortunado aquel que es digno de ello!

Sólo es necesario echar una mirada a la recaudación de fondos de hoy en día para ver los paralelos entre las generaciones presentes y las pasadas. La lección del Rebe habla sobre algunas de las más grandes luminarias de su generación que sin embargo disentían en cuanto a la mejor manera de sustentar a los individuos, a las comunidades y a las organizaciones en la Tierra Santa. Cuánto más cierto es esto hoy en día, con virtualmente todos en Israel disputando entre sí; y esos conflictos llevan a masivos esfuerzos en la búsqueda de fondos que dividen más aún a la nación. Están aquellos que luchan buscando fondos para las instituciones de Torá, mientras que hay otros que se esfuerzan por demoler esas escuelas. Hay cientos de organizaciones buscando fondos para los pobres -todos del mismo donante pero cada una con su propio objetivo- que buscan su promoción (está muy bien) pero desacreditando al otro para probar su validez (algo que no esta bien). Todo esto se manifiesta desde los más elevados niveles del gobierno hasta el simple hombre de la calle. La enfermedad del conflicto ha calado muy hondo en la vida judía y ahora corre una maratón de disputas y disensos.

El Rebe Najmán nos da esperanzas. Enseña que al dar caridad -en especial a aquellos que viven en la Tierra de Israel- y al hacer lo mejor que podamos para que nuestra caridad sólo sea dada en aras de Dios, la disputa podrá ser evitada. Entonces podremos rectificar e incluso anular la mentalidad del exilio y disfrutar el agrado y la paz de la Tierra de Israel - un nivel de Agrado Divino.

El rabí Natán agrega que la grandeza de la caridad está más allá de todo cálculo. Toda la Torá depende de la caridad, ¡al igual que la rectificación del mundo entero! Ello se debe a que todo fue creado en aras de la gloria de Dios y la caridad revela esa gloria, pues es la caridad la que trae el *Noam HaElion*. ¡Por lo tanto la caridad se compara y es equivalente a todos los mandamientos de la Torá! Pero es necesario dar tanta caridad como realmente se pueda y también pedirle a Dios que la dirija hacia causas dignas. Se debe hacer todo lo posible para dar caridad en aras de la mitzvá, para que el honor de esa mitzvá glorifique a Dios y no a uno mismo. Entonces la caridad invocará el *Noam HaElion* y traerá abundancia para uno y para el mundo entero (*Likutey Halajot, Minjá* 6:4).

## DIFUNDIENDO EL AIRE DE LA TIERRA SANTA

En otra lección, el Rebe Najmán enseña que cuando los

que viven en la diáspora contribuyen con aquellos que viven en la Tierra de Israel, los donantes atraen para sí la atmósfera santificada de la misma Tierra Santa (*Likutey Moharán* I, 37:3-4). Explica el Rebe

> Existen dos tipos de caridad. Pues está la caridad en la diáspora y la caridad en la Tierra de Israel. Y la caridad para la Tierra de Israel es más grande y más exaltada que la caridad para la diáspora.
>
> También hay dos clases de Torá. Pues la Torá que proviene del aliento en el cual hay pecado no puede compararse con la Torá que proviene del aliento en el cual no hay pecado (*Shabat* 119b). Pues el juicio se mitiga y el mundo sólo existe debido al aliento de los escolares (ibid.).

Podemos darles caridad a los necesitados o a una causa digna en la diáspora o podemos darles a los necesitados o a una causa digna en la Tierra Santa. El *Shuljan Aruj* afirma que dar caridad para la Tierra Santa toma precedencia al dar caridad en la diáspora (*Iore Dea* 251:3) Más aún, nuestros Sabios enseñan que el estudio de la Torá en la Tierra Santa es más grande que el de la diáspora (*Bereshit Rabah* 16:4).

Concerniente a la enseñanza de los Sabios "El mundo sólo existe en virtud del aliento de los niños que estudian Torá" (*Shabat* 119b), los comentaristas explican que ello se debe a que su aliento no está contaminado.[24] Los Sabios hacen referencia entonces a una discusión entre dos grandes eruditos de la Torá del siglo III. Rav Papa le preguntó a Abaie, "¿Y qué hay de *nuestro* estudio de Torá?". Abaie le respondió, "La Torá dicha con un aliento dañado por el pecado no puede compararse con la Torá dicha con un aliento libre de pecado". "Pecado" aquí hace referencia al deseo sexual corrompido. Como resultado, el aliento

---

24 Maharsha, loc. cit., *v.i. eino dome.*

de los escolares, debido a su inocencia, no está contaminado por pensamientos lujuriosos y demás. Sin embargo, una vez que el niño alcanza la edad en que es capaz de contaminar su pureza moral, si no se cuida de los pensamientos lujuriosos, su aliento -su estudio de Torá- ya no podrá ser considerado puro.

Vemos, entonces, que hay dos clases de estudio de Torá, uno más puro que el otro. El estudio puro de Torá de nuestros niños tiene un gran valor incluso más adelante, dado que ayuda a la persona a alejarse del pecado cuando llega a la madurez; mientras que la persona que comienza a estudiar Torá más tarde en la vida carece de la protección provista por la pureza y la inocencia de la niñez.

En síntesis, el Rebe Najmán ha introducido dos clases de estudio de Torá y dos tipos de caridad. El nivel más elevado de caridad es aquel dado para la Tierra Santa y el estudio más grande de Torá es aquel que está libre de pecado. Como pronto veremos, ambos están interrelacionados: el estudio de Torá que está libre de pecado es comparable al aire de la Tierra Santa, que es considerado puro.

El Rebe Najmán deduce del Talmud que el aliento de los escolares mitiga los juicios severos, pues ese mismo pasaje talmúdico también enseña que Jerusalén fue destruida cuando se suspendió el estudio de Torá de los niños. Más aún, el Talmud afirma que ello es verdad de cualquier ciudad en la cual falte el estudio de la Torá de los niños; será destruida (*Shabat, loc. cit.*). Tal destrucción implica la presencia de juicios severos. Pero cuando existe el aliento de los escolares, los decretos severos son mitigados y prevalece la bondad.

El Rebe continúa, citando el versículo "Las primeras flores se ven en la tierra, el tiempo de cantar ha llegado y la voz de la tórtola se oye en nuestra tierra" (Cantar de los Cantares 2:12):

Como está escrito en el *Zohar* (I, 1b), "'Las primeras flores se ven en la tierra' - estos son los Patriarcas del mundo. 'El tiempo de cantar (*ZaMIR*) ha llegado' - cuando llega el tiempo de cortar (*ZaMIR*) a los culpables del mundo. 'La voz de la tórtola (*TOR*) se oye' - éste es el sonido de los niños estudiando *TORá*... Por medio de la voz de los escolares, los Patriarcas se revelan en el mundo para protegerlo".

Toda la abundancia desciende a través de las *sefirot* superiores de los *Mojín* y comienza a manifestarse en las *sefirot* inferiores, las *Midot*. El *Zohar* explica que "las primeras flores" representan a los Patriarcas pues fueron los primeros en revelarle al mundo la unidad de Dios. Abraham, Itzjak y Iaacov representan las *sefirot* de Jesed, Guevurá y Tiferet, respectivamente - estos son los primeros canales a través de los cuales desciende la abundancia y comienza a manifestarse en los ámbitos inferiores, hasta que llega a Maljut. Maljut es un paralelo de la Tierra de Israel, dado que la Presencia y Soberanía de Dios se manifiestan en la Tierra Santa. Cuando "las primeras flores se ven" -es decir, cuando es invocado el mérito de los Patriarcas- se mitigan los juicios severos de Maljut y la abundancia puede descender a la Tierra.

La conexión entre "el tiempo de cantar" y "el tiempo de cortar a los culpables del mundo" es como sigue. La palabra hebrea *zamir* significa tanto "canción" como "cortar". ¿Como pueden los malvados "cantar" (i.e., continuar con sus vidas) e incluso prosperar sin ser juzgados? Debido a que "las primeras flores se ven en la tierra" - cuando el mérito de los Patriarcas es invocado, Maljut (los juicios severos) es mitigado. El catalizador para la invocación del mérito de los Patriarcas es el sonido producido por el aliento de los niños que estudian Torá. Es debido a su estudio de Torá que el mundo se salva (ver *Zohar* I, 16b).

Maljut es la *sefirá* más baja (o más pequeña); de ahí su conexión con los niños (que estudian). Dado que el estudio de la Torá de los niños es puro, despierta el mérito de los Patriarcas (las *sefirot* superiores), cuya aparición en Maljut (i.e., en la Tierra de Israel) mitiga sus juicios. Éste es el significado de "La voz de la tórtola (*TOR*) se oye en nuestra tierra" - el sonido del estudio de la *TORá* de los niños le provee una energía positiva a Maljut. Agrega el Rebe Najmán:

> Consecuentemente, cuando quieras que se revelen los Patriarcas en el mundo -para disipar del mundo el juicio, la oscuridad, el olvido y la insensatez- deberás tener el aliento libre de pecado. Mediante la caridad para la Tierra de Israel uno se incluye en el aire de la Tierra de Israel, que es un aspecto del aliento santo en el cual no hay pecado.

Lograr "el aliento santo" hace que el mérito de los Patriarcas se manifieste en la Tierra Santa. Cuando revelamos a los Patriarcas a través del aliento santo del estudio de la Torá, traemos compasión y eliminamos todos los juicios, la oscuridad y el olvido.

Al comienzo de la lección, el Rebe indicó un paralelo entre la cualidad especial de la caridad dada para la Tierra de Israel y la cualidad del estudio de la Torá que proviene del aliento en el cual no hay pecado. Aquí el Rebe concluye que al dar caridad a la Tierra de Israel nos incluimos en su aire - el "aire puro" de la Tierra Santa, que corresponde al "aliento santo" de los niños que estudian Torá.

> Ésta es la explicación del versículo "Entonces recordaré Mi pacto con Iaacov y también Mi pacto con Itzjak y también Mi pacto con Abraham recordaré; y recordaré la Tierra" (Levítico 26:42). ¿Cuándo se revelarán los Patriarcas en el mundo? Cuando "Yo recordaré la tierra" - por medio del aire de la Tierra de Israel y por medio del aliento libre de pecado,

que corresponde al aliento de los escolares. Ello se debe a que los escolares están bendecidos, como está escrito, "Que él bendiga a los niños y que ellos lleven mi nombre, junto con el nombre de mis padres" (Génesis 48:16). Por medio de los niños que estudian, se revelan los Patriarcas y protegen [el mundo]. Mediante la caridad dada a la Tierra de Israel, quedan incluidos en el aire de la Tierra de Israel - el aire santo, que es un aspecto del aliento libre de pecado.

Vemos por lo tanto el valor de dar caridad para la Tierra Santa. Ello nos incluye en el aire de la Tierra Santa, anula nuestro apego al ámbito material, mitiga los juicios y hace que la bondad y la luz iluminen el mundo. Lo mismo es verdad con respecto a dar caridad a las instituciones de Torá en las cuales estudian los niños - ello hace que el dador sea incluido en el aire santo de la Tierra Santa, mitiga los juicios y hace que la bondad llene la Tierra (ver *Parparaot LeJojmá* I, 37). Todo aquel que purifique su "aliento" al dar caridad para la Tierra de Israel o para organizaciones dignas que ayuden a los niños que estudian Torá se hará digno de invocar el mérito de los Patriarcas, para mitigar los juicios y aumentar la bondad en el mundo entero.

Imagina: Un acto de caridad que va más allá del dador y del receptor, difundiendo la atmósfera pura de la Tierra Santa en el mundo entero. ¡Esto sí que es *hacer trabajar* el dinero!

El rabí Zvi Arie Rosenfeld sentía un profundo amor por la Tierra de Israel. Al tiempo de enseñar y acercar a los judíos alejados de Dios, siempre trataba de fortalecer su propia conexión con la Tierra Santa. Para ello, solía recaudar para caridad y enviarla a los jasidim de Breslov en Jerusalén.

Como maestro de jóvenes en Nueva York, el rabí Zvi Arie instiló en ellos el amor a la Tierra y les transmitió la grandeza de la caridad. Al comienzo de los años 50 estableció, de acuerdo con los jasidim de Breslov de Jerusalén, un sistema denominado *maamadot* (literalmente, "posición", "estar de pie" o "rango"). Por 1,10 dólares por mes, cada alumno sería "socio" de un jasid en Jerusalén y tendría una parte en su Torá y servicio a Dios. En los años 50, ello era mucho dinero para un niño. Éste solía dar sus propios 0,10 $ y luego salir a recolectar el dólar restante para caridad. Pero esa conexión sirvió para fortalecer los lazos entre el rabí Rosenfeld y sus alumnos, al igual que entre el rabí Rosenfeld y los jasidim de Israel, lo que tuvo un profundo impacto en aquellos que subsecuentemente viajaron a la Tierra Santa.

# SENDERO HACIA LA PAZ

*Cuando la gente da caridad, prospera el producto de la tierra y hay paz en el mundo (El Libro de los Atributos, Caridad A49).*

Enseñan los Sabios: "La recompensa por una mitzvá es otra mitzvá" (*Avot* 4:2). Esto podría significar que el benefactor se verá motivado a hacer otra buena acción debido a que encuentra satisfacción en ayudar a los demás. Podría significar que el acto positivo del donante inspira a otros a hacer el bien. Quizás el beneficiario de la buena acción comprenderá ahora que "Es más bendición el dar que el recibir" - y habiendo recibido, ahora quiera ser un dador.

¿Pero cuánto podemos *realmente* dar? ¿Cuánto *realmente* podemos hacer?

Es necesaria la fe para dar caridad. Mucha fe. Se necesita incluso mucha más fe para dar el *maaser* (10 por ciento) y muchísima más para dar *jomesh* (20 por ciento). Hemos visto más arriba la conexión entre la caridad y la fe. Ahora ampliaremos esa conexión, explorando cómo es que la caridad fortalece la fe y aumenta la paz en el mundo.

## FE: UN ACTO DE CARIDAD

La primera vez que aparece la palabra "caridad" en la Torá se encuentra en conexión con Abraham, cuando Dios le comunicó que tendría un hijo: "Él [Abraham] tuvo fe en Dios y Él [Dios] se lo consideró como caridad" (Génesis 15:6). Como hemos visto, la caridad dirige las fuerzas de la naturaleza. Cuando Abraham actuó con fe y por lo tanto de manera caritativa, invocó las fuerzas que se encuentran más allá de la naturaleza. Aunque su esposa Sara era estéril, Dios le otorgó un hijo.

Está escrito, "Pues Dios oye al pobre y no ha despreciado a Sus prisioneros" (Salmos 69:34). Nuestros Sabios enseñan que "prisioneros" hace referencia a las mujeres que no tienen hijos, pues son consideradas como prisioneras de su destino, atadas a la vergüenza (*Bereshit Rabah* 71:1). El Rebe Najmán agrega que cuando oímos los clamores de los pobres y damos caridad, esa caridad invoca los poderes que se encuentran más allá de la naturaleza y liberamos a esos "prisioneros", llevando la bendición de la fertilidad a aquellos que son estériles (*El Libro de los Atributos, Hijos* B22). Pero primero tenemos que tener fe en que la caridad verdaderamente tiene ese poder.

Además, todo aquello que resulte de nuestros actos también es considerado como nuestros "hijos".[25] Así toda caridad que podamos dar tiene la capacidad de guiarnos a través de los tiempos difíciles y de ayudarnos en toda tarea en la que nos embarquemos - pues todas esas ideas, más muchas otras, son consideradas nuestra progenie. Si tenemos fe en el poder de la caridad, podremos lograr casi todo lo que queramos, pues nada se encontrará fuera de nuestro alcance.

De modo que necesitamos de la fe para beneficiarnos en verdad de la caridad. Y necesitamos dar caridad para ser capaces de alcanzar la fe necesaria que nos ayude a elevarnos por sobre la creencia en el orden natural. Por supuesto, la caridad está en nuestras manos. ¿Pero qué sucede con la fe?

---

25  Cf. Rashi sobre Génesis 6:9, donde Rashi enseña que la principal progenie de la persona son sus buenas acciones.

## FE EN LOS SABIOS

Es evidente a partir de las enseñanzas del Rebe Najmán que nunca podremos alcanzar una verdadera fe en Dios a no ser que tengamos fe en los sabios. "Sabios" significa los líderes de la generación: los Sabios del Talmud, los Codificadores, los maestros jasídicos y los rabinos importantes de todas las épocas. Esos Sabios son aquellos que han investigado las profundidades de la Torá y quienes mejor la han comprendido. Son aquellos que pueden traducir su conocimiento en acción, para ellos mismos y para los demás. Quienes pueden explicar el funcionamiento interno de la Torá para motivarnos en nuestra búsqueda de santidad y mostrarnos cómo alcanzar aquello que se encuentra más allá de nosotros.

En otra de sus lecciones seminales, el Rebe habla de la fe en nuestros Sabios junto con otros temas tales como el cumplimiento de los votos, el mérito de los Patriarcas, el Shabat, el ayuno y la paz (*Kitzur Likutey Moharán* I, 57). Y explica cómo la caridad juega un papel integral para lograr todo lo anterior. Enseña el Rebe:

> Lo más importante es que la persona tenga fe en los sabios de la Torá. Debe procurar honrarlos y reverenciarlos. Aunque le parezca que están haciendo algo contrario a la Torá, debe creer sin embargo que ciertamente están actuando de acuerdo con la Torá. Ello se debe a que la Torá les fue dada a los sabios de la generación para aplicarla e interpretarla de acuerdo a lo que ellos saben. Por lo tanto la persona debe dejar de lado su propio intelecto e ideas y simplemente apoyarse en los sabios.

Comentando sobre el versículo "Ésta es la Torá, un hombre" (Números 19:14), el rabí Natán explica que así como la Torá está compuesta por 613 preceptos, el cuerpo humano está compuesto de 613 partes (248 miembros y 365 venas y tendones), sugiriendo un paralelismo. Así como la Torá -que consiste en la Torá Escrita y en la Torá Oral- está incompleta sin la Torá Oral, de la misma manera, el hombre carece de plenitud si no tiene fe en los sabios (que son la fuente de la tradición oral). Sin la explicación de las *mitzvot*/Torá Escrita que proveen los sabios/ Torá Oral, el conocimiento de la Torá de la persona y su nivel de percepción están incompletos (*Torat Natán* 57:2).

La fe en los Tzadikim aparece en las enseñanzas judías bajo la rúbrica de *emunat jajamim* (literalmente, "fe en los sabios", siendo los sabios también referidos como Tzadikim) y es descripta como uno de los 48 requerimientos para adquirir la Torá (*Avot* 6:5). Sin fe en los Tzadikim nunca podremos alcanzar un verdadero conocimiento de Torá y un sentimiento profundo del impacto positivo de la Torá en nuestras vidas.

En otra instancia, el Rebe Najmán habla de dos categorías de preguntas: (1) preguntas que tienen respuesta y (2) preguntas que se relacionan con temas que están más allá de la comprensión humana y que no pueden ser respondidas (*Likutey Moharán* I, 62:2). El Rebe explica que aunque la persona puede desarrollar su intelecto plenamente y buscar la comprensión de todo lo que es posible comprender, sin embargo en temas que se encuentran más allá de su entendimiento debe ejercitar sólo la fe. Este principio se aplica a todos los niveles del estudio de la Torá.

Un niño aceptará la explicación de Torá de su maestro sin preguntas. Al madurar, comenzará a razonar por sí mismo y hará preguntas. Cuanto más agudice sus facultades intelectuales más capaz será de desafiar legítimamente la posición de su maestro. Pero pese a su avance intelectual, debe entender que ciertos conceptos se encuentran más allá de su comprensión y que en esas áreas debe tener fe - fe en las enseñanzas de aquellos cuyo conocimiento y comprensión de la Torá sobrepasan al suyo. Los más grandes profetas y sabios -incluso los sabios del Talmud-

nunca alcanzaron el nivel de Moisés, de modo que en aquellos temas que estaban más allá de su comprensión tenían fe en Moisés y en sus enseñanzas - es decir, fe en los Tzadikim.

El Rebe explica que la fe en los sabios es tan esencial debido a que afecta el bienestar físico de la persona:

> Todas las curas dependen de la Torá, como en "La Torá cura toda su carne" (Proverbios 4:22). La Torá les fue dada a los sabios y se nos ordenó escucharlos y no desviarnos de sus palabras, ni a la derecha ni a la izquierda (cf. Deuteronomio 17:11). Sin embargo, la persona que desprecia sus palabras y no cree lo que ellos dicen -porque le parece que la Torá realmente no dice eso- tal persona se ve afligida con una enfermedad incurable de la cual fallece, como dijeron nuestros sabios, "Quizás lo ha mordido una serpiente de los sabios, para lo cual no hay cura" (*Shabat* 110a).

Enseñó el rey Salomón: "Quien quiebra una cerca es mordido por una serpiente" (Eclesiastés 10:8). A partir de este versículo los Sabios comprenden que todo aquel que transgrede el dictado de un sabio de la Torá será mordido por una serpiente venenosa para lo cual no hay antídoto. La "cerca" mencionada en el versículo hace referencia a toda restricción rabínica instituida por un sabio como medida precautoria (una cerca protectora) para evitar la transgresión de la ley de la Torá. Aquel que transgrede una restricción rabínica quiebra la "cerca" y es así mordido por una "serpiente", una criatura que habita en las grietas de las casas abandonadas y en las cercas (Rashi, ad loc.). Esa mordedura de la serpiente envenena a la persona haciendo que se aleje de la fe espiritual y se evidencia en el hecho de que se burla de los Tzadikim y de sus senderos para la vida.

Vemos por lo tanto que aquel que se aleja de los sabios se aleja de la fe. Si tiene fe en los sabios, intentará acercarse a ellos y aprender de ellos. Si tiene preguntas, se las hará a ellos.

En síntesis, estará involucrado con ellos. Lo mismo se aplica a Dios. Si uno anhela a Dios, si busca a Dios, se involucrará con Dios. ¿Cómo? A través de las enseñanzas de los sabios, que han dominado la Torá (tanto la Ley Escrita como la Ley Oral) y que por lo tanto saben lo que Dios quiere del hombre. Sin los sabios, uno no tiene idea alguna de la voluntad de Dios.

> Si la persona cae de la fe en los sabios de la Torá, el remedio para ello es hacer un voto. Específicamente, debe hacer un voto y cumplirlo inmediatamente. De esa manera, retornará a su fe en los sabios y alcanzará una cura completa.

Cuando la persona hace un voto en aras de Dios y con el objetivo de observar Su Torá, define una "nueva" ley de la Torá. En esencia, está emulando a los sabios y así necesita un voto para elevar la fe caída. Enseñan los sabios: "Los votos son una cerca para la abstinencia" (*Avot* 3:13), dado que en su mayor parte, los votos son hechos para abstenerse de los bajos deseos. Por lo tanto aquel que hace un voto para controlar sus pasiones ha comenzado a modelar el sendero de los Tzadikim, quienes buscan los objetivos superiores de la vida. Mediante ese voto, renueva su fe en los Tzadikim y ahora puede recibir la cura de ellos.

El rabí Natán lleva esto un paso más adelante. Los verdaderos Tzadikim pueden ciertamente curar todas las enfermedades porque han alcanzado un verdadero conocimiento de Torá y, como hemos visto, la Torá da el poder de curar. Así, tal como el que fue mordido por "la serpiente de los sabios" no tiene cura, por el contrario, aquellos que están unidos a los verdaderos Tzadikim siempre pueden encontrar una cura. Los Tzadikim han recibido de la Torá el poder de curar, pues se han separado de los bajos deseos de este mundo y pueden ascender a elevados niveles espirituales para traer una cura.

Pero no todos merecen saber sobre esos Tzadikim -

quiénes son, dónde están y cómo tener una genuina fe en ellos. ¿Cómo entonces puede una persona común acercarse a ellos?

La manera de alcanzar esa fe, dice el Rebe Najmán, es hacer un voto y cumplirlo de manera inmediata. En esencia, los votos son hechos para fortalecer la abstinencia, siendo ésta la práctica de los Tzadikim. Incluso el dar caridad es un acto de abstinencia, pues el dador podría haber utilizado ese dinero para sus propias necesidades pero en su lugar eligió abstenerse de sus deseos y dárselo a los otros. Y cuando Dios ve que la persona, al hacer un voto o dar caridad, busca emular los caminos de los Tzadikim, le permite tener fe en los Tzadikim. En virtud de su fe rectificada, esa persona encontrará finalmente a los verdaderos Tzadikim y se acercará a ellos (*Torat Natán* 57:1). Así vemos que la caridad lleva a la fe y a la cura.

## LOS PATRIARCAS Y EL SHABAT

Continúa el Rebe Najmán:

Entonces las luces de los Patriarcas brillan en él y merece el deleite del Shabat, que es comer y beber en santidad.

Al hacer un voto para elevar su fe caída, la persona fortalece su creencia en que los Tzadikim están *vivos* - sus vidas y actos tienen el poder de inspirarla para servir a Dios. En la Kabalá, un voto representa el nivel de Keter, de modo que cuando uno hace un voto, asciende al nivel de los *Mojín* -Jojmá y Biná- en los cuales está oculto Keter. Como resultado, a través del voto que ha hecho, llega a reconocer la sabiduría de los sabios. Este reconocimiento fortalece más aún su fe en los Tzadikim, al punto en que pueden "ver la luces" de los Patriarcas, que iluminan más aún su fe. Las "luces de los Patriarcas" hacen referencia a la inspiración que recibimos de los Patriarcas al igual que de los Tzadikim de las generaciones anteriores.

De acuerdo a la Kabalá, los Patriarcas corresponden a la tríada de las *sefirot* superiores de *Zeir Anpin*: Jesed (Abraham), Guevurá (Itzjak) y Tiferet (Iaacov). Como se ha explicado, la persona que hace un voto invoca a Keter, que está oculto dentro de esas *sefirot* de los *Mojín*. Habiendo despertado los *Mojín*, esas luces espirituales descienden y se manifiestan en las *sefirot* inferiores. Así, al hacer un voto, despertamos las luces de los Patriarcas -las luces de Jesed, Guevurá y Tiferet- que en última instancia iluminan a la *sefirá* más baja, Maljut - que, como enseña la Kabalá, corresponde al Shabat (*Zohar* II, 255b).

Cuando merecemos perfeccionar nuestro estado espiritual actual -es decir, cada una de las Diez Sefirot de ese nivel en particular- ascendemos al próximo nivel y a sus Diez Sefirot. Es por ello que el Rebe Najmán habla de un "ascenso" en referencia al deleite del Shabat. Pues cuando rectificamos nuestra fe en los Tzadikim, hacemos descender las luces de las Diez Sefirot de nuestro nivel actual, rectificando y perfeccionando así ese nivel y permitiéndonos avanzar al siguiente. Comenzamos ascendiendo a Maljut (el rango más bajo del nuevo nivel), que se encuentra inmediatamente por encima de Keter (el rango más elevado del nivel por debajo, el nivel que ya hemos perfeccionado). Éste es el deleite del Shabat: ascender a niveles de percepción de Dios cada vez más elevados (como se explica en el *Likutey Moharán* I, 6:3).

En el texto de la lección, el Rebe Najmán demuestra cómo la palabra hebrea *ShaBaT* -deletreada *shin, bet, tav*- es en sí misma una alusión a los Patriarcas y a la fe. La letra *shin* (ש), con sus tres brazos, corresponde a los tres Patriarcas (*Zohar* I, 25b). Aunque los Patriarcas significan tres entidades distintas, ellos actúan al unísono como la tríada de *sefirot* que transmiten abundancia a Maljut y así, a este mundo. Esa unificación de los tres Patriarcas (y las tres *sefirot* que representan) está simbolizada por la base de la letra *shin*, que une sus tres brazos.

Las letras *bet* y *tav* (בת) deletrean la palabra *BaT* (hija).

Éste es el aspecto de la fe y de la bendición. Nuestros Sabios derivan del versículo "Dios bendijo Abraham en todo (*ba-kol*)" (Génesis 24:1) que Abraham tuvo una hija cuyo nombre era Bakol (*Bava Batra* 16b). De aquí aprendemos que la bendición está asociada con una hija. Más aún, está escrito, "El hombre de fe abundará en bendiciones" (Proverbios 28:20). Este versículo establece la conexión entre la bendición y la fe; así *bat*, que corresponde a la bendición, también corresponde a la fe.

Vemos entonces que la palabra *ShaBaT* alude tanto a los Patriarcas como a la fe. Al hacer un voto y al elevar nuestra caída fe en los Tzadikim, merecemos ver las luces de los Patriarcas y el deleite del Shabat, que es la capacidad de comer y beber en santidad.

El Rebe Najmán identifica el deleite del Shabat con el comer y el beber debido a que el comer es un acto santo: asegura nuestro bienestar físico al tiempo de unir el cuerpo con el alma para que podamos estar saludables y ser capaces de servir a Dios. Más aún, el alimento que ingerimos en santidad es considerado "alimento espiritual", pues también satisface el alma (*Torat Natán* 57:6). Cuando Adán comió del Árbol del Conocimiento del Bien y del Mal, el santo acto de comer descendió al ámbito de *noga* (una mezcla de bien y mal); así el Otro Lado (las fuerzas del mal) también se hizo capaz de tomar sustento del alimento que consumimos. Nuestra tarea es retornar el acto de comer al nivel de la santidad, sólo en aras del servicio a Dios.

Tal comer corresponde al Shabat, un día en el que todas nuestras acciones están dirigidas solamente a lo espiritual. En el Shabat, las fuerzas del mal no tienen parte alguna en nuestro comer, que está dedicado exclusivamente a Dios.

El rabí Natán desarrolla más aún esta idea. Afirma que el deleite del Shabat es el medio esencial para curar la caída fe en los Tzadikim. Los seis días de la semana corresponden al Árbol del Conocimiento del Bien y del Mal - en otras palabras, a una ley de la Torá indefinida que requiere interpretación por parte de los sabios. La falta de certeza y la indecisión con respecto a las diferentes interpretaciones se manifiestan como disputas y conflictos. El Shabat, por otro lado, corresponde a la paz y así a la aclaración de la ley de la Torá. Por lo tanto el Shabat indica fe en los Tzadikim, pues son ellos quienes aclaran la ley; y el deleite del Shabat lleva a la cura y a la fe (*Torat Natán* 57:4-5).

Mientras la persona carezca de fe en los Tzadikim -es decir, mientras carezca de claridad en la ley- tomará el sustento del Árbol del Conocimiento del Bien y del Mal. De ese modo el Otro Lado podrá alimentarse de su comer. Pero cuando la persona come en santidad, rectifica su fe en los Tzadikim y las luces de los Patriarcas brillan en ella. Su comer se encuentra entonces libre de la influencia del Otro Lado y merece ascender al deleite del Shabat, que es completa santidad.[26]

## IRA, ENEMIGOS Y AYUNO

El Rebe Najmán se vuelve ahora hacia el tema de la eficacia del ayuno:

> La persona que tiene fe en los sabios y que alcanza el deleite del Shabat merece anular su ira, vencer y provocar la caída de sus enemigos y detractores... Mediante el comer en Shabat es posible lograr lo que se logra mediante el ayuno - es decir, así como uno puede vencer a sus enemigos mediante el ayuno, también puede hacerlo a través del mérito del deleite del Shabat. Debido a ello, es llamado *ShaBaT* - porque ayuda a "hacer caer (*lehaShBiT*) al enemigo y al vengador" (Salmos 8:3).

Maimónides escribe que cada vez que el pueblo judío enfrenta una adversidad, es una mitzvá ayunar y arrepentirse delante de Dios (*Iad HaJazaká, Hiljot Taaniot* 1:1-4). Al igual que

---

26 Comer en santidad es un tema tratado en detalle en el libro *Anatomía del Alma*, Parte III, "El Sistema Digestivo" (Breslov Research Institute).

el ayuno, comer en Shabat tiene el mismo poder para vencer y acabar con nuestros enemigos. El rabí Natán agrega que ese poder para vencer a nuestros enemigos que tiene el comer en Shabat corresponde a la fe en los Tzadikim, pues ambos permiten que la persona se eleve por sobre la disputa y el conflicto (*Torat Natán* 57:4).

Por "enemigos", el Rebe Najmán hace referencia a toda clase de adversidades, incluyendo la sequía, el hambre, la pobreza y demás e incluso la ansiedad del diario vivir. Los Sabios enseñan que todo sufrimiento se debe al pecado (*Shabat* 55a). Por lo tanto incluyen la práctica del ayuno como parte del proceso de arrepentimiento (por ejemplo, en Iom Kipur) para contrarrestar el sufrimiento y la adversidad. La conexión entre la abstinencia de comida y el arrepentimiento puede rastrearse al primer ser humano: debido a que Adán pecó al no abstenerse de comer el fruto del árbol prohibido, ayunó durante 130 años como expiación (*Eruvin* 18b). Hoy en día, el ayuno rectifica nuestro comer corrompido y lo eleva. Sin embargo, si bien el ayuno es un medio excelente para superar la adversidad y vencer a nuestros enemigos, lo mismo puede lograrse al comer en santidad - ¡el deleite del Shabat!

Cuando la persona se enoja, se despierta el Gran Acusador - identificado con Esaú y Edom. Este acusador superior despierta a los acusadores y a los enemigos de la persona en este mundo, los que descienden y la oprimen y toman control de ella. Ello se debe a que la ira hace que la sabiduría de la persona la abandone y que la imagen Divina deje su rostro. Su rostro decae, como en "¿Por qué estás enojado y por qué ha decaído tu rostro?" (Génesis 4:6). Una persona así no tiene un rostro humano y por lo tanto pasa de la categoría de "humano" a la categoría de "animal".

El rostro determina la identidad de todo el ser. Consideremos la siguiente enseñanza de nuestros Sabios:

Si toda la criatura parece un animal pero tiene el rostro de un ser humano, entonces aunque esté escarbando en el campo, le decimos, "¡Ven y lleva a cabo el matrimonio de levirato!". Pero si toda la criatura se ve como un ser humano y sólo su rostro parece el de un animal, aunque esté sentada estudiando Torá, le decimos, "¡Ven al matarife ritual!" (*Ierushalmi, Nidá* 2:3).

Si el hombre tiene un rostro de animal, sus enemigos lo dominan y lo afligen dado que no ven en él un ser humano y no le temen. ¿Cómo es que cambia su rostro? El Rebe Najmán lo adscribe a la ira. La ira hace que la persona pierda su sabiduría y sufra la adversidad a manos de los acusadores y enemigos.

El Rebe asocia la ira con el hígado, a partir de la enseñanza del Talmud de que el hígado está "lleno de sangre" (*Julín* 109b) y por lo tanto "el hígado está enojado". La pesada tarea de este órgano es filtrar toda la sangre y por lo tanto se encuentra bajo continuo estrés.[27]

Sabemos que cuando la persona está enojada acusa a los demás. La ira despierta las acusaciones, principalmente aquellas del Gran Acusador, Esaú. Esaú es también conocido como *EDOM* (rojo) pues nació con una contextura rojiza (*ADMONi*) (Génesis 25:25, 30). Rashi explica que la rojez (*aDoM*) de su complexión era una señal de que derramaría sangre (*DaM*). El *Zohar* elabora sobre esta conexión, enseñando que Esaú corresponde al hígado, a través del cual fluye toda la sangre para ser purificada. Sin embargo, Esaú no tiene ningún interés en purificar la sangre; en su lugar, intenta absorber tanto lo puro como lo impuro, por lo que se dice que corresponde al hígado que está "lleno de sangre" - purificada y no purificada (*Zohar* III, 232b y 234a). En virtud de esas cualidades, Esaú es llamado el Gran Acusador, el fiscal arquetípico del Otro Lado cuyo objetivo es despertar los juicios

---

27  El tema del hígado, sus funciones y su aplicación en la vida espiritual está tratado en detalle en *Anatomía del Alma*, capítulo 11.

severos y el sufrimiento en el mundo.

El Rebe Najmán explica que al enojarse, la persona despierta al Gran Acusador - Esaú/Edom, la raíz de todas las acusaciones. Esaú/Edom le da poder a nuestros adversarios para castigarnos por todas nuestras malas acciones. Así enseña el *Zohar* que "aquel que se enoja desgarra su alma", pues le es retirada el alma santa y reemplazada con un alma de impureza proveniente del Otro Lado.[28]

¿Y qué tiene que ver esto con el "rostro caído" mencionado por el Rebe Najmán, que permite que nuestros detractores tengan control sobre nosotros?

La diferencia esencial entre la imagen humana y la imagen no humana tiene que ver con el intelecto superior del hombre, que se manifiesta como la luz en el rostro humano. Los Sabios enseñan que cuando un hombre se enoja su sabiduría lo abandona (*Pesajim* 66b). Por lo tanto, cuando Caín se enojó después que Dios rechazó su sacrificio, Dios le dijo, "¿Por qué estás enojado y por qué ha decaído tu rostro?". Esto demuestra que la ira genera un "rostro caído" - un rostro carente de la iluminación de la sabiduría, que es la imagen Divina que reside en el ser humano.

Cuando Noaj salió del arca, Dios lo bendijo para que no fuera dañado por ningún animal; en su lugar, todos le temerían (Génesis 9:2). Pero cuando la persona desciende del nivel de ser humano al nivel de una bestia, que es lo que sucede cuando pierde su paciencia y consecuentemente pierde la imagen Divina - los animales ya no le temen e incluso tienen dominio sobre ella. Tal persona genera su propio sufrimiento e infortunio.

Citando al Ari, el Rebe Najmán explica ahora por qué el ayuno juega un papel integral en devolverle al hombre su imagen Divina:

---

28 *Zohar* II, 182a; *Shaar Rúaj HaKodesh*, p.33.

En un día de comer, la prominencia y el gobierno le pertenecen al hígado.

Cuando la persona come, los nutrientes son absorbidos por el torrente sanguíneo y pasan a través del hígado, donde son purificados de las sustancias de desecho. Sólo después de ser purificada la sangre es enviada a los pulmones para su oxigenación. Esta sangre refrescada va entonces al corazón, que la bombea al cerebro y al resto del cuerpo. Aunque el hígado actúa como un asistente del corazón, purificando la sangre para que el corazón pueda bombear sangre fresca por todo el cuerpo y revitalizarlo, el hígado de hecho es el primer reservorio de la sangre dadora de vida. Por lo tanto, en un día en que la persona come, el trabajo del hígado es esencial y así "la prominencia y el gobierno le pertenecen al hígado".

Sin embargo, continúa el Rebe:

En un día de ayuno, la prominencia y el gobierno le pertenecen a la mente.

Cuando la persona come, el primero en nutrirse es el hígado, luego el corazón y después el cerebro. Pero cuando la persona ayuna, al no tomar ningún alimento material, se transforma a sí misma en un ser espiritual - nutre su cuerpo de la manera en que la nutrición espiritual sustenta a los mundos superiores e inferiores: primero el cerebro, luego el corazón y el hígado al final.[29] El ayuno subyuga al hígado y le da gobierno y autoridad a la mente. De esa manera, la persona rectifica su sabiduría, que ilumina así su rostro. Por lo tanto el ayuno es el remedio para la ira.

El remedio para la ira es el ayuno, pues ayunar elimina la ira - éste es en verdad el beneficio principal del ayuno.

---

29 *Zohar* II, 153a; ver también *Shaar Rúaj HaKodesh, Kavanat HaTaanit* 6, p.25.

Consecuentemente, en un día de ayuno, el Malo tienta a la persona más que lo usual y le envía la ira para arruinar el ayuno. Uno debe ser muy vigilante en esto y cuidarse del fuego de la ira en un día de ayuno, pues la principal función del ayuno es vencer a la ira. Al ayunar, la persona corrige su rostro y restaura su sabiduría, que es la imagen Divina que ilumina su rostro. Entonces todos le temen y sus enemigos caen delante de ella.

Cuando la persona controla la ira, su rostro refleja nuevamente su imagen Divina; sus enemigos son subyugados y sus detractores vencidos.

## EL DELEITE DEL SHABAT

El Rebe Najmán explica ahora por qué comer en Shabat logra el mismo efecto que el ayuno:

> La persona que merece el deleite del Shabat -en otras palabras, que come en santidad- no necesita ayunar. Ello se debe a que a través del comer logra lo mismo que a través del ayuno... El comer en Shabat es extremadamente valioso y santo. Ello se debe a que el alimento tomado en Shabat se transforma en absoluta santidad y Divinidad sin ninguna clase de mezcla impura. El Otro Lado no tiene parte alguna en el comer del Shabat; en su lugar, ese comer es enteramente santo. Mediante el comer en Shabat, se anula la ira y "todas las fuerzas de la ira huyen y se desvanecen" (*Zohar* II, 135b). Entonces todo es amor y paz.

Poco antes de fallecer, el rabí Shimón bar Iojai dijo "Debido a que comí las tres comidas del Shabat, nunca tuve que ayunar... Ello se debe a que todo aquel que se deleita en la comida del Shabat merece alcanzar una fe completa" (ibid., III, 288b). Esto está de acuerdo con lo que enseña el Rebe Najmán: que el ascender al deleite del Shabat es incluso más grande para vencer a los enemigos que el ayuno. En nuestro contexto, esto hace referencia a la persona que ha rectificado su fe en los Tzadikim, eliminando así el sufrimiento mediante la fe y no mediante el ayuno.

Pero aun así vemos que el comer le da dominio al hígado - y a la ira. El rabí Natán resuelve esta discrepancia de la manera siguiente: comer durante los días de la semana le da dominio al hígado, mientras que comer en Shabat asciende directamente a la mente y le da dominio por sobre el hígado. La prominencia que el comer en Shabat le da a la mente es la sabiduría mediante la cual se rectifica la dañada fe en los Tzadikim (*Torat Natán* 57:4).

## LA BENDICIÓN MÁS GRANDE

El Rebe Najmán conecta ahora toda esta enseñanza con la caridad:

En sí mismos, tanto el ayunar como el comer en Shabat son suficientes para anular y vencer a los enemigos. Pero para una abundancia de paz, también es necesario dar mucha caridad, como dicen nuestros Sabios: "Cuanta más caridad, más paz" (*Avot* 2:7). Por lo tanto la persona debe dar caridad en un día de ayuno, como enseñan nuestros Sabios: "La recompensa por el ayuno es la caridad [que uno da]" (*Berajot* 6b). De manera similar, la persona debe darles caridad a los pobres para sus necesidades del Shabat; o alternativamente, debe invitarlos a comer con ella en Shabat. Entonces también ella merecerá abundante paz - es decir, merecerá "paz con una boca".

Pues a veces hay paz que no tiene "boca" - esto significa que puede haber paz entre la gente y aun así es posible que no hablen entre sí, como en "Ellos no podían hablar con él en paz" (Génesis 37:4). Pero mediante el comer en Shabat, en conjunción con la caridad, la persona alcanza la paz que tiene "boca". Ésta es la paz total - es decir, cuando la gente habla entre sí, tal cual está descripto en el versículo "En aras de mis hermanos y amigos, ahora hablaré de paz" (Salmos 122:8).

Para vencer a nuestros enemigos debemos ayunar o comer en santidad (como lo hacemos en Shabat). Pero como el Rebe hace notar ahora, esas devociones sólo traen un "cese el fuego" y no una paz perfecta. Como se enseña en todos los escritos sagrados, no es suficiente con vencer al mal; el objetivo final debe ser siempre transformar todo el mal en bien. De aquí la enseñanza "Cuanta más caridad, más paz". Cuando damos caridad, generamos buena voluntad y la gente nos admira. Cuanto más lo hacemos, más buena voluntad diseminamos y más paz promovemos (*Rabeinu Iona* sobre *Avot* 2:7). Cuando prevalece la paz entre la gente entonces incluso aquellos que en el pasado se opusieron y ridiculizaron los temas de espiritualidad y de santidad reconocen su gran valor y retornan a Dios.

El Rebe Najmán nos dice que hay dos niveles de paz: (1) el nivel inferior de paz, que representa un cese el fuego y (2) el nivel superior de paz, que incluye el diálogo. El primero implica coexistencia - no hay discusiones ni peleas, pero aún falta comunicación y unidad entre las partes. El segundo implica coexistencia y también comunicación, que promueve la unidad y el amor entre las partes.

Ésta es la idea detrás del versículo de los Salmos, "En aras de mis hermanos y amigos, ahora hablaré de paz". Esto indica una coexistencia pacífica acompañada de comunicación entre las partes.

La Torá nos dice que el objetivo final de cada individuo, al igual que el de toda la humanidad, es buscar la paz. ¿Cómo es posible buscar la paz? Dando caridad. Este objetivo debe ser el objetivo universal, pues cuando hay paz, hay bendiciones para todos, como está escrito, "Él hace la paz en tus fronteras; y te sacia con la cosecha más fina" (Salmos 147:14).

El Rebe Najmán concluye esta lección con la promesa de que cuando tengamos fe en los Tzadikim y merezcamos disfrutar el deleite del Shabat -especialmente cuando está acompañado por la caridad- llegará el Mashíaj:

> Mediante esto, caerán las Puertas del Otro Lado, vendrá el Mashíaj y construirá las Puertas de Santidad.

Que suceda pronto y en nuestros días. Amén.

Cuando aún vivía en Rusia, R' Moshé Iurolovsky era considerado un hombre acaudalado. Distribuía enormes cantidades para caridad e imprimía los libros del Rebe Najmán.

R' Moshé solía llegar a Umán un poco antes de Rosh HaShaná, alquilar un lugar enorme y preparar gran cantidad de comida. Anunciaba entonces que todo aquel que deseara pasar el mes de Elul en Umán, preparándose espiritualmente para Rosh HaShaná orando en la tumba del Rebe y en el *kloiz*, podía ser su invitado y participar de su comida. Cientos de personas llegaban a Umán en Elul y R' Moshé les daba un lugar para dormir.

Cierta vez, no hubo suficiente harina en Umán para preparar las *jalot* para Rosh HaShaná. R' Moshé viajó a una ciudad cercana para comprar harina. Compró dos bolsas y en la víspera de la festividad se encontró en la estación de trenes, esperando el último tren que lo llevaría a Umán.

En la estación, R' Moshé vio a otros jasidim de Breslov que también estaban yendo a Umán. Les pidió ayuda para llevar al tren las pesadas bolsas, pero los jasidim tenían miedo de perder el abarrotado tren y se negaron. R' Moshé les dijo a los jasidim que ello era para el Rosh HaShaná del Rebe, "Y si ustedes no quieren ayudarme", continuó, "permítanme decirles que, Dios mediante, yo llegaré a Umán, pero ustedes no".

Y eso es lo que sucedió exactamente. El tren estaba completamente lleno de pasajeros pero dado que todos tenían miedo de ensuciarse con las bolsas de harina, dejaron un lugar para que R' Moshé pudiese entrar. Los otros, sin embargo, no pudieron subir. Su historia demuestra que cuando la gente quiere hacer una mitzvá con todo el corazón y está deseosa de sacrificarse por ello, Dios la ayuda a lograr su objetivo.

# 4

## LA MEJOR MANERA DE DAR

# ESTABLECIENDO LAS PRIORIDADES

*Pequeños montos para caridad llegarán a ser una gran suma (El Libro de los Atributos, Caridad A16).*

Naturalmente, cuando hablamos de hacer una buena inversión, nos estamos refiriendo a darle caridad a un individuo digno o a una causa digna. Dar caridad a personas o a organizaciones que no lo merecen no trae recompensa alguna (*El Libro de los Atributos, Caridad* A12). Más aún, tal caridad es considerada "malgastada", pues no sólo no construye ni sostiene, sino que permite que los destinatarios dilapiden esa abundancia y bendición en objetivos sin valor y en proyectos inútiles.

Como hemos visto, dar caridad es como emitir un juicio - debemos determinar y juzgar si el caso de caridad que se nos presenta es suficientemente digno como para justificar el hecho de disminuir nuestra riqueza personal para enriquecer al otro. También debemos comprobar que la caridad tenga el poder de ayudarnos a fortalecer nuestras vidas, llevándonos a ejercer un juicio sólido y enseñándonos a ordenar nuestras palabras de una manera beneficiosa y compasiva, para que nuestro habla y nuestras plegarias tengan un efecto positivo (ver *La Plegaria Efectiva*).

Cuando meditamos sobre nuestras obligaciones morales, comprendemos que la compasión y la caridad no son solamente solventar las necesidades materiales de la persona, por importantes y necesarias que sean. Al juzgar sobre cómo cubrir esas necesidades, también estamos obligados a tomar en cuenta los resultados a largo alcance de la donación.

Por ejemplo, un alcohólico puede estar necesitando una ayuda financiera. Pero si darle dinero le permite comprar más alcohol, ¿qué ganamos realmente nosotros (o él)? Nuestra donación no puede siquiera ser considerada caridad debido a que la principal *mitzvá* de la caridad implica ayudar a la persona hasta que ésta pueda mantenerse sobre sus propios pies. Darle dinero a un alcohólico sabiendo que va a comprar más alcohol no va a ser de ayuda - sino todo lo contrario. Esa decisión es llamada un mal juicio. Sin embargo, el Midrash nos enseña que aunque la persona desperdicie su vida, aun así debemos tener compasión de ella.

Un hombre comenzó a vender todos sus bienes para comprar vino y emborracharse. Sus hijos, preocupados por él [o por su herencia, dependiendo del comentario que uno lea] decidieron enseñarle una lección. Cuando se emborrachó, lo llevaron al cementerio y lo dejaron allí [esperando que al despertar volviera a sus cabales]. Después de irse, llegaron unos mercaderes de vino. Oyendo un tumulto a la distancia, decidieron ver qué estaba pasando y fueron a investigar, dejando el vino en el cementerio. Cuando el padre se despertó, vio el vino y continuó bebiendo. Tres días después, los hijos fueron a verificar cómo estaba su padre y lo encontraron borracho en medio de los barriles de vino. "Si Dios no lo abandonó, también nosotros debemos respetarlo", dijeron y lo llevaron nuevamente a su hogar, decididos a cuidarlo (*Vaikrá Rabah* 12:1).

De modo que no podemos rechazar un caso de caridad pensando que no servirá para nada, especialmente si somos conscientes de que la persona seguirá con hambre. Pero tenemos el derecho de estudiar cada caso de manera individual y juzgar sobre sus méritos antes de sustentar a un individuo en particular o a una organización. De hecho, estamos obligados a hacerlo si realmente planeamos dar una suma importante de dinero.

Dado que la caridad implica el juicio, debemos comprender los criterios para tal juicio. ¿Cuáles son los parámetros del dar? ¿Qué causas deben considerarse primarias, cuáles secundarias y demás?

La ley judía presenta una lista detallada que es suficientemente flexible como para adaptarse a los requerimientos del momento. Por ejemplo, el *Shuljan Aruj* dice: "Uno debe usar los fondos de caridad, que no han sido utilizados, para casar a las jóvenes huérfanas, porque no hay caridad más grande" (*Iore Dea* 249:15). Esto implica que el uso primario de tales fondos es para alimentar a los pobres y cubrir las necesidades inmediatas de la comunidad. Si algo queda, puede ser utilizado para otros fines, el primero de los cuales debe ser suplir la dote de una huérfana que no tiene medios para pagar su boda. Vemos que la ley es flexible en cuanto a dónde debemos colocar nuestros fondos de caridad, siempre y cuando establezcamos un grupo de prioridades útiles para aquellos involucrados. Esto es también lo que se quiere decir con la caridad conectada al juicio.

Aun así, la justicia debe ser administrada de manera apropiada, pese al hecho de que estamos tratando de combinarla con la compasión. La Torá manda que los jueces emitan sus decisiones sin prestarle una consideración especial a ninguna de las partes. Si un hombre rico y un hombre pobre se presentan ante el juez, éste no debe pervertir la ley, diciendo, "El hombre rico puede solventarlo. Hagamos que él sea el culpable y de esa manera el pobre podrá recibir caridad con dignidad" (ver Rashi sobre Deuteronomio 1:17). La caridad es caridad y la justicia es justicia. Rechazando la filosofía de Robin Hood de tomar de los ricos para alimentar a los pobres, el Talmud relata que el rey David solía juzgar cada caso sobre sus méritos. Si el pobre no tenía suficientes medios, ¡el rey David ponía ese dinero de su bolsillo! (*Sanedrín* 6b).

## LA CARIDAD EMPIEZA POR CASA

La sabiduría popular enseña: "La caridad empieza por casa".

Antes de dar algo, primero debemos evaluar nuestras propias necesidades y luego actuar de acuerdo a nuestras capacidades. Si realmente necesitamos aquello que estamos pensando dar -así sea dinero, alimento o vestimenta- debemos refrenarnos. Consideremos el siguiente problema presentado por el Talmud:

> Dos viajeros tenían sólo una cantimplora de agua para los dos. Si ambos bebían [y usaban el agua], ambos morirían pero si uno solo bebía, tenía la posibilidad de alcanzar la civilización... ¿Qué debían hacer? Enseña el rabí Akiba, "El dueño del agua debe utilizarla para él, pues la Torá afirma, 'Que tu hermano viva *contigo*' (Levítico 25:36). En otras palabras, tu vida toma precedencia sobre la de él" (*Bava Metzía* 62a).[1]

Imaginemos enfrentarnos a tal situación. Uno sale a caminar por el bosque con un amigo y se pierde. Al tercer día, ya no saben cómo salir de allí. El agua de él se ha acabado y la tuya está por terminarse. Tienes la elección: ¿quién vivirá y quién morirá? No es cuestión aquí de hacer *todos* los esfuerzos posibles para que ambos sobrevivan. Pero ¿qué sucede si te encuentras frente a esta prueba definitiva? ¿Qué harías? El rabí Akiba enseña claramente que tu vida tiene precedencia por sobre la de tu amigo. Ello se debe a que la caridad -al igual que todo lo demás- empieza por casa.

---

1 Por supuesto, la otra persona tiene la misma obligación de vivir. Pero no se requiere que aquel que tenga el agua deba decidir entre el agua o su vida.

En la práctica, esto significa que primero debemos proveer para nosotros, luego para nuestras familias, después para nuestros parientes, nuestras comunidades y nuestros pueblos - en ese orden. Dentro de ese contexto, al recibir un pedido de caridad, debemos considerar la causa a la cual se nos pide contribuir y el monto y ejercer un buen juicio concerniente a nuestra propia posición financiera.

"La caridad empieza por casa" era muy verdadero en épocas bíblicas. Las cosechas de la Tierra de Israel eran abundantes y dado que era una sociedad agraria, la mayor parte del pueblo se las arreglaba bastante bien. ¡Durante el reinado del rey Salomón la riqueza era tan abundante que la gente incluso descartaba la plata dado que no tenía valor! (Reyes I, 10:21). Pero cuando la idolatría se hizo general, las cosas cambiaron.

La Torá hace dos afirmaciones aparentemente contradictorias: "No habrá pobres entre ustedes" (Deuteronomio 15:4) y "No dejará de haber pobres en la tierra" (ibid., 15:11). ¿Cómo es posible que ambas declaraciones sean verdaderas? Si observamos los preceptos de Dios, entonces "no habrá pobres entre ustedes". Pero si no observamos Sus mandamientos, entonces "no dejará de haber pobres en la tierra" (*Sifri, Ree*). Al difundirse más aún la idolatría, aumentó el número de necesitados al igual que las necesidades de los individuos. Para la época de la destrucción del Primer Templo ya había desaparecido la riqueza del pueblo judío. Los canales de bendición que habían fluido cuando los judíos observaban los preceptos se vieron bloqueados debido a que habían abandonado a Dios.

Durante la era del Segundo Templo, nuestros Sabios establecieron fondos de caridad en cada comunidad. Para administrar esos fondos, las comunidades nombraban supervisores que aseguraban que el dinero fuera recolectado semanalmente de aquellos que podían dar. Esos supervisores depositaban el dinero en un fondo general y luego lo distribuían a los pobres.[2] Éste fue el comienzo de la caridad organizada tal cual la conocemos hoy.

Los supervisores distribuían los fondos de acuerdo a cómo lo consideraban adecuado, tomando en cuenta las necesidades de cada persona indigente. Las viudas sin ingresos recibían suficiente como para alimentarse, vestir a sus hijos y casarlos cuando llegaban a la edad correspondiente. Los ancianos que ya no podían trabajar para mantenerse también eran atendidos. Se atendía a los enfermos y se pagaba por sus cuidados médicos. En verdad, los pobres que recibían caridad de los fondos comunales eran instruidos también para visitar a los enfermos y ayudar a cuidarlos, como una manera de devolverle a la comunidad pese a su carencia financiera.

Las listas de caridad incluían personas que trabajaban pero que no podían ganar suficiente para sustentar a sus familias y otros que habían perdido su trabajo o negocios y ya no tenían fuentes de ingreso. Hoy esa lista ha crecido para incluir a aquellos cuyos ahorros han sido dilapidados en facturas médicas después de prolongadas enfermedades o accidentes graves; aquellos cuyos hogares o propiedades han sido destruidos por el fuego u otros desastres naturales; y aquellos que perdieron sus hogares debido a malas inversiones. Todos esos casos son causas caritativas legítimas. Es verdad que en la mayor parte de los países civilizados el seguro social, el seguro de desempleo, el seguro médico y programas gubernamentales similares proveen algo de la asistencia necesaria, pero todos sabemos que nunca es suficiente.

En las generaciones pasadas la gente vivía en pequeños pueblos y "todos conocían a todos". Investigar la veracidad de la necesidad de ayuda de un individuo no era necesario y cuando

---

2 *Bava Batra* 9-11. De ser necesario, los supervisores tenían incluso poder para recolectar las contribuciones a la fuerza.

se presentaba la situación era muy fácil. Sin embargo, hoy en día, la emigración hacia las grandes ciudades y el quiebre de la trama de las pequeñas comunidades ha hecho mucho más difícil la legitimación de los pedidos de caridad de la gente. Y desafortunadamente, no faltan necesitados en el mundo moderno, de modo que la cuestión es más urgente que nunca: ¿a quién le debo dar mi caridad?

El Rebe Najmán insiste en la importancia de darle a una persona *digna* (*Likutey Moharán* I, 264). Enseña lo siguiente:

> La caridad rectifica la inmoralidad. La inmoralidad se define como el hecho de una persona que malgasta aquello que debería darle al ámbito de la santidad, retirando las provisiones de ese lugar y arrojándolas a otro lugar. Por lo tanto la rectificación se produce mediante la caridad. Al dar caridad, la persona le provee otra vez al ámbito de la santidad y así es rectificada...

> Pero cuando alguien le da a un pobre que no lo merece, entonces [en lugar de lograr una rectificación] aumenta esa corrupción. Porque nuevamente le está dando a un lugar al cual no debería.[3]

Cuando el Rebe Najmán habla de "darle al ámbito de la santidad", se está refiriendo a las relaciones maritales. La simiente transferida por el hombre a la mujer es un paralelo de la transferencia de la abundancia Divina hacia la humanidad. Por otro lado, las relaciones ilícitas son ejemplos de "simiente malgastada". Cuando la persona les da a los indignos, desvía la

---

3 Relatan los Sabios: "El profeta Jeremías sufrió una terrible oposición. Cuando algunos de aquellos que buscaban avergonzarlo lo acusaron falsamente de inmoralidad, el profeta los maldijo. Jeremías oró a Dios para que la caridad dada por esos desagradecidos sólo fuera a los indignos" (*Bava Kama* 16b). Jeremías comprendió que los cargos que sus enemigos habían inventado indicaban que sus propias mentes estaban llenas de pensamientos inmorales. Los maldijo para que no se beneficiaran de la protección contra la inmoralidad que otorga la caridad dada a los dignos (ver *Iun Iaacov, ad loc. v.i. darash*).

abundancia de Dios que debería ir hacia aquellos que lo merecen llevándola al ámbito del mal. Como resultado, crecen de manera alarmante la pobreza y los necesitados - incluyendo los casos de enfermedades que requieren de un cuidado médico extensivo y caro.

Si queremos hacer que valga nuestro dinero de caridad, dando y obteniendo el mayor beneficio, entonces el darle a una organización en lugar de a un individuo tiene en general mayor valor, dado que su objetivo es beneficiar a muchos. Pero éste no siempre es el caso. Examinemos de manera general dos tipos de donaciones -la caridad a los individuos y la caridad a las organizaciones- para decidir en dónde debemos colocar nuestra donación.

## INDIVIDUOS

El Rebe Najmán enseña que debemos darle a una persona *digna*. Darle caridad a una persona que no lo merece no conlleva recompensa alguna (*El Libro de los Atributos, Caridad* A12), no logra ninguna rectificación y sólo aumenta el daño.

¿Quién es considerado digno? Ciertamente, todo aquel que busque a Dios es considerado digno y merecedor de nuestra caridad. La persona que busca a Dios es aquella que observará Sus *mitzvot*. De esa manera, libera los canales de bendición que se han obstruido. Su búsqueda de Dios permitirá que la abundancia de Dios fluya nuevamente hacia este mundo - ¡incluso hacia aquellos que no lo merecen! Otra gente reconocerá entonces que la abundancia proviene de Dios, también volverá a Dios y será considerada digna a Sus ojos.

El receptor digno de nuestra caridad no necesita ser un Tzadik; después de todo, ¿cuántos de nosotros pueden llegar a conocer a un verdadero Tzadik si lo ve? En su lugar, la persona digna es alguien que está interesado en reconocer y servir a Dios, aun si en ese momento no es totalmente recto u observante. Una persona digna también es alguien que utilizará nuestro don de caridad de la manera apropiada, alguien que verdaderamente necesita ayuda para sobrevivir o para volver a pararse sobre sus pies. Por el contrario, alguien indigno es aquel que va a malgastar nuestro dinero de caridad en lujos o para "alimentar un vicio" (para comprar drogas o alcohol o, en el caso de aquel que tiene la compulsión de comprar, para adquirir aquellas cosas "que debe tener" pese a la seriedad de su situación financiera).

Esto no excluye ayudar a todo aquel que lo necesite. La *mitzvá* realmente incluye a todos. Sólo es cuestión de quién debe tener la prioridad cuando vamos a dar.

La *mitzvá* más importante de la caridad es ayudar a la persona a mantenerse financieramente independiente o ayudarla a volverse independiente. La ley judía afirma que el nivel más elevado de caridad es ayudar a alguien que ha caído en tiempos difíciles y asistirlo antes que sufra la degradación de tener que extender su mano a los demás. Por ejemplo, debemos prestarle dinero para apuntalar su negocio y mantenerlo funcionando (si no es una causa perdida) o incluso invertir fondos como sociedad. La clave es asegurar que la persona necesitada mantenga su dignidad y sea capaz de salir por sí misma de las dificultades financieras (*Kitzur Shuljan Aruj* 34:12).

Ciertamente, antes de dar dinero, tenemos el derecho de investigar la situación. Si encontramos irregularidades fiscales, podemos no invertir en ello; si el receptor se muestra indigno, podemos darle nuestra caridad a alguien que lo merezca más. Como hemos visto, la verdadera caridad hace descender abundancia para todos, pero la caridad mal ejecutada malgasta la abundancia de todos y debe evitarse. Sin embargo, siempre debemos considerar modos de ayudar a los necesitados, mientras estemos seguros de que la causa es digna.

Nuestros Sabios hablan de otro elemento que permite al receptor de la caridad mantener su dignidad. De ser posible, es preferible darle el dinero de caridad a una tercera parte que distribuirá los fondos de manera discreta, para que tanto el benefactor como el receptor no conozcan la identidad del otro. De esa manera, se honra la sensibilidad de la gente (*Rambam, Hiljot Matanot Aniim* 7:10).

Cuando esto no es posible, como por ejemplo cuando la persona pobre se presenta ante nuestra puerta, debemos asegurarnos de recibirla con una sonrisa y simpatizar con ella. De hecho, ¡aquel que da caridad con un rostro adusto pierde su recompensa! (*Iore Dea* 249:3). En tal caso, es el benefactor quien es indigno y quien desperdicia la *mitzvá* - y ni hablar del dinero que también pierde. Todo debido a que no mostró una sonrisa. Pues la sonrisa es en sí misma un acto de caridad. Como enseña el Rebe Najmán:

¡Con alegría puedes darle vida a una persona!

Es posible que la persona se encuentre en una terrible agonía y no sea capaz de expresar lo que tiene en su corazón. No hay nadie ante quien pueda descargar su pena, de modo que se mantiene profundamente dolorida y preocupada. Si recibes a esa persona con un rostro alegre, podrás alegrarla y literalmente darle vida. Esto es algo muy grande y no meramente un gesto vacío. El Talmud cuenta de dos bromistas que fueron dignos de heredar el Mundo que Viene debido a que alegraban a los demás (*Taanit* 22a; *Sabiduría y Enseñanzas del Rabí Najmán de Breslov* #47).

La caridad, la alegría y el Mundo que Viene se juntan en un solo acto de bondad: una sonrisa. ¿Hay una caridad más grande que ésta? Si damos y lo hacemos con una sonrisa también nosotros ganamos.

## ORGANIZACIONES

Como se mencionó, el Rebe Najmán enseña que la mejor clase de caridad es aquella dada a un receptor digno. Esto se aplica también a las organizaciones. Muchas organizaciones son el ámbito legítimo para nuestra caridad, otras menos. Aquellas que se ocupan de causas que son la antítesis misma de la santidad no nos ayudarán a abrir los canales de la abundancia que Dios desea que descienda sobre nosotros.

El verdadero receptor digno es aquel que busca un sendero espiritual, dado que ese sendero revela a Dios y cumple con el propósito de la creación. Lo mismo se aplica a las organizaciones. Hay escuelas de educación superior, por ejemplo, que enseñan carreras prácticas tales como ingeniería y contabilidad, que benefician a la humanidad. Y hay universidades que promueven y enseñan la herejía y los puntos de vista que alienan a la gente de Dios. Muchas instituciones de investigación médica raramente reconocen el papel vital que tiene Dios en el éxito de su trabajo.

Algunas organizaciones representan causas de poco valor o de ninguno. Se han establecido fondos de caridad para salvar a las ballenas, a los tigres, a los osos e incluso a las ranas; organizaciones para proteger el medio ambiente, para preservar monumentos históricos y para mantener los museos de arte. Aunque existe la necesidad obvia de proteger la vida salvaje, si la humanidad aprendiera a reconocer a Dios, la gente naturalmente llegaría a respetar todas las creaciones de Dios, aboliendo la necesidad de organizaciones para proteger a Sus criaturas.

Lo mismo se aplica al medio ambiente. El uso indiscriminado de los recursos naturales surge de la codicia y de la falta de apreciación de los regalos de Dios. Reconocer y apreciar a Dios lleva a la protección automática del medio ambiente. Y las reliquias históricas y las obras de arte no tienen propósito alguno si la gente no acepta que Dios está detrás de todo ello, proveyendo la creatividad de esa belleza, arquitectura o diseño. Por ejemplo, ¿existe algún valor espiritual en preservar el Coliseo Romano, que fue dedicado a la idolatría y a prácticas paganas brutales, haciendo que seres humanos indefensos se enfrentasen a animales salvajes?

Una mejor elección para nuestro dinero de caridad es una institución educativa fundada sobre el principio de difundir el conocimiento de Dios. Enseña el Rebe Najmán, "Uno debe dirigir su caridad hacia los Tzadikim y los líderes judíos" (*Likutey Moharán* I, 17:5). Explica que al darle caridad a un individuo, el benefactor crea una atmósfera tranquila [entre el dador y el receptor]. Darles caridad a dos personas crea una atmósfera mayor de tranquilidad. Darle a más gente crea un campo más grande de tranquilidad. Darle caridad al Tzadik, cuya influencia incluye a todos aquellos que siguen sus directivas, es comparable a darle a mucha, mucha gente y esa caridad crea un ámbito de paz muchísimo más grande (ver *Rectificando el Altar*). Cuando le damos caridad a una escuela que difunde el conocimiento de Dios, estamos creando una atmósfera tranquila para todos sus estudiantes al igual que para los padres que están involucrados con esa escuela. Darle a la Ieshivá de un gran maestro también aumenta el valor de nuestra donación caritativa, dado que esos fondos están destinados a difundir una gran espiritualidad.

De manera similar, hay organizaciones que ayudan a difundir el conocimiento de Dios a través de clases y seminarios y otras que lo hacen a través de libros, multimedia y recursos de Internet. Durante la primera parte del siglo XIX, el rabí Natán, hablando sobre cómo la difusión de la filosofía secular y de la educación "superior" estaba alejando a la gente de Dios, hizo notar, "En el mundo de hoy, con el ateísmo difundiéndose de manera tan rápida, tengo confianza en el hecho de que incluso una página de las enseñanzas del Rebe Najmán que pueda ser publicada servirá para contrarrestar esas fuerzas del mal y rectificar esos daños".[4] El objetivo del rabí Natán es alentar a aquellos que están dedicados a la impresión y difusión del conocimiento de la Torá - el conocimiento de Dios. Una donación a esa clase de organización garantiza la difusión del conocimiento de Dios dado que los libros y otros materiales educativos llegan a mucha gente, incluso a aquella que vive en áreas remotas adonde el maestro nunca hubiera viajado.

Esto es lo que el Rebe Najmán quiere decir cuando habla de darle caridad al Tzadik para ayudar a difundir sus enseñanzas y permitir que otros se acerquen a Dios.

## APLICANDO EL JUICIO

Darle caridad a un individuo o a una organización es un tema de *mishpat* (juicio) y es una decisión difícil de tomar. Constantemente nos enfrentamos con la cuestión de dónde dar, quién está primero y cuál caridad es la más digna. Cada caso tiene sus propios méritos. Hay veces en que debemos darle a un individuo porque ¿quién sabe si la persona podrá sobrevivir otro día sin ayuda? Otras veces debemos apoyar a una organización debido a que los beneficios de esa institución son muchos y abarcadores y literalmente ayudan a cientos o miles de personas.

¿Pero cómo podemos saber cuál es mejor? ¿Qué es lo que Dios quiere de nosotros y cuánto debemos dar?

Para ayudarnos a decidir, el Rebe Najmán nos presenta una herramienta maravillosa: *hitbodedut*. La prescripción del Rebe de la plegaria privada e individual, nos da tiempo y espacio para rever nuestras prioridades y objetivos y pedirle a Dios que

---

4 *Alim LeTerufá*, carta sobre el fallecimiento del rabí Natán, 10 de Tevet 5605 (30 de diciembre de 1844).

nos muestre cómo ejercer el juicio de la manera apropiada. Para practicar el *hitbodedut*, la persona que desea dar caridad de la manera apropiada deberá establecer algunos minutos para pedirle a Dios que le muestre la dirección: "¿A quién le daré mi contribución? ¿Cuánto debo dar?". ¡Y debe también orar para tener abundantes fondos![5]

Anteriormente hemos hecho notar que la plegaria será el "arma" del Mashíaj (ver *La Plegaria Efectiva*). La plegaria del Mashíaj será tan poderosa que le permitirá conquistar el mundo entero sin disparar una bala y llevará a todos hacia el servicio a Dios (*Likutey Moharán* I, 2:1-43). Pero ese poder no está limitado al Mashíaj. Cada uno de nosotros puede alcanzar ese nivel de plegaria viviendo una vida de moralidad y ejercitando el juicio. Aun así no podemos ejercer un juicio apropiado si no damos caridad. Esto nos deja con un problema. No podemos orar apropiadamente a no ser que primero demos caridad, pero no podemos ejercer apropiadamente el juicio para dar caridad a no ser que oremos. ¿Qué viene primero?

La verdad es que nunca hay respuestas fáciles cuando se trata de dar caridad. Ni siempre tenemos respuestas cuando se trata de difundir el conocimiento de Dios. Debemos hacer lo mejor posible y realizar nuestro propio juicio, dándoles a los individuos o a las organizaciones tal cual lo consideremos apto *en ese momento*. Al mismo tiempo, debemos orar a Dios para que Él no muestre causas dignas. Al dar caridad, aprenderemos a dirigir nuestras plegarias de manera más efectiva. Al orar con más y mejor concentración aprenderemos a ejercitar nuestro juicio y hacer mejores elecciones. Entonces nuestras plegarias serán más efectivas y crearán una atmósfera de paz y tranquilidad. Y al aprender a usar efectivamente nuestro juicio

---

5 Para una guía completa sobre el "cómo" del *hitbodedut*, ver *Donde la Tierra y Cielo se Besan: Una guía para el sendero de meditación del Rebe Najmán* (Breslov Research Institute).

para el bien, mereceremos recibir mayor abundancia y bendición desde Arriba.

Esto es como dice la Torá: "No habrá pobres entre ustedes pues Dios los bendecirá" (Deuteronomio 15:4). Cuando ejerzamos nuestro sentido del juicio para bien, invocaremos la bendición de Dios. Entonces el dilema de tener que elegir a quién dar y cuánto dar, se volverá insignificante. Pues habremos atraído las bendiciones de Dios al punto en el que Dios Mismo resolverá el problema, ¡pues ya no existirá la pobreza! Amén.

El Jafetz Jaim, que vivía en Polonia, recibió cierta vez una carta de un abogado de Nueva York. "Fulano de tal ha fallecido y dejó toda su biblioteca como donación para su Ieshivá en Radin", decía la carta.

El Jafetz Jaim hizo notar, "El hombre debía haber dejado su dinero para la Ieshivá y la biblioteca para sus hijos. Ellos tienen dinero; dejarles la biblioteca les hubiera permitido aprender algo en algún momento. Debía habernos enviado el dinero a nosotros y dejado la biblioteca a sus hijos" (rabí Eliahu Jaim Rosen).

# DANDO
# DE MANERA
# INTELIGENTE

*En épocas de dificultad, son recordados todos los actos caritativos de la persona (El Libro de los Atributos, Caridad A35).*

Todos queremos hacer inversiones que nos den la máxima renta por nuestro dinero. Pero sólo algunas inversiones tienen éxito. A veces accedemos a una inversión correcta porque tenemos información sobre un buen producto; otras veces debido a una buena intuición o a un golpe de suerte. Cada año en Rosh HaShaná, Dios decide cuánto la persona ganará o perderá en el año entrante. Por lo tanto es apropiado que todos nos preparemos para cada Año Nuevo orando a Dios antes de los Días Tremendos, pidiendo un año favorable (entre otras necesidades). Aun así, no hay garantía para el éxito monetario salvo una: el dar caridad.

Ya hemos indicado que la Torá utiliza dos veces el verbo hebreo "Abrir, abrirás (*patuaj tiftaj*) tu mano generosamente" (Deuteronomio 15:8). ¿Por qué dos veces "abrir"? Cada comienzo tiene sus complicaciones y es muy difícil abrir las puertas de la oportunidad. Pero la caridad tiene el raro y gran poder de abrir todas las puertas necesarias para pasar. Así, "¡Abre! ¡Abre tu mano a la caridad!". Entonces podrás abrir *tu* puerta - la puerta del logro personal.

Enseñan nuestros sabios:

Si ves que tu sustento es limitado o está disminuyendo,

debes dar caridad. Más todavía si tus ingresos son suficientes. Compara esto con dos ovejas que tratan de cruzar nadando un río, una está esquilada y la otra tiene toda la lana. La oveja esquilada no tiene ningún problema para cruzar. Pero la oveja cargada de lana absorbe el agua y pronto el peso la hunde (*Guitin* 7a).

Ésta es una enseñanza muy interesante. Tú ves que tus ingresos están disminuyendo. Que tu presupuesto se restringe cada vez más. ¿Que debes hacer? ¡Da un poco más! Sí, de lo poco que tienes toma algo y entrégalo. Dalo para caridad. Continúa, quédate con menos de lo que tenías hoy. Pero entonces podrás "cruzar el río" - pasar más allá de las restricciones que te atan financieramente. Más aún, los Sabios prometen que si lo haces, ya no volverás a experimentar la disminución de tus recursos.

De acuerdo al Rebe Najmán, la caridad es el medio para abrir las puertas y los canales de la bendición (*Likutey Moharán* II, 4). Es el medio para superar los obstáculos y dificultades que todos enfrentan al buscar un nuevo trabajo, al abrir un nuevo negocio, al esforzarse en el camino espiritual o al enfrentar una nueva situación en la vida tal como el matrimonio, el nacimiento de un hijo o el mudarse a una nueva casa. El rabí Natán agrega que el don de la caridad no sólo beneficia al donante y al receptor, también abre las puertas de la abundancia para el mundo entero (*Likutey Halajot, Picadon* 5:35). Quizás si todos dieran suficiente y abrieran los canales de la bendición para los demás, la gente no tendría que golpear a nuestra puertas pidiendo caridad, nunca más.

Consideremos cómo llevar a cabo de la mejor manera posible esta poderosa mitzvá.

## DINERO Y ALIMENTO

El Rebe Najmán dijo cierta vez que debemos utilizar los mismos poderes al tratar con el dinero como lo hacemos al consumir el alimento. Esos poderes son la aceptación, la retención, la digestión, la distribución y la expulsión.

Cuando comes, haces uso del poder de aceptación. También utilizas el poder de retención, manteniendo el alimento para que no deje de inmediato el cuerpo. Luego utilizas tu facultad de digestión y distribución, llevando los nutrientes a todas las partes del cuerpo. El cerebro recibe la mejor parte, luego viene el corazón. Cada parte del cuerpo recibe lo que es mejor para ella. A continuación, haces uso de tu poder de expulsión, excretando las porciones del alimento sin usar. Esto es bien sabido.

El dinero requiere de los mismos poderes. Debes utilizar tu poder de retención y no gastar el dinero inmediatamente - no como aquellos que tienen un gran deseo de dinero y desgastan sus vidas corriendo detrás de él, sólo para despilfarrarlo después. Luego debes hacer uso de tu poder de distribución, determinando con inteligencia su asignación a cada una de tus necesidades… [Pero] la mejor porción debe ser para caridad. El resto puede ser ampliamente distribuido, al igual que sucede con el alimento (*Sabiduría y Enseñanzas del Rabí Najmán de Breslov* #193).

Para ayudarnos a reconocer la "mejor parte" de nuestros ingresos, que se supone que debe ir para caridad y cómo distribuir aquello que queda, debemos volvernos a la ley judía. Aquí pasamos revista a algunas de las reglas claves pertenecientes a la caridad y a sus implicancias en el día a día de cada uno de nosotros.[6]

---

6 Estas reglas están tomadas de *Iore Dea* (Leyes de la Caridad, capítulos 247-251) y *Kitzur Shuljan Aruj*, capítulo 34.

▓ Es un precepto de la Torá el dar caridad de acuerdo a la capacidad de cada uno.

La Torá menciona esto varias veces para enfatizar la importancia de esta mitzvá y prevenir una actitud insensible cuando se trata de dar (ver Deuteronomio 15:7-12). Después de todo, el pobre que se acerca a nosotros puede no haber comido durante días y su vida estar en juego.

El Talmud relata una historia sobre el gran sabio de la Mishná conocido como Najum Ish Gam Zu.[7] Mientras andaba por el camino se le acercó un hombre pobre pidiéndole ayuda. Najum le rogó al hombre que esperase hasta que pudiera descargar sus mulas y buscar algo de alimento para darle. Para el momento en que Najum terminó de desempacar, el hombre había caído muerto de hambre. Najum Ish Gam Zu aceptó sobre él un terrible sufrimiento para expiar por ese error (*Taanit* 21a).

Hoy en día las cosas pueden ser diferentes, con nuestros servicios sociales e instituciones de caridad establecidas, pero las implicancias son las mismas. La gente muere debido a la pobreza. Cada año, por ejemplo, leemos sobre ancianos víctimas de la hipotermia, gente que fallece debido que no puede pagar la calefacción de sus hogares en invierno.

A todos se nos presentan oportunidades para dar caridad. Es importante aferrar esas oportunidades mientras aún exista la posibilidad.

▓ Mientras un individuo tenga suficientes ingresos para sustentarse él y su familia, deberá dar caridad.

---

7 Najum Guimzo vivió entre los siglos I y II E.C. Fue el maestro del rabí Akiba y era conocido como Ish Gam Zu debido a su frase *"Gam zu le tová* - Esto también es para bien".

Qué es lo que puede considerarse suficiente ingreso es algo debatible y cada persona tiene una opinión diferente sobre el monto adecuado. Sin embargo, lógicamente, mientras podamos pagar nuestras cuentas *necesarias* -electricidad, gas, agua, teléfono, hipotecas, escuelas y alquiler- y tengamos suficiente para vestimentas y alimento básico, tendremos ingresos suficientes. La propiedad de un automóvil, de una computadora o de teléfonos celulares, o ser miembros de un club de deportes o de vídeo -aunque algo necesario para el bienestar mental, físico o emocional de ciertas personas- indica que podemos dar algo de dinero para caridad.

■ Cada comunidad debe instituir supervisores a cargo de las necesidades de caridad de sus miembros más pobres.

Estos supervisores tienen el poder de determinar los montos que deben aportar los miembros de la comunidad para los fondos generales sobre una base semanal y pueden nombrar a otros para recolectar ese dinero. Los supervisores (y los recolectores) son responsables tanto frente a la comunidad como ante los pobres, asegurándose de que los fondos sean distribuidos de la manera apropiada. A la gente "que llama a la puerta", sólo es necesario darle una pequeña cantidad.

Hoy en día la mayor parte de las ciudades tienen servicios de bienestar social que recolectan (a través de los impuestos) los dineros utilizados para los proyectos de bien público. Pero aquellos involucrados en la caridad saben que existe una amplia discrepancia entre los impuestos recolectados y los montos distribuidos. El gobierno no tiene un interés personal en comunidades individuales o en individuos específicos; invariablemente utiliza los fondos que recolecta para pagarles a aquellos contratados para ocuparse de las necesidades de los pobres. Luego de pagar los sueldos, ¡muy poco es lo que queda! Por lo tanto la mayor parte de las sinagogas han establecido fondos de caridad para los pobres de sus comunidades. Típicamente, esos fondos son administrados por el rabino y una junta de supervisores. En cuanto a los individuos que no son de la comunidad local pero que están recolectando por sí mismos o en aras de otros, se permite solicitarles que presenten una carta de recomendación de algún rabino o comunidad conocida que atestigüe sobre la validez de las necesidades del destinatario.

■ ¿Cuánto es necesario darle al pobre? ¡Suficiente como para cubrir todas sus necesidades!

Si la persona pobre necesita vestimentas o utensilios para su hogar (tales como ollas y sartenes, una escoba, un refrigerador, una cama) se le deben dar esos objetos. Aquel que investiga las necesidades de la persona pobre debe ser muy discreto, siempre tomando en cuenta los sentimientos del receptor, para no causarle ninguna vergüenza.

Pese a la existencia de los servicios sociales de hoy, es muy común que las necesidades de los pobres sean pasadas por alto. Todos piensan que alguien más o que alguna otra agencia están ocupándose de las necesidades de la persona cuando, en verdad, sus expensas básicas son apenas cubiertas. Esto se aplica incluso más a aquellos con necesidades especiales, tales como las viudas, los huérfanos y los discapacitados que se sienten avergonzados de hacer públicas sus dificultades. Y luego están las situaciones poco comunes. Por ejemplo, ¿qué debe hacer un trabajador que se encuentra sin empleo justo unos meses antes de la boda de su hija?

Aquellos que se ocupan de la distribución de la caridad deben encontrar maneras de comprobar cada caso. Cada necesidad legítima debe ser cubierta con comprensión y empatía. Los administradores de los fondos de caridad deben evitar aumentarles el sufrimiento a los pobres, evitando hacerlos pasar por requerimientos sin sentido y una multiplicidad de formularios, al punto en que el necesitado puede llegar a morir de hambre antes de que le llegue la ayuda necesaria.

▒ Aquel que le da al pobre con un rostro adusto pierde su recompensa.

Nada es peor que enrostrarle al pobre su pobreza. Enseñan nuestros Sabios: "Aquel que le da un centavo a un pobre es bendecido con seis bendiciones y aquel que lo consuela con palabras es bendecido con once bendiciones" (*Bava Batra* 9b). Pero quien avergüence al pobre perderá su porción en el Mundo que Viene. Aquel que da caridad con un rostro adusto efectivamente deslegitima al pobre. Aparte de perder la mitzvá, ¡también pierde su dinero!

▒ No se le debe dar caridad a una persona malvada, aunque uno pudiera hacerlo.

La lógica aquí es que mientras esté viva, la persona malvada puede arrepentirse, de modo que es posible considerarla finalmente una causa digna. Pero si utilizará la caridad para cometer más pecados, no es una mitzvá el darle. Por el contrario, ello es considerado un pecado y un acto inmoral.

¿Debemos darle dinero a un alcohólico para que compre más bebida o a un fumador empedernido que lo gastará en cigarrillos o a alguien que insiste en comprar comida que no es kosher? Hay diversas opiniones que toman en cuenta las circunstancias del individuo. Sin embargo, en casi todos los casos, lo mejor que se puede hacer -el acto más caritativo- es alejar a la persona de sus adicciones.

▒ La caridad más grande es ayudar a sustentar a una persona antes que caiga en la categoría de "alguien necesitado".

Ayudar a alguien a mantenerse sobre sus pies -así sea proveyéndole los fondos para comenzar un negocio, prestándole dinero para que no tenga que declararse en bancarrota o enseñándole a administrar mejor sus negocios- es el acto de caridad más grande. Una vez que la persona se autoabastezca ya no necesitará de la caridad y podrá incluso estar en condiciones de dar también. Lo mismo se aplica al hecho de enseñarle a alguien una profesión u oficio: ello le permitirá autoabastecerse y finalmente ayudar a otros. Ayudar a los demás a ser autosuficientes sirve para erradicar la pobreza y para construir la fortaleza de carácter y la autoconfianza que puedan sostenerlos toda su vida.

■ ¿Cuánto es lo que se debe dar para caridad? El monto apropiado está de acuerdo con la capacidad de dar de cada persona. De poder hacerlo, debe sostener plenamente a la persona pobre. Si no puede permitirse tanto, debe deducir un *jomesh* (un quinto o el 20 por ciento) de sus ganancias para caridad. Si ello es demasiado, entonces la deducción estándar es el *maaser* (10 por ciento).

Sería bueno que cada vez que una persona pobre se presente ante nuestra puerta pudiéramos darle todo lo que necesita. Sin embargo, poca gente se encuentra en una posición financiera tan sólida. Debemos considerar no sólo las necesidades de la persona pobre sino también nuestras propias finanzas. El Rebe Najmán llama a este proceso "juicio" (*mishpat*), pues en ese momento debemos tomar una decisión muy importante que afectará directamente la realidad de nuestra situación financiera, al igual que la del destinatario potencial. Dicen nuestros Sabios sobre el versículo "'El Señor es juez; Él hace descender a uno y eleva al otro' (Salmos 75:8) - Él puede empobrecer a una persona y enriquecer a otra" (*Bereshit Rabah* 68:4). Cuando damos caridad, emulamos a Dios: también nosotros estamos empobreciendo a alguien (es decir, a nosotros) al tiempo de enriquecer a otro (a la persona pobre). Consecuentemente, al dar caridad, asumimos la cualidad del juicio y lo ejecutamos (*Likutey Moharán* I, 2:4).

Para la mayoría de nosotros, el juicio no implica el dar o no dar. Si podemos ganar lo suficiente para el mes, se requiere que demos caridad. Pero cuánto dar es siempre la cuestión y debemos "juzgarnos" a nosotros para ver con cuánto podemos contribuir de manera realista. La mejor manera de hacerlo es ponernos "en los zapatos de la persona pobre". ¿Cuánto nos gustaría recibir y cuánto esperamos recibir realmente?

Dado que sabemos que la mayor parte de la gente tiene una opinión interesada cuando se trata de sí misma, este juicio no es algo fácil. Por lo tanto nuestros Sabios sugieren dar entre el 10 y 20 por ciento de nuestras ganancias. Ello simplifica la decisión - podemos aportar una suma fija de nuestras ganancias para caridad. Mucha gente abre una cuenta bancaria separada para sus donaciones caritativas. Dependiendo de la situación financiera, esto es lo más aconsejable pues entonces será más fácil mantener el control de las contribuciones. En este caso, nuestro dinero debe ser diezmado al ser recibido y así estar disponible para su desembolso cuando se presente la persona pobre. De acuerdo al número de pedidos que se reciban -y cada persona sabe cuántos son- se podrán distribuir los fondos en concordancia (aparte de la caridad obligatoria para la sinagoga, la escuela de los hijos, etc.).

La Torá anticipa el hecho de que no siempre es fácil dar. Ordena: "Abrir, abrirás tu mano generosamente y le extenderás todo lo que necesite para sus necesidades... Y que tu corazón no se sienta mal por el hecho de dar" (Deuteronomio 15:8-10). Al comentar sobre este versículo, el rabí Eliahu Jaim Rosen, fundador y decano de la Ieshivá de Breslov en Jerusalén enseñó: "¡Dar! ¡Debes dar! Debes separar el dinero para caridad al recibir tu salario o tus ingresos. Entonces, cuando la persona pobre llegue a tu puerta tendrás los fondos necesarios para darle. No sólo eso, sino que nunca te sentirás mal al hacerlo, pues ese dinero ya ha sido puesto de lado y tú sabes que es para los pobres y no para ti".

■ Diez por ciento es el monto estándar para caridad.

El 10 por ciento se calcula de acuerdo a todo el espectro financiero, incluyendo los ingresos, las cuentas de ahorro, las acciones, los bonos, los inmuebles y los activos comerciales. Si los valores no están en dinero en efectivo, no son considerados "dispuestos" para ser diezmados; no se requiere que uno liquide sus acciones para entonces dar caridad. El 10 por ciento sólo se calcula de los ingresos accesibles. Sin embargo, el diezmo sobre los otros activos se realiza cuando la inversión se vuelve dinero efectivo.

■ No se debe dar más que el 20 por ciento de los ingresos para caridad, no sea que la persona se vuelva pobre y deba a su vez recibir caridad. Sin embargo, en casos especiales, se permite dar más.

Un ejemplo de un caso especial, mencionado en la ley judía, es cuando la persona se encuentra en el lecho de muerte. Dado que obviamente ya no teme volverse pobre, puede dar todo lo que tiene para caridad. Sin embargo, el Talmud enseña que la persona tampoco debe entregar todo entonces, dado que tiene que pensar en sus hijos y en otros que puedan estar en la línea de herencia de sus bienes (cf. *Bava Batra* 133b).

Pensemos en algunos ejemplos. Digamos que la entrada anual de una persona es de $100.000. Dar el 20 por ciento sería bastante difícil; entre los impuestos, las amortizaciones, los seguros, la escuela, los gastos del automóvil y las necesidades diarias, no quedará mucho. ¿Pero qué sucede si la persona gana un millón al año? Los impuestos, las amortizaciones, el seguro y los gastos del automóvil serán proporcionalmente más grandes, pero las otras necesidades no lo serán tanto. Queda bastante más, siendo posible dar el 20 por ciento de la ganancia neta y aun así quedar con mucho para vivir de manera confortable.

Ahora tomemos una persona con una entrada anual de varios millones o más. Incluso dar el 30 o el 40 por ciento de su entrada anual para caridad no será tanto en comparación con lo que le queda; y no es muy probable que pueda empobrecer entregando más del 20 por ciento. Gracias a Dios, hay alguna gente que tiene entradas sustanciales y que puede permitirse sumas más grandes que la deducción del 10 por ciento; y también algunos pocos que pueden dar más del 20 por ciento. Que Dios continúe bendiciéndolos. Amén.

█ Hay veces en que la persona a la cual se le pide caridad se encuentra sin fondos para dar. Debe tener cuidado y no enojarse. No sólo eso, sino que debe hacer todos los esfuerzos por consolar a la persona pobre, hablándole de manera suave y apaciguándola.

Como se hizo notar más arriba, los Sabios enseñan que todo aquel que le da un centavo a una persona pobre es bendecido con seis bendiciones, pero aquel que la consuela con palabras es bendecido con once bendiciones (*Bava Batra* 9b). ¡Imagina! Si consuelas a una persona pobre, alegrándola y ofreciéndole aliento, recibes más bendiciones que si le das algunas monedas.

Es inaceptable consolar solamente a una persona cuando es posible darle también - ¡las palabras de bondad no alcanzan para pagar la comida! Pero en esos momentos en que no tienes cambio a mano, recuerda que es importante respetar al pobre y honrarlo, aunque sea con unas pocas y bondadosas palabras.

▓ Es una gran mitzvá hacer que los demás se ocupen de obras de caridad y alentarlos a dar. Aquel que lo hace tendrá incluso una mayor recompensa que aquel que sólo da.

Aquellos que se ocupan de recolectar para los pobres o para una organización y que persuaden a la gente a donar para la causa, tendrán una parte en la recompensa Celestial de la mitzvá de la caridad. En verdad, recibirán una recompensa mucho mayor. Pues aquellos que dan reciben la recompensa por hacer una mitzvá, mientras que aquellos que hacen que los demás den reciben la misma recompensa por ese monto (porque han sido ellos los responsables de que una suma específica llegara a los bolsillos de la caridad) al igual que una recompensa extra debido a que participaron en recolectar esos fondos para caridad.

Habiendo pasado revista a algunas de las leyes claves para dar caridad, podemos comprender mejor la comparación que hace el Rebe Najmán entre la caridad y el consumo de alimentos. Así como el cuerpo envía la "mejor parte" del alimento para nutrir los órganos más importantes -el cerebro y el corazón- las "mejores partes" de nuestros ingresos son aquellas que apartamos para caridad.

Y cuando damos de la manera apropiada, sabemos que el resto del dinero que nos queda será distribuido de la manera apropiada - para cuidar de nuestras familias y proteger nuestras inversiones para el futuro.

R' Shabetai Breslover (m. circa 1920) solía ir en su carreta recolectando fondos y dinero para los pobres. Su hijo, R' Jaim, le dijo cierta vez, "Me siento muy avergonzado por tu comportamiento. ¡Es posible que la gente piense que estás recolectando para ti y que digan de mí que no me ocupo de ti!".

R' Shabetai le respondió, "¡Pero ésa es la verdad! ¿Para quién más estoy recolectando, si no es para mí? ¡Ésta es mi mitzvá y estoy recolectando para mi futuro!" (*Siaj Sarfei Kodesh* 4:576).

# DAR MÁS

*Dar caridad con alegría es una señal de un corazón completo (El Libro de los Atributos, Caridad A58).*

La caridad es una inversión que da dividendos sustanciales (*Kitzur Shuljan Aruj* 34:1):

▫ Invertimos en caridad para asegurar nuestro propio sustento.

▫ Invertimos en caridad para hacer que descienda desde el Cielo una gran compasión sobre nosotros y nuestras familias.

▫ Invertimos en caridad porque sabemos que el donante que no abre su mano al pobre les abre la puerta a los médicos.

▫ Invertimos en caridad porque sabemos que el dinero que tenemos sólo es un depósito de Dios y que debemos invertirlo de acuerdo a Su deseo.

▫ Invertimos en caridad porque sabemos que incluso si somos ricos, nuestros hijos o nietos podrán encontrar dificultades financieras en sus vidas.

▫ Invertimos en caridad porque ésta iluminará nuestro sendero hacia el Mundo que Viene.

▫ Invertimos en caridad pues la caridad salva de la muerte.

▫ Invertimos en caridad pues la caridad mitiga los juicios severos.

La idea de caridad como una inversión segura se basa en el versículo "Traigan todos sus diezmos al tesoro… 'Por favor, pruébenme con esto', dice Dios, '[y vean] si no abro las puertas del Cielo y hago descender sobre ustedes bendiciones sin fin'" (Malaji 3:10). Comentando sobre este versículo, el Talmud enseña que aunque se nos prohíbe poner a prueba a Dios, en verdad se nos permite probar a Dios para ver si el hecho de dar caridad nos trae bendiciones (*Taanit* 9a).

La inversión más inteligente en caridad es dar el diezmo - tomar el 10 por ciento de nuestras ganancias y designarlo para caridad. Como se trató en el capítulo anterior, hay gente que establece una cuenta separada para los fondos de caridad y al recibir sus ingresos coloca inmediatamente el 10 por ciento en esa cuenta. Toda la caridad que da proviene de esa cuenta específica de caridad. (Como un hombre que utilizaba este método le dijo a su futura esposa, "¡Por favor comprende que 1 peso mío sólo vale 90 centavos!").

La Torá ordena: "Diezmar, diezmarás (*aser taser*) todas tus cosechas" (Deuteronomio 14:22). ¿Por qué esta redundancia? La respuesta se encuentra en la etimología de la palabra *ASeR* (diezmar) que comparte la raíz con la palabra *OSheR* (riqueza). De este modo la Torá parece estar diciendo aquí: "Diezma, para que puedas ser rico" (*Taanit* 9a).

El Midrash cuenta la historia de un hombre cuyo campo producía 1000 fanegas al año y siempre daba 100 fanegas para caridad. En su lecho de muerte le ordenó a su hijo que hiciera lo mismo. El hijo continuó con esa costumbre durante un tiempo, pero finalmente llegó a creer que estaba dando demasiado de su riqueza y decidió dar sólo un pequeño monto de la cosecha como diezmo. Al año siguiente, su campo produjo 100 fanegas. Cuando se quejó de ello, su familia le dijo, "Cuando dabas el diezmo de la manera apropiada, tú eras el dueño de la tierra y Dios recibía el diezmo. Pero ahora que has decidido no diezmar más, Dios recuperó su tierra. Ahora Él es el dueño de la tierra y tú eres quien recibe el diezmo - las 100 fanegas".[8]

8 *Tosafot, Taanit* 9a, *v.i. aser.*

El diezmo tiene el poder de hacer que desciendan abundancia y bendiciones. Aquellos que son escrupulosos en dar el diezmo pueden testificar sobre el influjo y estabilidad de que disfrutan en la vida. El rabí Elazar ben Azaria solía diezmar su ganado cada año y cada vez daba 12.000 animales como *maaser* (*Shabat* 54b). Ello significa que pese a haber dado el 10 por ciento de su ganado, ¡éste aumentaba en 120.000 nuevos animales cada año!

Por supuesto, esto no significa que todos reciben bendiciones abundantes. Otros factores también entran en juego cuando Dios determina la cuenta para fin de año en Rosh HaShaná, incluyendo Su examen de las acciones de cada persona. Pero si la persona ha dado caridad, ésta estará a su favor, pues la caridad abre la puerta de la bondad y tiene el poder de anular los decretos severos. Sin embargo, todo es escudriñado por Dios y a veces Él decide en contra de las bendiciones abundantes por razones que no podemos comprender. Aun así, si somos escrupulosos en diezmar nuestros ingresos, veremos bendiciones en nuestra vida diaria. Después de todo, se nos permite probar a Dios de esta manera.[9]

Pero los diezmos tienen un poder aún mayor que el hecho de traer bendiciones. Enseña el Rebe Najmán (*Likutey Moharán* I, 221):

Al dar caridad, la persona se salva de los enemigos. Ello se debe a que el Santo, bendito sea, la protege con Su Mano y la salva. Pues "'Dios está del lado de los oprimidos' (Eclesiastés 3:15) - ¡aunque sea una persona recta quien oprima a un malvado!" (*Vaikrá Rabah* 27:5). Éste es el aspecto de "Te

---

9 Es importante notar que hay diversas opiniones sobre el diezmo de los ingresos, dado que la Torá especifica diezmar ciertas cosechas. Otros productos del campo también están sujetos al diezmo y hay diferentes opiniones con respecto a cuánto es necesario separar de los ingresos monetarios. Aquellos que deseen aclarar su obligación deben consultar a su rabino local.

protegeré bajo la sombra de Mi mano" (Isaías 51:16) - que el
Santo, bendito sea, lo protege con la sombra de Su Mano y lo
salva. Cuando el oprimido es un Tzadik, quien está cerca de
Dios, Dios lo salva con Su Mano, pues él está cerca.

Pero si el oprimido es un malvado, se encuentra entonces
lejos del Santo, bendito sea, e incluso así, Dios lo salva, pues
"Dios está del lado [de los oprimidos]". En tal caso, Dios alarga
Su Mano - la extiende y cubre a la persona, si así pudiera
decirse, aunque esa persona esté lejos de Dios.

¿Como podemos nosotros -que no somos Tzadikim- hacer
que Dios extienda su mano para protegernos? Explica el Rebe
Najmán:

Mediante la caridad, se produce el aspecto de la "mano
extendida" - es decir, la Mano de Dios se "alarga" y "extiende".
Ello se debe a que la "mano extendida" es el aspecto de estar
satisfechos, como está escrito, "¿Acaso degollarán para ellos
ganado menor y mayor para que les sea suficiente?; ¿o si juntan
todos los peces del mar para ellos, acaso les bastarán?" (Números
11:22) - que Onkelos traduce como "¿estarán satisfechos?". "Y
Dios le dijo a Moisés, '¿Acaso Mi Mano es demasiado corta?'"
(ibid., 11:23). Queda claro entonces que la "mano extendida"-
representa la satisfacción...

Mediante la caridad, uno alcanza conceptualmente la
satisfacción. "Pues la persona fallece sin haber satisfecho la
mitad de sus deseos, pues si tiene cien deseará doscientos"
(*Kohelet Rabah* 1:34). No importa cuánto tenga, nunca estará
satisfecha con ello. Sin embargo, con respecto al diezmo,
está escrito, "'Por favor, pruébenme con esto', dice Dios,
'[y vean] si no abro las puertas del Cielo y hago descender
sobre ustedes bendiciones sin fin (*BLI DaI*)'" (Malaji 3:10).
Exponen nuestros Sabios sobre este versículo: "'sin fin (*BLI
DaI*)' - hasta que tus labios se cansen (*IVLu*) de decir, ¡Dai!
¡Suficiente!'" (*Makot* 23b).

Es por medio del diezmo como se genera el aspecto de la satisfacción/la mano extendida. Y con esto, Dios extiende Su Mano y cubre a la persona, salvándola de sus enemigos.

En otra instancia, el Rebe Najmán enseña que esos "enemigos" no tienen por qué ser necesariamente humanos (*Likutey Moharán* I, 179). Un enemigo puede ser todo aquello que se nos oponga, todo obstáculo o dificultad. Un enemigo puede manifestarse como un problema de salud, como una dificultad financiera, un descenso emocional o cualquier otro problema que pese sobre nosotros. Pero como enseña el Rebe, dar caridad despierta la mano extendida de Dios y crea un cobijo bajo el cual podemos encontrar protección y confort durante los tiempos difíciles - y finalmente la caridad nos librará de todas nuestras dificultades.

## ELEVAR NUESTRA PARTE

Si consideramos que la caridad es una inversión de alto rendimiento, ¿por qué detenernos en el diezmo y dar sólo el 10 por ciento? ¿Por qué no dar más?

Consideremos la siguiente historia:

El rabí Tarfón, que era muy rico, le dio cierta vez al rabí Akiba 4000 monedas de plata para invertir. El rabí Akiba, que era administrador de los fondos de caridad, rápidamente repartió el dinero entre los estudiantes pobres, para que pudieran continuar con sus estudios religiosos. Tiempo después, el rabí Tarfón le pidió que le mostrara su inversión. El rabí Akiba lo llevó a la casa de estudios y comenzó a recitar los Salmos con él. Cuando llegaron al versículo "Él da generosamente al necesitado, su mérito perdura por siempre, su fortaleza se eleva en honor" (Salmos 112:9), el rabí Akiba le mostró al rabí Tarfón los estudiantes pobres y le dijo, "Ésta es la inversión que hice por ti". El rabí Tarfón estuvo muy de acuerdo y abrazando al rabí Akiba le dio otra suma generosa para distribuir.[10]

Esta historia nos enseña que aquellos que dan para caridad son comparados a quienes reconstruyen las ruinas, restauran los cimientos destruidos y restablecen la vida, como está escrito, "Hombres entre ustedes reconstruirán sus ruinas; restaurarán los cimientos antiguos" (Isaías 58:12).

No se sabe si el dinero involucrado correspondía al diezmo o no. Sin embargo, vemos que el rabí Akiba y el rabí Tarfón, ambos muy ricos (ver *Nedarim* 50a, 62a), estaban muy dedicados a sustentar a los pobres. ¿Cuánto daban? Bueno, siendo gente rica, se les permitía dar tanto como quisieran. ¿O no?

Nuestros Sabios instituyeron una regulación: aquel que quiera ser muy generoso al dar caridad no debe sobrepasar el *jomesh* (20 por ciento). De otra manera, puede llegar a dar tanto de sus ingresos que él mismo se vuelva un necesitado (*Ketubot* 50a; ver Rashi allí). La ley judía, tal cual está codificada en el *Shuljan Aruj*, apoya este punto de vista y dice que se aplica a la persona durante su vida. Sin embargo en su lecho de muerte, se le permite dar mucho más. Existen otros casos en los cuales se permite dar más del 20 por ciento - por ejemplo, si es un penitente haciendo una rectificación por sus malos actos del pasado, financieros o de otro tipo, o si es alguien que posee una enorme riqueza.

Más aún, la ley judía estipula que aquellos que dan el 20 por ciento poseen un "ojo bondadoso" (*Iore Dea* 249:1). Como hemos visto, el ojo bondadoso nos permite fortalecer nuestra fe y comprender el sistema de justicia de Dios. Nos otorga la capacidad de merecer la protección de la "mano de Dios", que se extiende sobre nosotros y nos cobija de los malvados. (Dar

---

10 *Mesijta Kala* 1; ver también *Vaikrá Rabah* 34:16.

el *maaser* [10 por ciento] también hace que la persona merezca la protección de la mano extendida de Dios, pero esto es considerado un promedio y no le confiere al dador el cumplido de tener un buen ojo).

Como veremos pronto, todas las clases de caridad tienen el poder especial de ayudar, de proteger y de curar. Pero para alcanzar la perfección se requiere más del 10 por ciento.

## EL CASTILLO DE AGUA

Uno de los cuentos más famosos del Rebe Najmán es "El Cuento de los Siete Mendigos" (*Los Cuentos del Rabí Najmán* #13). En él, el Rebe cuenta sobre dos pequeños, un niño y una niña, perdidos en un bosque y que se encontraron con siete mendigos diferentes durante siete días diferentes. Cada mendigo tenía un defecto particular: el primero era ciego, el segundo era sordo, el tercero era tartamudo, el cuarto tenía un cuello torcido, el quinto era un jorobado, el sexto no tenía manos y el séptimo no tenía pies. Cada uno les dio pan a los niños y los bendijo.

Después de estar una semana en el bosque, los niños encontraron una salida y también se hicieron mendigos. Al crecer, los jóvenes se unieron en matrimonio. Durante los siete días de la boda recordaron las bondades de Dios, Quien los mantuvo hasta ese día y recordaron sus experiencias en el bosque. Esto despertó en ellos el anhelo de ver a los siete mendigos una vez más. Los mendigos comenzaron a aparecer, cada uno en un día diferente de la celebración. Cada mendigo le dijo ahora a la pareja que no tenía ningún defecto sino que poseía poderes únicos que estaban encubiertos en esa discapacidad. Cada uno entonces le entregó sus poderes a la pareja.

El sexto día de la celebración, llegó el mendigo sin manos.

También hubo alegría en el sexto día y anhelaron diciendo, "¿Cómo podríamos hacer que venga aquél sin manos?". De pronto éste apareció y dijo, "¡Heme aquí! ¡He venido a vuestra boda!". Y les habló de la misma manera que los otros mendigos, besándolos también.

Y dijo entonces: Ustedes piensan que hay algo malo en mis manos. De hecho, no hay nada malo en ellas y más aún, tengo un gran poder en mis manos. Pero no utilizo el poder de mis manos en este mundo físico pues necesito este poder para algo totalmente diferente. Respecto de esto tengo la palabra del Castillo de Agua.

El mendigo sin manos les contó entonces la historia de unos hombres que estaban reunidos y se jactaban del poder que tenían en sus manos. Uno se vanagloriaba del hecho de que si se disparaba una flecha, él podía recuperarla con sus manos. El mendigo sin manos lo desafío: "¿Qué clase de flecha puedes recuperar? Existen diez tipos de flechas. Ello se debe a que hay diez clases de venenos. Cuando se unta la flecha con un tipo de veneno ello produce un cierto daño. Si la flecha se unta con el segundo tipo de veneno, hace más daño aún. Así hay diez tipos de venenos cada uno más dañino que el anterior". El mendigo le dijo entonces a la pareja:

Le pregunté por lo tanto, "¿Qué clase de flecha puedes recuperar?". Le pregunté si podía recuperar la flecha antes de que se clavara en su víctima o si también podía hacerla retornar después que ésta se le clavara.

A esta segunda pregunta me respondió, "Puedo recuperarla incluso después que ella dé en su blanco". Pero con respecto a la primera pregunta dijo que sólo podía traer de vuelta un solo tipo de flecha.

Le dije, "Si esto es verdad, no puedes entonces curar a la Hija de la Reina. Si sólo puedes recuperar una clase de flecha, tú no puedes curarla".

Uno de los otros presentes se jactaba de que el poder en sus manos era tal que cada vez que tomaba o recibía algo de otra persona de hecho le estaba dando a esa persona. Para él, el acto de recibir era un acto de dar. Por lo tanto era un maestro de la caridad. El mendigo le dijo a la pareja:

> Le pregunté qué clase de caridad daba, dado que existen diez clases de caridad. Respondió que él daba un diezmo (*maaser*).

> Le dije entonces, "Si es así, no puedes curar a la Hija de la Reina. No puedes siquiera acercarte al lugar en donde ella está; sólo puedes atravesar una pared del lugar donde ella se encuentra. Y no puedes llegar adonde ella está".

El mendigo le contó entonces a la pareja sobre los otros hombres. Uno se jactaba de su capacidad de conferir sabiduría con las manos y de aplicar ese conocimiento para leer el pulso de la persona. Otro hablaba sobre su capacidad de retener las tormentas e incluso de transformar una tormenta en un viento beneficioso - una referencia a ejecutar una melodía sobre un instrumento musical. A cada uno de ellos el mendigo le decía, "Si ese es el caso, no puedes curar a la Hija de la Reina".

Cuando los hombres le pidieron al mendigo que describiera sus poderes, viendo que no tenía manos, el mendigo les contestó, "Yo puedo hacer lo que ustedes no pueden. [En cada uno de los casos que han tratado], hay nueve porciones que ustedes no pueden lograr. Yo puedo lograr todas ellas". Explicó esto con una historia:

> Había una vez un rey que deseaba a la Hija de la Reina. Este rey intentó secuestrar a la joven por todos los medios posibles, hasta que finalmente tuvo éxito y la tomó cautiva.

> Pero entonces el rey tuvo un sueño. En el sueño la Hija de la Reina estaba de pie sobre él y lo mataba.

Al despertar el rey tomó el sueño en serio y llamó a todos sus intérpretes. Ellos le dijeron que eso se haría realidad en su sentido más literal y que ella terminaría por matarlo.

El rey no decidía qué actitud tomar con ella. Si la mataba sentiría pesar. Si la expulsaba, otro hombre llegaría a poseerla y eso era algo que lo enervaba y que lo frustraría sobremanera, dado que había trabajado mucho para conseguirla y entonces ella sería de otro hombre. Más aún, si la desterraba y ella terminaba con otro hombre habría una posibilidad mayor para que el sueño se hiciera realidad. Con un aliado le sería más fácil matarlo.

Pero seguía temiendo a causa del sueño y no quería tenerla cerca. De manera que el rey no sabía qué hacer con ella.

Como resultado del sueño, su amor por la joven fue decreciendo gradualmente y con el tiempo su deseo por ella fue menguando cada vez más. Y lo mismo sucedía con ella. Su amor por él fue declinando más y más hasta que llegó a odiarlo. Y terminó finalmente por huir.

El rey envió hombres en su búsqueda quienes al retornar le informaron que ella se encontraba cerca del Castillo de Agua.

Éste era un castillo hecho de agua. Tenía diez paredes, una dentro de la otra y todas hechas de agua. Los pisos dentro de este castillo eran de agua y también había árboles y frutas, todos hechos de agua.

Está de más decir cuán hermoso y fuera de lo común era el castillo. Un castillo de agua es de hecho algo hermoso e inusual.

Es imposible que alguien entre al Castillo de Agua, pues está hecho todo de agua y cualquiera que entrase en él se ahogaría.

Mientras tanto, la Hija de la Reina, que había huido hacia ese castillo rondaba alrededor del Castillo de Agua.

El rey fue informado que ella rondaba alrededor del

castillo y tomando su ejército salió para capturarla.

Cuando la Hija de la Reina los vio venir decidió huir hacia el castillo. Prefería ahogarse antes de ser capturada por el rey y tener que quedarse con él. También existía la posibilidad de que pudiese sobrevivir y ser capaz de llegar hasta dentro del Castillo de Agua.

Cuando el rey vio que huía hacia el agua, dijo, "Si así es como son las cosas...", y dio órdenes de dispararle, diciendo, "Si muere, que muera".

Los soldados dispararon contra ella y la alcanzaron con las diez clases de flechas, untadas con las diez clases de venenos. Ella corrió hacia el castillo y entró en él. Atravesó los portales de los muros de agua, (pues los muros de agua tienen tales portales), pasó a través de las diez paredes del Castillo de Agua y llegó a su interior, donde se desplomó inconsciente.

El mendigo sin manos continuó:

Y yo la curé. Aquél que no posee las diez clases de caridad no puede atravesar las diez paredes, pues allí se ahogaría en el agua. El rey con su ejército intentó perseguirla pero todos se ahogaron. Yo, por otro lado, fui capaz de atravesar las diez paredes de agua.

Estas paredes de agua son como las olas del mar que se yerguen como una pared. Los vientos mantienen las olas y las elevan. Estas olas constituyen las diez paredes que se yerguen allí de manera permanente, elevadas y mantenidas por los vientos. Pero yo fui capaz de entrar a través de esas diez paredes.

También fui capaz de extraerle a la Hija de la Reina las diez clases de flechas. Yo conocía también las diez clases de pulsos y pude detectarlos con mis diez dedos. Cada uno de los diez dedos tiene el poder de detectar una de las diez clases de pulsos. Y pude entonces curarla mediante las diez clases de melodías.

Y así pude curarla. De manera que yo tengo este gran poder en mis manos y ahora se lo doy a ustedes como un regalo.

Al terminar su relato hubo una gran alegría y un tremendo regocijo.

El Rabí Najmán concluyó:

Es muy difícil para mí contar esta historia. Pero dado que he comenzado, me veo forzado a terminarla. No hay ni una palabra de más en esta historia y aquél versado en la literatura sagrada será capaz de comprender algunas de las alusiones.

La historia habla de flechas y de cierto poder en las manos para traer flechas de regreso. Esto está relacionado con la afirmación del Santo, bendito sea, "Mi mano aferrará el juicio" (Deuteronomio 32:41). Rashi explica este versículo diciendo, "Cuando un ser humano dispara una flecha, no puede traerla de regreso, pero cuando el Santo, bendito sea, dispara una flecha, El sí puede hacerlo".

El concepto de caridad es visto como relacionado con las paredes de agua, las cuales son las olas del mar. Esto se encuentra aludido en el versículo, "Tu caridad es como las olas del mar" (Isaías 48:18).

La historia habla del poder de aferrar el viento con la mano. Esto se encuentra aludido en el versículo, "El que junta el viento en Su palma" (Proverbios 30:4). Esto está relacionado con el concepto de la melodía mencionado en otro lugar (*Likutey Moharán* I, 54).

El rabí Natán le agrega a esta historia varias ideas asombrosas (ver *Los Cuentos del Rabí Najmán*, p. 240/242). Aquí haremos una síntesis de aquello relacionado con la caridad.

El rabí Natán explica que la historia alude al exilio en Egipto, al Éxodo y a la Apertura del Mar Rojo. El rey es el faraón, representando la inclinación al mal, que busca capturar a la Hija de la Reina (las almas judías) y hacerla caer bajo su influencia. Al comienzo el mal es muy atractivo y lleva a la gente al pecado. Sin embargo, una vez que está hundida en el mal, la Hija de la Reina, una princesa real, comienza a sentirse incómoda y fuera de su ámbito y empieza a imaginar maneras para escapar del gobierno del rey malvado. Finalmente huye, así como la nación judía huyó de Egipto. Pero el rey malvado la persigue, disparando toda clase de venenos para hacer que el alma se enferme o muera. Como en el cuento, los judíos corrieron hacia un "Castillo de Agua" (el Mar Rojo) y se encontraron en un gran peligro. Sin embargo, los vientos soplaron toda la noche y mantuvieron las aguas separadas. Ello se produjo debido a Moisés, quien levantó la vara con la mano y pudo salvar a la nación.

El Castillo de Agua representa las ideas subyacentes de la caridad. En el cuento, uno de los hombres que aduce ser un maestro de la caridad dice que "todo aquello que tomo o recibo de otro, de hecho se lo estoy dando". Ésta es una idea del Talmud: cuando la persona le da un regalo al Tzadik, la aceptación del regalo es el regalo mismo.[11] Cada vez que el Tzadik acepta algo, de hecho está dando. Dado que no hay límite a cuanto puede aceptar, su "dar" es ilimitado.

Ésta es la idea de la caridad. Cuando damos caridad, los beneficios espirituales que acumulamos son mucho más grandes que cualquier monto que hayamos dado. En verdad, el mundo entero fue creado en aras de la caridad. La creación misma del mundo fue un acto de altruismo y de caridad de parte de Dios, como dice el rey David, "El mundo se construye mediante la bondad" (Salmos 89:3).

---

11 *Kidushin* 7a. El mismo Rebe Najmán dijo cierta vez, "Cuando yo tomo el dinero de alguien, de hecho le estoy dando algo. Mi tomar es en verdad un dar" (*Sabiduría y Enseñanzas del Rabí Najmán de Breslov* #150).

El hombre que decía ser un maestro de la caridad afirmaba que daba un diezmo (esto es, *maaser* o 10 por ciento), lo que le daba el poder de entrar sólo en una de las "paredes". Obviamente, hace falta mucho más para penetrar y sobrevivir las diez paredes de agua y aquí es donde entra en juego el hecho de dar más que el *maaser*, quizás más incluso que el *jomesh* (20 por ciento). El poder de la caridad para enfrentar el asalto de las olas y mantenernos a flote proviene del hecho de que la caridad está asociada con el agua, como está escrito, "Tu caridad es como las olas del mar" (Isaías 48:18).[12] La caridad también está relacionada con la *sefirá* de Jesed (Bondad), que también está asociada con el agua. Por lo tanto la persona puede entrar a través de las paredes de agua sólo si da caridad. Si uno puede dar los diez tipos de caridad podrá entrar a través de las diez paredes que llevan al Castillo de Agua (*Likutey Halajot, Rosh HaShaná* 6:8).

Sólo el verdadero Tzadik puede entrar en el Castillo de Agua y recuperar las flechas, dado que "el Tzadik tiene compasión y da" (Salmos 37:21). Debido a que el Tzadik tiene verdadera compasión posee el poder de la caridad.

La sabiduría y las melodías mencionadas en el cuento representan el conocimiento de Dios y las tradiciones que hemos recibido a lo largo de las generaciones. Con esa sabiduría también nosotros podemos entrar en el Castillo de Agua y sobrevivir. Las melodías aluden a las plegarias que ofrecemos a Dios; el Talmud habla de diez clases de melodías que componen el Libro de los Salmos (*Pesajim* 117a). Éstas tienen el poder de curar. Hemos visto que en mérito a Moisés, el Tzadik, merecimos ser curados. Y cada uno de nosotros, de acuerdo a su fortaleza individual, también puede curar a los otros.

---

12 Ver también *Likutey Moharán* II, 15, donde el Rebe Najmán enseña que la caridad se compara con el agua.

Como se mencionó, dar el diezmo es generalmente insuficiente para producir la cura completa del alma. Sin embargo ello eleva nuestra conciencia de Dios y hace que sintamos anhelo por lo espiritual. Pero para lograr una completa curación debemos ir más allá del hecho de diezmar nuestra riqueza. Cada paso para "dar más" (i.e., poner un mayor esfuerzo en nuestra caridad, así sea con dinero o con ayuda física) nos acerca a Dios y amplía los canales que permiten el descenso de una mayor abundancia hacia el mundo.

Esto no significa que con un *jomesh* lograremos una cura completa. El Rebe Najmán no menciona cuáles son los otros nueve tipos de caridad. Pero el *jomesh* es más que un *maaser* y lleva mucho más lejos, no sólo al receptor sino también al donante. Así el Rebe dijo concerniente al versículo "Amarás a Dios... con todos tus bienes" (Deuteronomio 6:5): Todo aquel que da un *jomesh* (20 por ciento) de sus ingresos para caridad cumple con este precepto (*Sabiduría y Enseñanzas del Rabí Najmán de Breslov* #189).

El Rebe Najmán tenía un seguidor, R' Dov de Tcherin, que era muy rico. El Rebe Najmán le sugirió que diera un *jomesh* de sus ingresos para caridad. Antes de fallecer, R' Dov dijo, "¿Con mi *jomesh*, no tengo nada que temer del tribunal Celestial!" (*Kojvei Or*, p. 24, #19).

# SOCIEDADES

*Aquel que provee para todas las necesidades de un estudioso de Torá se gana un lugar en la Academia Celestial (El Libro de los Atributos, Caridad A61).*

Como enseña el Rebe Najmán en diversos lugares, es una mitzvá más grande apoyar a aquellos que están dedicados al estudio de la Torá antes que darles a los que no lo están (*El Libro de los Atributos, Caridad* A9). Ciertamente, la caridad dada a cualquier receptor digno conlleva un gran peso en el Cielo y le permite ganar al donante su recompensa. Pero el apoyo a los estudiosos de la Torá constituye un uso mucho más poderoso de la caridad, dado que ello difunde la luz de la Torá en el mundo y aumenta el conocimiento de Dios.

Una de las más interesantes formas de caridad dada a los estudiosos de Torá es la "Sociedad de Zebulún e Isajar". El donante redacta un contrato con el erudito o estudiante declarando que una porción del mérito que obtenga éste último debido a su estudio será compartida con el donante, en retorno al apoyo que éste le dé.

La idea de una sociedad de Zebulún e Isajar puede encontrarse en las bendiciones que Moisés le dio a esas tribus de Israel: "Regocíjate, Zebulún, en tus viajes e Isajar en tus tiendas" (Deuteronomio 33:18). Rashi explica que Zebulún e Isajar hicieron una sociedad. Los miembros de la tribu de Zebulún eran mercaderes que viajaban para sustentar a los miembros de la tribu de Isajar, quienes estaban dedicados al estudio. Hay que notar que la Torá menciona primero a Zebulún y luego a Isajar. Ello indica que el mayor énfasis está en el que sustenta antes que en el receptor, pues el estudio de la Torá se hace posible sólo a través de las contribuciones del donante.[13]

Existen diferentes opiniones sobre cómo establecer tal sociedad. De acuerdo a los términos de su convenio, el erudito y su benefactor pueden compartir los beneficios 50-50, con el benefactor compartiendo su riqueza y pagando todas las expensas del estudioso mientras que este último comparte su recompensa por la Torá que estudie. En otras clases de acuerdos, el benefactor le paga al estudioso una cierta suma por semana o por mes y recibe una "acción" en el estudio de la Torá.

Tal sociedad tiene sin embargo, sus inconvenientes. La recompensa de la Torá es eterna. El dinero involucrado es temporal. Es verdad que éste puede facilitar la vida pero aun así tiene una duración limitada. ¿Por qué un estudioso daría una parte de su recompensa eterna por una ganancia temporal?

Algunos comentaristas afirman que el estudioso no tiene por qué preocuparse, dado que recibirá toda su recompensa aunque el socio financiero la comparta con él. Otros están en desacuerdo. En verdad, el Talmud relata que Hilel el anciano fue encontrado loable pues, pese a su extrema pobreza, no compartía la recompensa de su estudio de Torá con su hermano que le había ofrecido apoyarlo (*Sotá* 21a). Sin embargo, algunos comentaristas hacen notar que el hermano de Hilel le hizo su oferta después que éste llegó a ser un logrado erudito. De haber hecho la oferta cuando Hilel estaba comenzando, de seguro que habría sido aceptada.

Aunque parece que el benefactor está ganando una

13 También encontramos este acuerdo descrito en el Talmud. La Mishná habla de "Shimón, el hermano de Azaria" (*Zevajim* 2a). Rashi explica que debido a que Azaria mantenía los estudios de Shimón, Shimón es conocido como el hermano de Azaria, haciendo de Azaria el punto focal de la sociedad.

recompensa eterna mientras que el erudito está cambiando una recompensa infinita por una temporal, hay otras maneras de mirar este acuerdo. El Rebe Najmán enseña que es posible que Zebulún no esté obteniendo la mejor parte. Hay que notar que Moisés dijo, "Regocíjate, Zebulún, en tus *viajes* e Isajar en tus *tiendas*". Sea como fuere que uno lo mire, Zebulún, que se dedicaba a los negocios, estaba por fuera - tenía que arriesgarse para hacer dinero y pagar así su parte de la sociedad. Mientras tanto, Isajar estaba sentado en sus tiendas, pues su papel era el de aquel que está adentro - ¡estaba más cerca de la Torá! (*Likutey Moharán* I, 282:3).

Para complicar más aún el tema, aprendemos que la tribu de Zebulún no era la única que contribuía al mantenimiento de Isajar. La porción de Isajar en la Tierra de Israel era muy fértil y producía cosechas dulces y abundantes. Es verdad, la ganancia de las ventas de esas cosechas se obtenía debido a los esfuerzos y al conocimiento comercial de Zebulún, pero aun así Isajar no dependía totalmente de la generosidad de Zebulún (*Rashi* sobre Génesis 49:14-15). ¿Qué sucedía, entonces, cuando había que "compartir la recompensa"?

Hoy en día existen situaciones similares. El estudioso de Torá puede tener bienes que necesiten ser administrados o un gran inventario de artículos que requieran de su distribución - inversiones que le producen una entrada al tiempo de permitirle dedicarse la mayoría del tiempo a los estudios. Más aún, el dedicarse a los negocios y el apoyar a los estudiosos de la Torá no exceptúa al benefactor de establecer momentos para su propio aprendizaje. También se requería que Zebulún estudiase la Torá. Recíprocamente, ¿es que el erudito compartiría la recompensa del estudio de Torá del benefactor debido a que tienen una sociedad?

La respuesta es que todo es posible. Así como en los negocios, cada parte trata de obtener el mejor contrato posible, de la misma manera, en la sociedad de Zebulún e Isajar cada parte debe ser honesta y justa para que el acuerdo resulte en el mejor beneficio posible para ambos.

## OTRAS OPCIONES

Para la gente que no encuentra adecuado este tipo de asociación, existen otras clases de sociedades que son dignas de ser consideradas. El benefactor puede designar a un individuo u organización como el destinatario principal de su caridad. Hay que notar que *principal* no significa *exclusivo*; en verdad, dar toda la caridad a un solo individuo u organización no es recomendable, de acuerdo con el dictado talmúdico "Aquel que le dé todo su diezmo a una persona traerá el hambre al mundo" (*Eruvin* 63a). Como explican los comentaristas, si le damos todo a una persona, otros tendrán hambre y por lo tanto éste crecerá en el mundo (*Iun Iaacov*, ad loc.). Más bien, debemos dividir nuestro dinero y distribuirlo para caridad de una manera sistemática, cubriendo los requerimientos de cada pedido.

El rabí Zvi Arie Rosenfeld,[14] que fue esencial en la difusión de las enseñanzas del Rebe Najmán en Norteamérica comenzó en la década de 1940 a recolectar dinero para los jasidim de Breslov en Israel sugiriendo que sus alumnos diezmaran sus ingresos para esa causa. Gracias a los esfuerzos del rabí Rosenfeld, se construyó la sinagoga de Breslov en Mea Sharim. El rabí Rosenfeld dijo que al diezmar sus ingresos estrictamente para causas de Breslov, los donantes demostraban su solidaridad con el Rebe Najmán. Esto los pondría en contacto directo con el Rebe -tanto en este mundo como en el próximo- y de este modo el mérito del Rebe estaría con ellos por siempre.

---

14 El rabí Zvi Arie Rosenfeld (1922-1978) fue la figura más importante en la difusión de Breslov en los Estados Unidos a mediados del siglo XX, haciendo accesibles por primera vez las enseñanzas del Rebe Najmán a los judíos de habla inglesa.

El rabí Rosenfeld solía alentar a los donantes a dar algo más de caridad para otras causas y destinatarios, pero aconsejaba que lo tomasen de los fondos por sobre el diezmo mismo.

Hablando muy enfáticamente sobre el *maaser* (el 10 por ciento), el rabí Rosenfeld les sugirió cierta vez a sus alumnos que dedujeran su *maaser* al comienzo del año pues esto les garantizaría sus ingresos durante el año entero. Uno de sus alumnos, un programador de computadoras, decidió seguir su consejo. Durante ese año, su compañía comenzó a disminuir el número de empleados y, siendo uno de los más recientes contratados, sintió que también pronto llegaría su turno. Lo que sucedió en su lugar fue que la compañía despidió a muchos otros pero ese alumno mantuvo su trabajo. Sin embargo, comenzó a buscar otro empleo antes de que algo sucediese y finalmente encontró uno mucho mejor pago.

El rabí Rosenfeld también estableció para sus alumnos un fondo llamado *maamadot*, al cual donaban una pequeña suma cada mes, la que iba directamente a un estudioso de Torá en Jerusalén. Además, el rabí Rosenfeld fue pionero en la traducción de las enseñanzas del Rebe Najmán al inglés y reeditó muchas de las obras originales de Breslov en hebreo. Para esos proyectos vendió "acciones" en cada libro, ofreciendo una página de dedicatoria por una cierta suma. Eso hacía que el donante fuera "socio" en la mitzvá de publicar las obras de Torá. Obviamente, todo aquel que estudie hoy de ese libro en particular podrá hacerlo debido a la generosidad del donante, que hace de él un socio también en ese estudio de Torá.

Estos son algunos ejemplos de las sociedades de caridad. También otras son posibles; sólo necesitamos utilizar nuestra imaginación. Al igual que en los negocios hay muchas clases de inversores -algunos buscan el 3%, otros el 10%, otros el 15 o el 20%, y otros más el 50%- sea cual fuere el acuerdo, el inversor no perderá al dar caridad.

Toda sociedad tiene sus pros y contras. Pero una sociedad

de caridad, especialmente de una caridad digna, obtiene el retorno más grande.

R' Jaim Krassenstein de Karjov (una ciudad en el este de Ucrania) era un jasid de Breslov que vivió en Rusia antes de la revolución comunista. R' Jaim era un industrial exitoso y su negocio lo hizo muy rico. Al comienzo, solía diezmar su ingreso pero al crecer su riqueza comenzó a dar el 20 por ciento para caridad. Solía enviarlo a Umán (donde en ese tiempo vivía la comunidad más grande de Breslov) o lo llevaba él mismo cuando se juntaba con los jasidim para la reunión anual de Rosh HaShaná.

Después de un tiempo, declaró, "He decidido ser un socio de 50 por ciento con el Rebe Najmán. De todo lo que gane, consideraré al Rebe Najmán como mi socio silencioso y dividiré la mitad del ingreso - una mitad para el Rebe y otra mitad para mí y mi familia". Cumplió con su promesa de manera escrupulosa y para su buena fortuna, se hizo más rico todavía. En un momento obtuvo tanto dinero que tuvo miedo de guardarlo en Karjov. Consultó con los jasidim en Umán y ellos le sugirieron que así como el dinero de su "socio" era enviado a Umán, ¿por qué no guardar su propio dinero en Umán también? Después de convertir sus ingresos en oro, lo envió a Umán, donde fue ocultado por sus amigos y guardado para él.

En 1917 la revolución comunista cambió el rostro de Rusia. Luego de varios años de guerra y de represión, el régimen comenzó a nacionalizar todas las fábricas bajo el pretexto de que el capitalismo se aprovechaba de los trabajadores y era tiempo de retornar la riqueza al pueblo. Cuando llegaron a Karjov, investigaron los libros de R' Jaim y concluyeron que estaba ganando mucho dinero a expensas de los trabajadores. El gobierno ordenó quitarle todos sus fondos y expulsarlo de Karjov. Se le ordenó salir al día siguiente permitiéndole llevar sólo aquello que tenía puesto.

R' Jaim viajó a Umán donde su fortuna en oro lo estaba esperando y pudo vivir confortablemente por el resto de su vida.

# 5

## RESUMIENDO

Durante la ocupación romana de Israel entre los siglos I y II, un oficial romano llamado Turnus Rufus le preguntó al famoso Sabio, rabí Akiba, "Si Dios ama a los pobres, ¿por qué no los alimenta?".

El rabí Akiba respondió, "¡Para que podamos salvarnos del Gueinom!".

Turnus Rufus le dijo entonces, "No es así. Esto es lo que los llevará al Gueinom". Le presentó entonces la analogía de un rey que se enojó con su sirviente y lo sentenció a la cárcel ordenando que nadie le diese alimento. "Si alguien lo hacía, ¿acaso el rey no lo iba a castigar?", arguyó Turnus Rufus. "Y ustedes los judíos son supuestamente los siervos de Dios, como está escrito, 'Pues los hijos de Israel son Mis siervos'" (Levítico 25:55).

El rabí Akiba respondió con un pequeño cambio en la analogía del romano: ¿Qué sucede si el rey se enoja con *su propio hijo*, lo sentencia a la cárcel y ordena que nadie lo alimente? Si alguien desobedece al rey y le da comida, ¿acaso el rey no estará agradecido con aquel que salvó la vida de su hijo y no recompensará el acto de bondad?

"Nosotros los judíos", concluyó el rabí Akiba, "somos llamados los hijos de Dios, como está escrito, 'Ustedes son hijos de Dios su Señor'" (Deuteronomio 14:1).

Turnus Rufus no se dio por vencido. "Ustedes son llamados 'hijos' y son llamados 'siervos'. Cuando hacen la voluntad de Dios son llamados hijos. Cuando no, son llamados siervos. ¡Y ahora no están haciendo la voluntad de Dios!".

El rabí Akiba respondió con este versículo, "'Comparte tu pan con el hambriento; lleva a tu casa a los pobres que están sin hogar' (Isaías 58:7). Ahora que ustedes los romanos han destruido a Jerusalén y al Templo, nosotros los judíos no tenemos hogar.

¡Por lo tanto este versículo está hablando del presente! ¡Y aun así está escrito, 'Comparte tu pan con el hambriento'!" (*Bava Batra* 10a).

En este diálogo con Turnus Rufus, el rabí Akiba exalta la virtud de la caridad alabando al mismo tiempo a los judíos por sus buenas acciones. En "Orgullo y Retorno", aprendimos que Dios se enorgullece incluso del peor de los judíos. Como se trató allí, el amor y el temor a Dios pueden obtenerse a través de la relación con el Tzadik. ¿Cómo podemos acercarnos al Tzadik para recibir su guía y aprender a amar a Dios y a Su mundo? ¿Cómo podemos acercarnos a Dios y temerle, mirar hacia Él con temor y respeto por Su pueblo, Sus criaturas y el medio ambiente que creó para nosotros?

Mediante la caridad.

La caridad crea una atmósfera tranquila que nos permite oír las enseñanzas de los verdaderos Tzadikim.

Después de contar la historia del rabí Akiba, el Talmud expone sobre el poder de la caridad. Podemos relacionar esas enseñanzas talmúdicas con las enseñanzas presentadas en este libro.

## CARIDAD Y REDENCIÓN

El rabí Iehudá solía decir: Diez cosas formidables existen en el mundo: una montaña, pero ésta puede ser demolida por el hierro; el hierro es más fuerte, pero puede fundirse mediante el fuego; el fuego es poderoso pero el agua lo puede extinguir; el agua es poderosa pero las nubes pueden llevarla; las nubes son espesas pero el viento puede dispersarlas; el viento tiene fuerza pero el cuerpo lo puede resistir; el cuerpo es duro pero el miedo lo puede quebrar; el miedo es todopoderoso pero el vino lo mitiga; el vino tiene una fuerte influencia pero el sueño puede volver sobria a la persona. Y también está la muerte que es más poderosa que todo lo que se dijo más arriba, pero "La caridad salva de la muerte" (Proverbios 10:2; *Bava Batra* 10a).

No hay manera de evitarlo - todos debemos morir. Pero hay una poción que puede endulzar el decreto de muerte. Como enseñó al rabí Akiba, la pobreza fue decretada para que aquellos que ayudan al pobre se vean libres del Gueinom, pero la caridad salva de la muerte acaecida en circunstancias no comunes y también del Gueinom. Dado que la caridad tiene ese poder, también puede librar al benefactor de las diez cosas formidables enumeradas por el rabí Iehudá: una montaña, el hierro, el fuego, el agua, las nubes, el viento, el cuerpo, el temor, el vino y el sueño.

El rabí Zvi Arie Rosenfeld le preguntó cierta vez a su *Rav*, el rabí Abraham Sternhartz, "Si uno fallece de una muerte que no acaece en situaciones normales, ello ayuda a efectuar el perdón por sus pecados (cf. *Berajot* 60a; *Sanedrín* 43b). ¿Por qué entonces querríamos que la caridad nos salve de una muerte que no es natural?".

Le respondió el rabí Sternhartz, "Una muerte que no es natural [en este contexto] significa la pérdida de la esperanza".

La caridad -el legado de Abraham- salva a la persona de la desesperanza, pues siempre trae esperanzas. Esto se aplica al benefactor al igual que al beneficiario. El pobre que desea continuar con su vida sabe que hay gente caritativa esperando ayudarlo. Tiene esperanzas en el futuro; anhela el día en que se termine su dificultad. En cuanto al benefactor, al dar caridad ve los beneficios de sus contribuciones. Percibe el rostro del receptor iluminado por la alegría; reconoce el optimismo que ahora llena al pobre y sus expectativas de un futuro mejor.

Éste es el legado de Abraham - construir, establecer y elevar a aquellos que están hundidos en la tierra. Y ésta ha sido la historia de los descendientes de Abraham, el pueblo judío, hasta el día de hoy.

Así relata el Talmud:

Dijo el rabí Iehudá: Grande es la caridad pues acelera la Redención (*Bava Batra* 10a).

Existen diversas maneras en las que puede llegar la Redención. Afirma el profeta Isaías: "Yo, Dios, la traeré rápidamente en su tiempo" (Isaías 60:22). Pregunta el Talmud: "¿Cuál de ambos - 'en su tiempo' o 'rápidamente'?". El Talmud hace notar que "en su tiempo" sugiere un tiempo determinado y por lo tanto no "rápidamente", dado que "rápidamente" sugiere *antes* de su tiempo. El Talmud responde entonces: "Si los judíos lo merecen, sucederá rápidamente. De lo contrario el Mashíaj vendrá para redimirlos en su momento determinado" (*Sanedrín* 98a).

En otra instancia, el Talmud pregunta qué puede estar reteniendo la liberación. Llega al consenso de que el atributo de justicia de Dios demanda que primero deba haber una retribución por todos los pecados (cf. *Sanedrín* 97b). Por ello la Redención se retrasa.

Si los judíos se arrepienten, pueden obtener el mérito necesario para ser redimidos antes del tiempo establecido. De lo contrario, deberán esperar. Y esperar. Y esperar. En verdad, no parece que todos vayan a arrepentirse para que la Redención pueda llegar "rápidamente". Pero aquí toma un significado todavía más profundo la enseñanza del Rebe Najmán mencionada anteriormente: Sólo si damos caridad podremos despertar la justicia compasiva (*Likutey Moharán* I, 2:3-4).

En "La Respuesta a Nuestras Plegarias" también tratamos sobre cómo la plegaria representa el arma del Mashíaj para rectificar el mundo y revelar la Divinidad. Pero ese arma sólo puede ser empuñada apropiadamente mediante la moralidad y la justicia. Sin embargo, sabemos que la justicia no puede ser cruel - debe estar atemperada con la bondad. La justicia misma no puede ser verdadera ni compasiva a no ser que la acompañe la caridad. Es por ello que debemos dar caridad antes de orar, para que nuestras plegarias sean lo más efectivas posibles y tengan la mayor posibilidad de ser respondidas.

Aquí yace uno de los poderes más increíbles de la caridad. Cuando damos para caridad nos aseguramos de que la justicia sea administrada de la manera apropiada. Pues cuando damos caridad "forzamos" a que el atributo de la justicia no sólo reconozca nuestros pecados sino también nuestros actos caritativos y compasivos. El mismo atributo de justicia debe ahora reconocer que aunque pueda haber transgresiones, también existen los actos buenos que pueden contrarrestar los males que hayan sido cometidos.

Así la caridad "fuerza" al atributo de la justicia a restringir el juicio sobre los pecadores, permitiendo que la Redención llegue rápidamente. Podemos acelerar la Redención dando caridad. Mediante la caridad nuestra posición se vuelve sostenible y podemos merecer la liberación con justicia - no debido a la bondad de Dios sino debido a que ¡de hecho la merecemos!

Esto es como enseña el Rebe Najmán: "La caridad endulza los juicios severos destinados para el Futuro, en el día del Gran Juicio" (*El Libro de los Atributos, Endulzar los Juicios* B5). Esta enseñanza se basa en el Midrash, que detalla varios días de juicio que ya han tenido lugar. Por ejemplo, cuando llegó el día del juicio para los egipcios, estos no pudieron obtener ningún aplazamiento. No lo merecieron. De igual manera, cuando llegue el día del juicio en el Futuro, nadie tendrá la capacidad ni la fuerza para llegar limpio delante de Dios. Y debe haber un día del juicio "debido a la opresión del pobre, debido al clamor del necesitado" (Salmos 12:6; *Shemot Rabah* 17:4). Pero si damos caridad, si ayudamos al pobre y al necesitado, entonces podremos estar de pie en el día del juicio, pues verdaderamente merecemos ser sobreseídos; ¡merecemos la bondad y la compasión!

## GANANCIAS Y PÉRDIDAS

En la noche posterior a Rosh HaShaná, Raban Iojanan ben Zakai soñó que sus sobrinos perderían 700 dinares ese año. Todo el año les hizo dar caridad y recibió de ellos la mayor parte del total que debían perder. Al final del año, el gobierno sólo tomó de ellos lo que quedaba (*Bava Batra* 10a).

Como se explicó en "Dios, el Rey y el Cobrador de Impuestos", nuestros ingresos se decretan en Rosh HaShaná. Todo lo que debemos hacer es recolectarlos a lo largo del año. De acuerdo a cuánto ahorremos o gastemos del dinero, comprobaremos cuánto se nos había otorgado.

El Talmud enseña que varias cosas pueden afectar el monto que nos corresponde. Una es la plegaria, que puede anular el decreto de pobreza o de pérdida y producir un aumento del dinero. La segunda es honrar el Shabat y las Festividades. La tercera es utilizar el dinero para la educación de Torá de nuestros hijos, pues sea lo que fuere que gastemos en educación de Torá, ello nos será devuelto y con creces. Como enseña el Talmud, con respecto a los ingresos anuales: "Si gastas menos en esas *mitzvot* vitales, el Cielo disminuirá tus ingresos. Si eres generoso con esos gastos, el Cielo aumentará tus ingresos" (*Beitzá* 16a).

Y por supuesto, está la caridad como hemos visto en "La Rueda de la Fortuna", la caridad controla las influencias celestes que le traen prosperidad a uno e infortunio a otro. Aunque los negocios que llevamos a cabo fluyan de manera natural de acuerdo a las pérdidas y ganancias, esas pérdidas o ganancias están controladas por la caridad, que dirige el orden natural.

Es por ello que nunca debemos ser mezquinos con las contribuciones para la caridad. En verdad, debemos ser prudentes con nuestro dinero y no ser demasiado generosos cuando no podemos solventarlo. Pero en la gran mayoría de los casos, siempre podemos dar algo. Como hemos tratado en "La Llave para todas las Puertas", la caridad es la única inversión verdadera que podemos hacer. Las ganancias que obtendremos al dar caridad son las únicas garantizadas.

La vida se trata de abrir puertas: las puertas del aprendizaje y del conocimiento; las puertas de la madurez y de las relaciones estables y beneficiosas; las puertas del matrimonio y de la paternidad, de ganarse el sustento e incluso del estar tranquilos. Hay puertas para casar a nuestros hijos y mantener nuestra conexión con ellos en un nivel de respeto mutuo. Y hay puertas para ser abuelos y para los años dorados. A lo largo de la vida luchamos para que esas puertas se abran y luego nos esforzamos más aún para mantenerlas abiertas.

Pero somos humanos y susceptibles al error. Es posible que abramos una puerta ¿pero qué garantía hay de que quede así? La caridad lo hace para nosotros. Ésta abre todas las puertas y las mantiene abiertas, para que aunque comentamos errores, la vida no nos caiga encima.

La caridad también nos ayuda a solventar nuestras obligaciones con todos aquellos que piden una parte de nuestros ingresos. Si damos liberalmente (aunque dentro de lo razonable), la caridad hará descender suficientes bendiciones y nos facilitará cubrir todas las demandas a nuestro bolsillo - nuestros proyectos comunitarios, los "extras" de la escuela, las obligaciones de nuestra sinagoga y todo lo demás. Por supuesto, también aligerará nuestra carga impositiva, pues su poder es doble: el don de la caridad disminuye el "don" que debemos entregarles a las autoridades e incluso más, ayuda a contrarrestar a las autoridades deshonestas que cargan impuestos injustos y los malgastan sin preocuparse por aquellos que las han puesto en ese lugar.

## PAZ Y ARMONÍA

> Toda la caridad y la bondad que los judíos hacen en este mundo crea abogados para ellos [frente al tribunal Celestial] y produce una gran armonía entre Israel y su Padre en el Cielo (*Bava Batra* 10a; *El Libro de los Atributos, Caridad* A1).

La importancia de la paz es algo comprendido universalmente. El rabí Eliahu Jaim Rosen, decano de la Ieshivá de Breslov, solía decir, "Siempre deben buscar *shalom habait* (paz en el hogar). Muchas cosas que parezcan estar mal deberán ser dejadas de lado -especialmente aquellas cosas pequeñas y sin importancia- y muchas cosas deberán ser aceptadas para mantener la paz en el hogar. Pues de lo contrario, el hecho es que no sólo no tendrás *shalom habait*, ¡tampoco tendrás un hogar!".

Por supuesto, la paz es una necesidad absoluta para el mundo entero. El Rebe Najmán dijo cierta vez con respecto al tema de las guerras entre las naciones y el innecesario derramamiento de sangre: "Muchas de las locuras en las que creía la gente en las eras pasadas, tal como los sacrificios de niños llevados a cabo por los cultos primitivos (ver Levítico 20:2) han desaparecido. ¡Pero hasta ahora el ansia de guerra no fue abolida!".

El Rebe Najmán desprecia a los científicos que desarrollan nuevas armas. Dijo, "¡Qué hombres tan sabios deben ser para imaginar cómo hacer un arma maravillosa que pueda matar a miles de personas al mismo tiempo! ¿Existe algo más demente que matar mucha gente por nada?" (*Tzadik* #546).

También dijo el Rebe:

El mundo está lleno de conflictos. Existe la guerra entre los grandes poderes del mundo. Hay conflictos entre las diferentes ciudades. Existen discusiones entre familias. Hay discordia entre vecinos. Hay fricciones dentro de una misma casa, entre el marido y la esposa, entre padres e hijos.

La vida es corta. La gente muere todos los días. El día que pasa ya no vuelve y la muerte está más cerca cada día. Pero la gente continúa peleando sin recordar su objetivo en la vida.

Todos los conflictos son idénticos. Las fricciones dentro de una familia son la contraparte de las guerras entre las naciones. Cada persona de la casa es equivalente a una potencia mundial y sus peleas son las guerras entre esas potencias. También los rasgos de cada nación se ven reflejados en los individuos. Algunas naciones son reconocidas por su cólera y otras por su crueldad. Cada una posee un rasgo particular. Y todos esos rasgos pueden encontrarse también dentro de un hogar.

Uno puede tener el deseo de vivir en paz. No querer en absoluto luchar. Pero aun así se ve forzado hacia la disputa y el conflicto. Lo mismo sucede con las naciones. Una nación puede querer la paz y hacer muchas concesiones para lograrla. Pero no importa cuánto trate de mantenerse neutral, aun así puede ser arrastrada hacia la guerra. Dos bandos opuestos pueden requerir de su alianza, arrastrándola así hacia la guerra, aun en contra de su voluntad. Lo mismo es verdad dentro de un hogar. El hombre es un mundo en miniatura. Su esencia contiene el mundo y todo lo que hay en él. El hombre y su familia contienen a las naciones del mundo, incluyendo sus batallas... Pero cuando llegue Mashíaj todas las guerras serán abolidas. El mundo tendrá una paz eterna (*Sabiduría y Enseñanzas del Rabí Najmán de Breslov* #77).

Pero ¿qué podemos hacer? ¿Estamos condenados a vivir en la disputa toda nuestra vida o existe una manera de mitigar esos conflictos para alcanzar -y mantener- algo de paz y tranquilidad en nuestras vidas?

Aquí nuevamente nos servimos del poder de la caridad. Como vimos en "Sendero hacia la Paz", "El acto de caridad trae paz" (Isaías 32:17) y "Cuanta más caridad, más paz" (*Avot* 2:7). Más aún, como se mencionó más arriba, "Toda la caridad y la bondad que los judíos hacen en este mundo crea abogados para ellos [frente al tribunal Celestial] y produce una gran armonía entre Israel y su Padre en el Cielo". El enorme poder de la caridad puede traer más que un alto el fuego; de hecho puede llevar a la paz - en el hogar, en la comunidad y en verdad, en el mundo entero. Esto es especialmente así cuando consideramos la enseñanza en "Orgullo y Retorno" donde vimos que la caridad crea una atmósfera de tranquilidad. Cuanta más caridad, mayor será el efecto de esa tranquilidad hasta que de hecho podamos traer la paz a este mundo.

## CARIDAD Y HONOR

Dijo el rabí Abahú: Le preguntaron al rey Salomón, "¿Quién merece el Mundo que Viene?". Respondió, "Aquel que recibe honra debido a su sabiduría". Iosef, el hijo del rabí Ioshúa ben Leví, falleció pero retornó a la vida. Su padre le preguntó, "¿Qué viste arriba?". Respondió, "Vi un mundo al revés. Aquellos que son honrados aquí no son importantes allí. Y aquellos que son degradados aquí son honrados allí". El rabí Ioshúa ben Leví respondió, "¡Has visto un mundo ordenado!" (*Bava Batra* 10b).

En este pasaje, el Talmud nos está enseñando que la manera en que vemos este mundo no es necesariamente la manera en que Dios lo ve. Aquellos que reciben honor y preeminencia aquí abajo parecen ser personas de importancia y por lo tanto podrían estar utilizando su recompensa futura aquí y ahora. Mientras tanto, los que aparentemente están muy abajo, que podrían no ser en absoluto importantes aquí, son aquellos verdaderamente valiosos a los ojos de Dios. Cómo sea vista la persona depende de cómo se relacione con la justicia y si es que contempla a sus congéneres con un ojo caritativo, como se explicó en "El Ojo Bondadoso". Aquellos que actúan con bondad y caridad rectifican el atributo de la justicia. De esa manera imitan a Dios, de Quien está escrito, "El Señor es juez; Él hace descender a uno y eleva a otro". Dios eleva hacia su verdadera posición a aquellos que son caritativos; y si ello sucede incluso en este mundo, podemos imaginar la prominencia que tal gente recibirá en el Mundo que Viene.

Pero ello no es todo. El rey Salomón dice que aquel que recibe honor debido a su sabiduría es quien merece el Mundo que Viene. Esto significa que la persona puede alcanzar preeminencia también en el presente, mientras esté buscando el honor para Dios. Al hacer preeminente la gloria de Dios también la persona se vuelve preeminente.

Como vimos en "Dios, el Rey y el Cobrador de Impuestos", cuando la gloria y la autoridad de Dios son usurpadas por autoridades inmorales y corruptas, el verdadero honor y gloria descienden hasta las profundidades (es decir, hacia el ámbito del Otro Lado). Esto lleva a *tzedek* (justicia estricta). Entonces los indignos claman honor, prominencia y el poder de gobernar sobre los demás. Se requiere de la *tzedakah* (caridad) para redimir esa gloria y elevarla hacia su lugar apropiado.

La caridad también contrarresta la disputa, como vimos en "El Agrado Divino". Existen intelectos de la Tierra Santa e intelectos de la diáspora. La abundancia (denominada el *Noam HaElion*, el Agrado Divino) desciende continuamente al mundo, pero siempre están aquellos esperando interrumpir el flujo de abundancia y quitárselo al pueblo que realmente lo merece.

Ello se debe a que el mundo fue creado para honor de Dios. Si buscamos revelar ese honor, merecemos experimentar el *Noam HaElion* y con él, la unidad y la paz. Si no revelamos el honor de Dios, quedamos atrapados en un ciclo de disputas.

La caridad crea los recipientes para contener las bendiciones que descienden con el *Noam HaElion* y la caridad nos da el mérito de vivir en armonía. Si damos caridad también nosotros merecemos tomar del aire y de la atmósfera de la Tierra de Israel donde se encuentra el *Noam HaElion*. Entonces el honor que revelamos a través de la caridad hace descender sobre nosotros el aire puro de la Tierra Santa, que corresponde al aliento santo de los niños que estudian Torá.

## FE Y CURACIÓN

> Dijo el rabí Ioshúa ben Korjo: Todo aquel que cierra sus ojos a la caridad es como si sirviera a la idolatría (*Bava Batra* 10a).

El *Etz Iosef* (#12) explica que al dar caridad demostramos nuestra fe en que Dios creó todo y que Él solo nos da nuestra parte. Por lo tanto, cuando separamos una suma de nuestros ingresos para los demás, mostramos nuestra fe en que Dios gobierna el mundo y aceptamos Su dominio. Si ignoramos la caridad, ignoramos a Dios.

En "El Toque de Midas", aprendimos cómo las autoridades de las naciones están siempre anhelando el dinero judío pues éste contiene los colores superiores - la iluminación de las *sefirot*, las energías Divinas que permean este mundo. Es natural que las personas se vean atraídas por una luz tan brillante, pero ¿qué sucede cuando se acercan a ella y tratan de tomarla para sí?

Esto es equivalente a la idolatría, dado que la energía Divina (que pertenece a Dios) se encuentra en el dinero, pero ellas tratan de tomarlo para su propio uso. Esto sucede cuando la gente sucumbe a la ilusión (ver *Likutey Moharán* I, 25) y así daña su conexión con el verdadero intelecto, con Dios. De esa manera cae bajo el dominio de la idolatría. Algunos sucumben a ciertas creencias que, aunque se basan en la verdad, no son precisamente verdaderas. Otros sucumben a mentiras absolutas que terminan extraviándolos. Otros más descienden muy profundamente hacia prácticas realmente idolátricas.

Cuando damos caridad revelamos la Divinidad. Si ayudamos a que se manifiesten los colores superiores podemos ver la belleza de Dios y comenzar a comprender las recompensas de vivir de una manera espiritual.

Para rectificar los daños que hemos producido en cuestiones monetarias, el Rebe Najmán habla de tres aspectos del "remedio general", como se explicó en "El Remedio para el Pecado". El remedio general rectifica tres áreas: el habla, la moralidad y el dinero. Vivir de manera moral puede rectificar los daños producidos en el área de la sexualidad. Una vida moral no sólo limpia de las impurezas a nuestro torrente sanguíneo sino que también nos ayuda a ganar el sustento con facilidad. Cuando alabamos a aquellos que viven una vida moral, rectificamos nuestro habla, que podría haber sido utilizada para la calumnia, para palabras profanas o para la burla y la llevamos al punto en que la gente anhela oír nuestras palabras. Y cuando damos caridad rectificamos cualquier mal uso que le hayamos dado a nuestra riqueza.

Si pensamos en nuestras prácticas financieras es muy probable que lleguemos a arrepentirnos: "¿Quizás cobré de más? ¿Quizás no fui lo suficientemente escrupuloso sobre el verdadero valor de la mercancía que vendí? ¿Cómo puedo arrepentirme de todo ello? ¡Ni siquiera recuerdo a quién dañé!". Cuando damos caridad empleamos el remedio general para las malas prácticas relacionadas con nuestro dinero.

Este remedio general trabaja de la siguiente manera. La palabra hebrea *DaMim* (dinero) también connota *DaM* (sangre). Aquellos que son deshonestos despiertan una mala sangre, envenenando su torrente sanguíneo. Dar dinero para caridad los ayuda a purificar esa mala sangre pues los limpia a ellos y a su dinero de toda transacción injusta. (Por supuesto, esto no es una dispensa para actuar de manera deshonesta en primer lugar. Sólo si la persona ha actuado de manera deshonesta en el pasado y no puede recordar los detalles, podrá rectificar sus malas acciones a través de la caridad. Pero si sabe o recuerda a quién engañó o de quién tomó dinero de más, debe devolver el dinero o los bienes sustraídos).

Todo esto se relaciona con el concepto de la fe. Cuando damos caridad automáticamente fortalecemos nuestra fe en Dios, contrarrestando las falsas creencias que nos desafían diariamente. Pues cada día nos presenta obstáculos y frustraciones. Por supuesto, podemos tratar de pensar cómo salir de esas crisis, pero todas nuestras decisiones se basan en lo que sabemos ahora; no podemos prever el futuro. En general nos equivocamos y esos errores pueden hacernos tropezar.

Pero si nuestra fe es fuerte, si creemos en Dios y nos volvemos a Él con nuestros problemas, nos unimos a la verdad. Tenemos así un sendero seguro sobre el cual caminar. Aun así podemos tomar decisiones equivocadas pero nuestra conciencia de Dios nos ayuda a reconocer las trampas potenciales. Es la caridad la que fortalece nuestra fe y guía nuestro camino, pues la caridad dirige todos los cuerpos celestes e influencias Celestiales, como se ha explicado.

## TESOROS OCULTOS

El rey Munbaz fue un converso al judaísmo que asumió el trono de Israel unos 24 años antes de la destrucción del Segundo

Templo (ver *Seder HaDorot* 4, 804). El Talmud habla sobre él:

> Durante un período de hambre, Munbaz abrió sus propios tesoros y los de sus ancestros y los entregó libremente a los pobres. Cuando su familia le preguntó por qué hacía lo opuesto de sus ancestros, él respondió, "Mis padres ocultaron sus tesoros abajo; yo los oculto arriba. Mis padres ocultaron sus tesoros en un lugar en donde otros pueden echarles mano; yo oculté mi tesoro en un lugar en el cual ninguna mano puede tocarlo. Mis padres ocultaron sus tesoros en un lugar que no da frutos, pero yo coloqué mis tesoros en una inversión que da frutos. Mis padres recolectaron y ocultaron dinero, pero yo recolecté almas. Mis padres ocultaron sus tesoros para otros; yo oculto mis tesoros para mí. Mis padres ocultaron sus tesoros en este mundo pero yo oculto mis tesoros para el Mundo que Viene" (*Bava Batra* 11a, basado en los comentarios).

El rey Munbaz estaba hablando sobre la grandeza de la caridad. Hizo notar seis áreas de "ocultar", que corresponden a las seis bendiciones que recibimos cuando damos caridad,[1] como se trató en "La Rueda de la Fortuna". Más interesante aún es el hecho de que el rey Munbaz habla de la grandeza de sustentar a los pobres y de la importancia de ser un pilar para el mantenimiento de la comunidad, como se hizo notar en "Los Pilares del Sustento". Comienza con sus padres ocultando y enterrando su riqueza bajo tierra, acumulándola para ellos mismos, mientras que él acumuló la misma riqueza sobre la tierra, dando caridad. Así ésta fue colocada en su "cuenta bancaria" para ser utilizada eternamente.

El Rebe Najmán habló cierta vez sobre acumular riqueza. Dijo:

> Este mundo sólo existe para manifestar el propósito de Dios. No te preocupes por la riqueza. Incluso con ella tu vida puede ser en vano.

---

1 *Iun Iaacov, Bava Batra* 11a.

El mundo nos engaña por completo. Nos hace pensar que estamos ganando constantemente, pero al final no tenemos nada. La gente malgasta años corriendo tras el dinero, pero se queda con las manos vacías. Incluso aquel que obtiene riquezas es separado de ellas. El hombre y la riqueza no pueden permanecer juntos. O bien la riqueza es tomada del hombre o el hombre es tomado de su riqueza. Los dos no pueden mantenerse juntos. ¿Dónde están todas las riquezas acumuladas desde el principio del tiempo? La gente ha amasado riquezas desde el comienzo - ¿dónde está ahora? Es absolutamente nada (*Sabiduría y Enseñanzas del Rabí Najmán de Breslov* #51).

Se cuenta la historia del rabí Shmuel HaNaguid, un erudito y estadista del siglo XI que fue nombrado visir de la corte del rey bereber en España. Debido a que se le confió el tesoro del rey, sus enemigos musulmanes lo calumniaron diciendo que había robado de allí. Para desmentir esas acusaciones, el rey le ordenó al rabí Shmuel que le diese una justificación de su propia riqueza. El rabí Shmuel estuvo de acuerdo y le dio al rey una lista del dinero que había acumulado, lo que sumaba mucho menos que lo que el rey sabía que poseía el rabí Shmuel. Cuando el rey vio el monto, exclamó, "¡Tus detractores tienen razón! Estoy seguro que tienes mucho, mucho más dinero que el que me presentaste aquí". El rabí Shmuel respondió, "Si está hablando sobre cuánto dinero tengo, está en lo cierto, pero ese monto es un monto incierto. Hoy lo tengo, pero ¿qué garantía hay de que lo tendré mañana? La suma que le presenté es el monto que he dado para caridad. ¡Eso de seguro es mío y nadie me lo puede quitar!".

Ésa era la actitud del rey Munbaz, que abrió sus tesoros en un tiempo de necesidad y alimentó a la población de la Tierra de Israel. Él dijo que había ocultado su tesoro en el Cielo - en un lugar en el que ninguna mano humana podría tomarlo y reducir su valor. Invirtió su dinero en "excelentes acciones" que le dieron la mejor renta, un tema que hemos tratado en "La Llave para Todas las Puertas". Como pilar de sustento de los pobres, no construyó una "cartera de acciones", sino que invirtió más bien en seres humanos - en vida.[2] Sus ancestros recolectaron dinero únicamente para su propio placer y beneficio, pero el rey Munbaz dijo, "Yo recolecté ese dinero para mí" - queriendo decir que todo ello le sería acreditado en su cuenta en el Cielo. "¡Mis padres ocultaron sus tesoros en este mundo pero yo oculto mis tesoros para el Mundo que Viene!".

¿Cómo mereció estar tan seguro de sus acciones? ¡Pues creía en el poder de la caridad!

---

2  Ver Maharsha, *Bava Batra* 11a, *v.i. velokeaj.*

**6**

# LAS GEMAS
# DEL
# RABÍ NATÁN

Todo libro basado en las lecciones del rabí Najmán no puede considerarse completo sin la inclusión de varias enseñanzas del *Likutey Halajot* del rabí Natán.

Cada lección del *Likutey Moharán* es un discurso estructurado que pasa de un punto al otro, desarrollando las conexiones entre las ideas del Rebe. El texto va desde lo simple a lo sublime, desde un concepto básico del judaísmo hasta los profundos misterios de la Kabalá, en general todo ello en un solo párrafo. El *Likutey Halajot* del rabí Natán es una obra similar, pero completamente diferente.

En 1805, el Rebe Najmán le pidió al rabí Natán que comenzase a escribir ideas originales de Torá. El método que le sugirió era tomar un concepto del *Shuljan Aruj* y combinarlo con una lección del *Likutey Moharán* para explicar el "cuerpo" de la ley y revelar su "alma". Aquellos que estudian el *Likutey Halajot* pueden apreciar claramente cómo cada uno de los conceptos de la Torá se aplica a cada individuo durante toda su vida, todos los días de su existencia.

Pero la estructura del *Likutey Halajot* hace difícil citar extractos. Cada discurso es un mosaico único, con la belleza del *Shuljan Aruj* y del *Likutey Moharán* trenzada en un tapiz maestro. Por lo tanto hemos seleccionado algunas de las ideas del rabí Natán que se aplican a la caridad, con la esperanza de que estos conceptos puedan expandir aún más nuestra apreciación de la grandeza de la caridad.[1]

## EL PODER DE LA CARIDAD

La Kabalá habla de una "luz directa" y de una "luz reflejada". Dar caridad invoca esta poderosa energía, pues

---

1 Todo lo citado aquí proviene del *Likutey Halajot* del rabí Natán. Las citas son paráfrasis, dado que han sido extraídas del contexto original.

cuando le damos al pobre, la luz directa es reflejada de vuelta y atrae incluso una iluminación más grande desde Arriba, como enseña el Midrash: "Más de lo que el dueño de casa hace por el pobre, el pobre hace por el dueño de casa" (*Ruth Rabah* 5:9).

Esta idea de la luz directa y de la luz reflejada también explica por qué la caridad es una rectificación para las transacciones comerciales mal hechas. Dado que los negocios implican un "tomar y dar", corresponden a la idea de la luz directa y de la luz reflejada.

Dar caridad también invoca la Providencia Divina, dado que también implica una luz directa [Dios mirando hacia nosotros] y una luz reflejada [nosotros volviéndonos hacia Dios] (*Maajalei Akum* 1:6).

Afirman los Sabios: "Cuantas más posesiones, más preocupaciones" (*Avot* 2:7). A veces nos sentimos abrumados por las dificultades financieras. Esto hace que nuestro foco mental se "disperse" y nuestra mente se llene de preocupaciones, al punto en que no parece que podamos actuar de manera coherente. La rectificación para esto es dar caridad, como enseñan nuestros Sabios: "La Redención sólo llegará debido a la caridad" (*Sanedrín* 98a). Esto nos enseña que la caridad tiene el poder de juntar a aquellos que están dispersos. Esto se aplica también a nuestro estado mental. Si damos caridad, podemos "actuar de manera coherente", minimizando e incluso deteniendo la dispersión de nuestra mente, lo que nos permitirá centrarnos en lo que debemos hacer (*Matzranut* 1).

Hay un concepto de "orden" y un concepto de "desorden". El orden se da cuando las cosas funcionan de la manera apropiada; hay desorden cuando enfrentamos una constante oposición, desafíos u otras dificultades. Cuando damos caridad, enriquecemos a Maljut, el Reinado de la Santidad que, siendo la autoridad, pone todas las cosas en orden. Por lo tanto dar caridad nos ayuda a eliminar las frustraciones y desafíos, trayendo orden a nuestras vidas (*Jakirut VeKablanut* 2:8).

## CARIDAD Y JESED

Al dar caridad hacemos descender *jesed* (bondad) a nuestras vidas. Si somos conscientes de ese *jesed*, también podemos revelar el bien en los demás. Ello se debe a que la caridad (*TzeDaKah*) desciende hacia las profundidades del Otro Lado, hacia el ámbito implacable de la justicia estricta (*TzeDeK*) y eleva todo el bien que allí se encuentra, construyendo un santuario para Dios (*Hashkamat HaBoker* 1:2).

Dios ciertamente podría proveerle al pobre. Pero la principal mitzvá de la caridad es que el donante utilice su libertad de elección y decida dar. Este acto generoso de dar caridad es muy valioso, pues hace que Dios revele *jesed* en este mundo; la bondad del donante fuerza a Dios, si así pudiera decirse, a dar *jesed* (*Kadish* 1).

El pobre carece de sustento y de estabilidad financiera. Cuando la persona rica siente compasión y cubre esa falta, trae sobre sí misma la compasión del Cielo - que a su vez le otorga lo que le falta (*Pesaj* 3:17).

Enseñan nuestros Sabios que *guemilut jasadim* (hacer actos de bondad) es más grande que dar caridad monetaria, pues los actos de bondad pueden realizarse tanto para los ricos como para los pobres *(Suká* 49b). Los actos de bondad generan amor y paz entre la gente.

[Hablando de manera general, un préstamo monetario es llamado un acto de bondad]. La principal grandeza de un acto de bondad es el periodo de espera, cuando quien presta espera el retorno de su dinero. De esa manera, la persona paciente asciende por sobre las restricciones del tiempo. Por lo tanto, hacer actos de bondad invoca el futuro, que es eterno y se encuentra por sobre el tiempo. Éste es el valor más grande de la caridad y de la bondad, pues nos fortalece en la paciencia y en la fe. Después de todo, vemos que el tiempo vuela muy rápidamente; consecuentemente, decidimos mediante nuestros actos de bondad mirar hacia adelante, hacia el futuro *(Rebit* 5:4).

El tiempo está enraizado en el "Verdadero Hombre de Bondad".[2] Dios creó el mundo con Su compasión y a partir del desenvolvimiento de esa compasión surgió el concepto del tiempo, del cual fueron creados los siete días de la semana. Al dar caridad, podemos superar las restricciones del tiempo y ser dignos de traer bondad hacia el mundo *(Avodá Zará* 3:9).

Dios sustenta el mundo pese a nuestros pecados, los que nos deberían traer sufrimiento y castigo. Pero Dios actúa de manera compasiva y nos "presta" tiempo para arrepentirnos y mejorar nuestros caminos. Así como Dios hace "préstamos",

---

2 Ver *Los Cuentos del Rabí Najmán* #13, "Los Siete Mendigos: El Tercer Día".

igualmente debemos hacerlo nosotros. Debemos actuar de manera compasiva y con paciencia, realizando actos de bondad hasta que finalmente merezcamos "devolver" la bondad de Dios (*HaOsé Sheliaj Ligvot Jov* 2:22).

❧ ❧

Hacer actos de caridad manifiesta el espíritu del Mashíaj. Así está escrito, "Él hace actos de bondad para su ungido (*liMeshijó*)" (Salmos 18:51; *Arev* 4:9).

## CARIDAD Y HUMILDAD

Dice la Torá sobre el medio shekel dado por los judíos cada año [para mantener el Templo], "Los ricos no darán más ni los pobres menos" (Éxodo 30:15). Esto nos enseña una lección importante en humildad. Debemos buscar el grado mayor de humildad. También debemos cuidarnos de la falsa humildad al tiempo de ser fuertes y audaces para enfrentar a aquellos que pueden oponerse a nuestras devociones a Dios. La caridad nos ayuda a alcanzar ese equilibrio de humildad y audacia.

Cuando una persona rica da caridad, rectifica su orgullo y también demuestra humildad, pues se disminuye al compartir el sufrimiento de los pobres, pese a su posición prominente. La pobreza, por otro lado, representa la falsa modestia, pues la persona pobre usualmente tiene un complejo de inferioridad y se ve a sí misma pequeña e indigna.

Así el versículo nos enseña: "Los ricos no darán más (*iarbé*) ni los pobres menos (*iamit*)". La palabra *iarbé* [literalmente, "aumento"] sugiere que el rico no debe sucumbir a la arrogancia, pensando que es mejor por haber dado más; mientras que la palabra *iamit* [literalmente, "disminuir"] sugiere que el pobre no debe sucumbir a la falsa humildad por haber recibido menos. Así la caridad rectifica la arrogancia y la falsa humildad al punto en que tanto el rico como el pobre conocen su verdadera valía (*Tefilín* 6:24).

## CARIDAD Y FE

Mediante la caridad podemos vencer al *metzaj hanajash* (literalmente, "la frente de la serpiente") -que es la raíz y la representación de las fuerzas que sostienen la existencia del poder del orden natural- y revelar la voluntad de Dios en este mundo. Revelar la voluntad de Dios contrarresta todas las dudas; y el objetivo primario de la caridad es dar dinero a gente digna, a aquellos que buscan a Dios y hacen su voluntad.

La caridad es especialmente propicia cuando es dada para la impresión de libros de Torá que hablan sobre Dios y Lo revelan. Tales libros implican los consejos e ideas que se encuentran en la Torá y le enseñan a la gente cómo fortalecerse en todas las circunstancias, para que su fe se mantenga fuerte. La caridad dada para la impresión de tales libros es muy, muy valiosa y más grande que todas las otras formas de caridad. Esto se alinea con la siguiente enseñanza de nuestros Sabios:

> ¿Cual es el significado del versículo "Afortunados aquellos que mantienen la justicia y hacen caridad todo el tiempo"? (Salmos 106:3). ¿Es posible hacer caridad todo el tiempo? [Aparentemente sí, pues] más adelante dice: "Su caridad se mantiene por siempre" (ibid., 112:3). ¿Pero cuál es la caridad que se mantiene por siempre? Esto hace referencia a aquel que les enseña Torá a los demás y a aquellos que escriben libros y los prestan [i.e., que los hacen accesibles] a los demás (*Ketubot* 50a).

Así la caridad dada para escribir y publicar libros de Torá es una caridad eterna, pues trabaja para la persona en todo momento y dura por siempre (*Birkot HaShajar* 5:36).

## CARIDAD Y HONOR

Todo en la creación fue hecho para revelar la gloria de Dios. Es por ello que la caridad es tan importante. Dado que sirve para revelar esa gloria creando un recipiente para captar el Agrado Divino y hacer así que se manifieste la gloria. Es por ello que la caridad se compara con toda la Torá (*Bava Batra* 9a), pues tiene un propósito similar - revelar la Divinidad.

Debemos pedirle a Dios ser dignos de darle caridad a gente digna y en aras de Dios y no caer víctimas del orgullo a través de la caridad que damos. Pues entonces el foco de nuestra gloria personal oculta la gloria de Dios. Éste es el problema con muchas personas que sólo quieren darle caridad a la gente prominente, simplemente porque ello aumenta su propia gloria (*Minjá* 6:4).

## LA CARIDAD HACE DESCENDER BENDICIONES

El cuerpo y el alma se comparan con el rico y el pobre. Cuando damos caridad, atraemos abundancia desde el nivel superior hacia el nivel inferior. Al hacerlo, invocamos las bendiciones Celestiales para que también nuestra alma comience a brillar. De esa manera, nuestra alma entrega la abundancia a nuestro cuerpo para que incluso nuestro cuerpo físico pueda experimentar lo Divino (*Tejumin* 4:18).

El dinero y el alma comparten la misma raíz Arriba (ver *Likutey Moharán* I, 68-69). Enseñan nuestros Sabios: "Cuatro son considerados como muertos: un leproso, un pobre, un ciego y aquel que no tiene hijos" (*Nedarim* 64b). Por lo tanto aquel que da dinero al pobre le da vida. Al dar caridad, el donante atrae sobre sí la bondad y la compasión (*Birkot HaPeirot* 3:2).

Dar caridad lleva a la persona hacia la verdad y les trae bendiciones a aquellos lugares que tienen carencias (*Daianim* 3:21).

❧ ☙

## LA CARIDAD ABRE PUERTAS

Todo lo que hacemos en este mundo se debe a la gracia de Dios, como está escrito, "¿Quién Me precede para que Yo lo puede recompensar?" (Job 41:3) y "¿Quien colocó una *mezuzá* antes de que Yo le diera una casa?" (*Vaikrá Rabah* 27:2). Aun así, fuimos creados para hacer y por lo tanto debemos actuar; debemos hacer algo. La Kabalá llama a esto *itaruta delatata* (el despertar de abajo). Pues cuando actuamos en la vida, especialmente cuando damos pasos para servir a Dios, le damos sustento a todos los mundos y universos que existen. La caridad está incluida en este despertar de abajo. En verdad, la caridad es la acción más importante que podemos realizar, pues todos los comienzos se producen a través del acto de la caridad.

Es por ello que damos caridad antes de comenzar nuestras plegarias. Y es por ello que tenemos la costumbre de dar caridad durante los Días Tremendos, pues ése es el comienzo del año (*Rosh HaShaná* 6:10). Por lo tanto aún los pobres deben tratar de dar al menos algo para caridad, especialmente a una persona digna. Ello se debe a que la contribución del pobre es muy valiosa y es considerada como si éste hubiera sacrificado su misma alma.[3]

## LA CARIDAD ANULA EL MAL

Hay "buenos días" y "malos días" (cf. Eclesiastés 7:14). La pobreza es resultado esencial de los "malos días", los

---

3  Ver Rashi sobre Levítico 2:1 y 6:11.

días en que gobierna la mala inclinación. Pero aquellos que dan caridad elevan al pobre que se halla bajo el dominio del mal; ellos vencen al mal y llevan a la persona hacia los "buenos días". Los "buenos días" se manifiestan en la luz de la Torá, que se revela, y el pobre alcanza un gran nivel de amor, bendición y abundancia (*Jánuca* 3:6).

Darles caridad a los pobres de la Tierra de Israel que lo merecen incluye al donante en el aire santificado de la Tierra Santa. El donante entonces merece ser una parte del pacto que representa el Reinado de Santidad. Entonces el Reinado de Santidad puede vencer a su contraparte, el Reinado del Mal, conocido como Amalek. Éste es uno de los motivos por los cuales damos caridad en Purim. Por extensión, un momento muy propicio para dar caridad para la Tierra Santa es en el mes de Adar, en el que acaece Purim (*Cuatro Parashiot* 1:2).

Dar caridad le confiere al benefactor el concepto de Tzadik - es decir, el poder de autoridad y de rectitud (cf. Shmuel II, 23:3). Al dar caridad, podemos conectarnos con nuestro corazón y gobernar sobre sus bajos deseos. Ello se debe a que el dar caridad nos coloca en la categoría de "Tzadik", como está escrito, "El Tzadik tiene compasión y da" (Salmos 37:21; *Melamdim* 4:11).

Nuestra ganancia y riqueza estarán en relación a cuánto merezcamos levantar y elevar las chispas de santidad desde las *klipot* (fuerzas del mal) hacia el ámbito de la santidad. Ahora bien, muchas veces vemos que una transacción comercial está por ser concluida cuando, justo antes de realizarse, fracasa [y a veces incluso se produce una pérdida]. Ello se debe a que habíamos comenzado a elevar las chispas, pero no pudimos terminar de rectificarlas y elevarlas, de modo que fueron atrapadas nuevamente por las *klipot*. La mejor manera de rectificar las chispas es darles caridad a los individuos dignos, como está escrito, "La caridad salva de la muerte" (Proverbios 10:2). Es decir, ella salva de las *klipot*, que representan el lado de la muerte. Entonces mereceremos elevar las chispas y elevarlas hacia el ámbito de la santidad, ayudándonos a concluir los tratos comerciales que nos darán ganancia y riqueza (*Jalukat Shutafim* 5:7).

## CARIDAD PARA EL ESTUDIO DE TORÁ

La impresión de libros de Torá es una mitzvá muy grande; afortunados aquellos que dan caridad para ese propósito. La Torá requiere de muchos libros para ser explicada, especialmente dado que en esta época los corazones de la gente están embotados y es muy difícil retener la tradición oral en el corazón y en la mente. El regalo de Dios de la imprenta tuvo el objetivo de presentar las ideas de Torá necesarias para cada generación. Por ejemplo, primero estuvo la Mishná y luego el Talmud para explicarla (pues es mucho más amplio que la Mishná). Luego llegaron los comentarios para explicar el Talmud (tales como Rashi, Tosafot, Rambam y Ramban) y más tarde los comentarios sobre sus comentarios y así en más.

Pero cada uno de esos libros aclara la Torá, para que su relevancia se vuelva más evidente. Esto se compara con el pectoral del Sumo Sacerdote [en épocas del Templo]. La gente hacía una pregunta, las letras del pectoral se iluminaban y sus preguntas eran respondidas (*Ioma* 73b). Lo mismo es verdad con respecto a las nuevas enseñanzas de Torá presentadas en los libros. Dado que cada libro aclara algún pensamiento de Torá, actúa como el pectoral para iluminar la mente del lector hasta que éste obtiene el consejo apropiado para hacerle frente a un desafío (*Iain Nesej* 3:5).

Las letras de la Torá corresponden a las almas de los judíos. [Hay 600.000 letras en la Torá y 600.000 almas]. Así todas las almas están enraizadas en las letras de la Torá. Para imprimir un libro de Torá, tomamos primero las diversas letras, construyendo con ellas las palabras y las frases y luego las ordenamos en una plancha completa.[4] Luego utilizamos esa plancha para imprimir múltiples copias. Esta idea implica juntar las almas (como se hace al ordenar los tipos de imprenta), generando así una gran unidad entre ellas. Esos libros (es decir, la unidad de los judíos) se difunden entonces en el mundo y hacen que la gente se haga consciente de Dios y se vuelva a Él…

Por lo tanto dar caridad para la impresión de libros de Torá es algo extremadamente grande, dado que permite la revelación de nuevas y originales ideas de Torá, algunas de las cuales emanan del Anciano Oculto. Cuando ese tremendo nivel se revela mediante la difusión de las enseñanzas de la Torá, el mundo es bendecido con una gran abundancia (*Kidushin* 3:22-23).

Como se hace al ordenar los tipos de imprenta

El estudio de la Torá hace descender el favor de Dios, trayendo al mundo una gran medida de bondad y compasión.

---

4 El rabí Natán está hablando de la antigua manera de imprimir en sus días, cuando la tipografía se hacía a mano con letras de plomo. Cada letra era ubicada individualmente en una caja hasta que las letras conformaban la palabra, luego las palabras conformaban una línea entera, hasta que la página estaba completa. Sin embargo, la misma idea se aplica hoy en día cuando usamos las computadoras para tipear - sólo que es más fácil y rápido.

Aquellos que no pueden estudiar o que tienen poco tiempo para hacerlo, deben darles caridad a aquellos que están estudiando. Esto los unirá con ese estudio de Torá de modo que también ellos puedan traer el favor de Dios al mundo (*Arev* 3:21).

## LA CARIDAD Y EL SHABAT

El Shabat es la bendición que nos trae abundancia durante la semana. Por lo tanto la caridad se actualiza y es bendecida principalmente debido al Shabat. La caridad que damos durante la semana nos ayuda a experimentar la santidad y el placer del Shabat. Ello se debe a que el Shabat (el séptimo día) siempre sigue a los seis días de la creación. Actuar de manera caritativa le trae bendiciones al Shabat, permitiéndonos experimentar la santidad del Shabat cuando damos caridad (*Tzedaka* 1:1).

# PALABRAS FINALES

La palabra hebrea para "vida", *Jai*, tiene el valor numérico de 18.[5] Hemos aprendido que "La caridad salva de la muerte" y por lo tanto debe traer vida. Por ese motivo, mucha gente tiene la costumbre de dar caridad en múltiplos de 18. Por ejemplo, el donante puede escribir un cheque por 18 $, 180 $ (10 veces *jai*), 1800 $ (100 veces *jai*) o incluso sumas más grandes. Esta costumbre se desarrolló en reconocimiento al poder de la caridad para bloquear la muerte y traer vida.

Cuando el rabí Iosef Shlomo Kahaneman, el Rosh Ieshivá de la Ieshivá de Ponevez en Bnei Brak, Israel, estaba construyendo su Ieshivá, hizo un apasionado llamado para fondos en la sinagoga. En respuesta, un donante dijo "¡*Jai*!" - queriendo decir que estaba ofreciendo 18 $ de acuerdo con el valor numérico de la palabra. Rav Kahaneman respondió, "¡Mejor que digas '*MeT*'! ('muerte', una palabra que tiene el valor numérico de 440[6])". El rabí Kahaneman estaba implicando en esa frase que es muy bonito donar en incrementos de *Jai*, pero que es mejor dar sumas más grandes para caridad.

Hemos tratado de presentar en este libro un atisbo del tremendo poder de la caridad tal cual está descripto por el Rebe Najmán y el rabí Natán. Es nuestra ferviente esperanza que las ideas presentadas aquí inspiren a la gente a hacer lo más posible al dar caridad. Esto despertará la bondad y la compasión de Dios para que Él haga descender buena salud, abundancia, bendiciones y éxito sobre todos y acelere la llegada del Mashíaj, el retorno de los exilados y la reconstrucción del Templo, pronto y en nuestros días. Amén.

---

5 *Jet* (8) + *iud* (10) = 18.
6 *Mem* (40) + *tav* (400) = 440.

# DIAGRAMAS

# EL ORDEN DE LAS DIEZ SEFIROT

KÉTER

|

JOJMÁ

|

BINÁ

|

JESED

|

GUEVURÁ

|

TIFERET

|

NETZAJ

|

HOD

|

IESOD

|

MALJUT

# ESTRUCTURA DE LAS SEFIROT

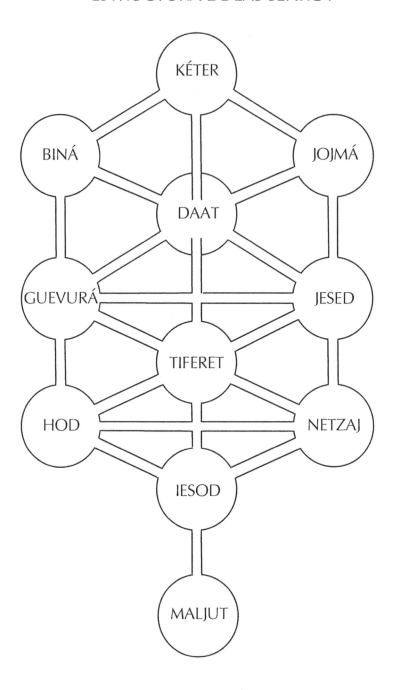

# LAS SEFIROT Y EL HOMBRE

| | |
|---|---|
| Kéter - Corona, Voluntad | Cráneo |
| Jojmá - Sabiduría | Cerebro derecho |
| Biná - Comprensión | Cerebro izquierdo |
| (Daat - Conocimiento) | (Cerebro medio) |
| Jesed - Amor | Brazo derecho |
| Guevurá - Fuerza, Restricción | Brazo izquierdo |
| Tiferet - Belleza, Armonía | Torso |
| Netzaj - Victoria, Duración | Pierna derecha |
| Hod - Esplendor | Pierna izquierda |
| Iesod - Fundamento | Órgano Sexual (Brit) |
| Maljut - Reinado | Pies |

Alternativamente: Jojmá corresponde al cerebro/mente; Biná al corazón
Alternativamente: Maljut corresponde a la pareja del hombre, o la boca

## NIVELES DE EXISTENCIA

| MUNDO | MANIFESTACION | SEFIRÁ | ALMA | LETRA |
|---|---|---|---|---|
| *Adam Kadmón* | | Keter | *Iéjida* | *Ápice de la Iud* |
| *Atzilut* | Nada | Jojmá | *Jaiá* | *Iud* |
| *Beriá* | Pensamiento | Biná | *Neshamá* | *Hei* |
| *Ietzirá* | Habla | Tiferet *(seis Sefirot)* | *Rúaj* | *Vav* |
| *Asiá* | Acción | Maljut | *Nefesh* | *Hei* |

| MUNDO | HABITANTES | T-N-T-A |
|---|---|---|
| *Adam Kadmón* | Los Santos Nombres | |
| *Atzilut* - Cercanía | *Sefirot, Partzufim* | *Taamim* - Musicalidad |
| *Beriá* - Creación | El Trono, Almas | *Nekudot* - Vocales |
| *Ietzirá* - Formación | Ángeles | *Taguim* - Coronas |
| *Asiá* - Acción | Formas | *Otiot* – Letras |

# LOS PARTZUFIM - LAS PERSONAS DIVINAS

| SEFIRÁ | PERSONA |
|--------|---------|
| Kéter | Atik Iomin<br>Arij Anpin |
| Jojmá | Aba |
| Daat | |
| Biná | Ima |
| Jesed<br>Guevurá<br>Tiferet<br>Netzaj<br>Hod<br>Iesod | Zeir Anpin |
| Maljut | Nukva de Zeir Anpin |

Nombres alternativos para Zeir Anpin y Maljut:
**Zeir Anpin:** Iaacov, Israel, Israel Sava, Torá, Ley Escrita, Santo Rey, el Sol.
**Maljut:** Lea, Rajel, Plegaria, Ley Oral, Shejiná (Divina Presencia), la Luna.

# LAS SEFIROT Y LOS NOMBRES DE DIOS
## ASOCIADOS CON ELLAS

| | |
|---|---|
| Kéter - Corona | Ehiéh |
| Jojmá - Sabiduría | IaH |
| Biná - Comprensión | IHVH |
| | (pronunciado Elohim) |
| Jesed - Amor | El |
| Guevurá - Fuerza | Elohim |
| Tiferet - Belleza | IHVH |
| | (pronunciado Adonai) |
| Netzaj - Victoria | Adonai Tzevaot |
| Hod - Esplendor | Elohim Tzevaot |
| Iesod - Fundamento | Shadai, El Jai |
| Maljut - Reinado | Adonai |

## NUMEROLOGIA DE LAS LETRAS HEBREAS
## GUEMATRIA

| | | | | |
|---|---|---|---|---|
| 300 = שׁ | 70 = ע | 20 = כ | 6 = ו | 1 = א |
| 400 = ת | 80 = פ | 30 = ל | 7 = ז | 2 = ב |
| | 90 = צ | 40 = מ | 8 = ח | 3 = ג |
| | 100 = ק | 50 = נ | 9 = ט | 4 = ד |
| | 200 = ר | 60 = ס | 10 = י | 5 = ה |

# GLOSARIO

AMIDÁ - literalmente, "estar de pie"; la plegaria en silencio que es el punto central del servicio de plegarias diarias

ARI - el Rabí Itzjak Luria (1534-1572), erudito judío y fundador del estudio moderno de la Kabalá

BAAL SHEM TOV - "Maestro del Buen Nombre", el apelativo para el rabí Israel Ben Eliezer (1700-1760), el fundador de la Jasidut y bisabuelo del Rebe Najmán de Breslov

BAAL TESHUVÁ (pl. *baalei teshuvá*) - literalmente, "maestro del retorno"; el judío que vuelve a Dios y a la práctica religiosa judía

BINÁ -comprensión; con mayúscula hace referencia a una de las Diez Sefirot

DAAT - conocimiento o percepción superior; con mayúscula hace referencia a una de las Diez Sefirot

GUEINOM - Purgatorio

GUEMILUT JASADIM - hacer actos de bondad

GUEVURÁ - fuerza; con mayúscula hace referencia a una de las Diez Sefirot

HALAJÁ - la ley judía

HITBODEDUT - literalmente, "recluirse-aislarse". El Rebe Najmán utiliza el término para referirse a la práctica diaria en la cual uno determina un tiempo y un lugar para hablar con Dios. En cierto sentido, el hitbodedut es plegaria; en otro sentido es una meditación verbal no estructurada.

HOD - esplendor; con mayúscula hace referencia a una de las Diez Sefirot

IESOD - cimiento; con mayúscula hace referencia a una de las Diez Sefirot

IOM KIPUR - el Día del Expiación en el cual se requiere que los varones judíos de más de 13 años de edad y las mujeres judías de más de 12 años ayunen desde la puesta del sol hasta la aparición de tres estrellas medianas a la noche siguiente

JASID (pl. *jasidim*) - miembro de un grupo jasídico (ver Jasidut)

JASIDUT - movimiento judío fundado en Europa oriental en el siglo

XVIII por el Rabí Israel ben Eliezer, el Baal Shem Tov, bisabuelo materno del Rebe Najmán. Una de sus enseñanzas esenciales es que la presencia de Dios llena todo lo que nos rodea y que es necesario servir a Dios con cada palabra y con cada acción

JESED - bondad; con mayúscula hace referencia a una de las Diez Sefirot

JOJMÁ - sabiduría; con mayúscula hace referencia a una de las Diez Sefirot

JOMESH - un quinto o 20 por ciento

KABALÁ - corpus de la sabiduría esotérica judía

KETER - corona; con mayúscula hace referencia a la más elevada de las Diez Sefirot

KLIPÁ (pl. *klipot*) - literalmente "cáscaras"; en las enseñanzas kabalísticas, una fuerza no santa que rodea y oculta las chispas de santidad (los diversos aspectos de la santidad y de la vitalidad espiritual presentes en la creación)

KLOIZ - la sinagoga de Breslov en Umán

MAASER - un décimo o el 10 por ciento

MALJUT -reinado; con mayúscula hace referencia a la más baja de las Diez Sefirot

MANÁ - el alimento del Cielo que descendió para los judíos durante su viaje de 40 años por el desierto, tal cual está descripto en Éxodo 16:13-36

MASHÍAJ - el Mesías, descendiente del rey David

MEZUZÁ - literalmente, "parante de la puerta"; comúnmente hace referencia al rollo de pergamino que contiene pasajes de las Escrituras que toda casa judía debe tener adosado a los marcos de las puertas y portones, tal cual está ordenado por Deuteronomio 6:9

MIDRASH - enseñanzas homiléticas rabínicas

MINIAN - quórum de al menos diez hombres requerido para el servicio de la plegaria comunal

MISHNÁ - la redacción de la Ley Oral que forma la primera parte del Talmud, y que fue redactada en el segundo siglo de la Era Común

MISHPAT - juicio

MITZVÁ (pl. *mitzvot*) - un precepto o mandamiento de la Torá; un acto meritorio

MOJIN - mentalidades; otro nombre para las *sefirot* superiores de Jojmá, Biná y Daat

NETZAJ - vitoria; con mayúscula hace referencia a una de las Diez Sefirot

OTRO LADO (arameo: *Sitra Ajara*) - el sistema del mal que se enfrenta a las fuerzas de santidad

PESAJ - la Pascua judía, una festividad bíblica, conmemorando el éxodo de Egipto, ocurrido en primavera

PIDION -literalmente, "redención"; en la práctica kabalística, un acto de intercesión Celestial usualmente llevado a cabo por un Tzadik en aras de otra persona, acompañado por la entrega de un monto específico para caridad

PURIM - festividad que conmemora la salvación del pueblo judío luego de haber sido amenazado por un edicto real en la antigua Persia

RAV - rabí, maestro

RASHI - acrónimo para rabí Shlomo Itzjaki (1040-1110), el comentarista más importante del Talmud y del Tanaj y cuyo comentario aparece en todas las ediciones standard de esas obras

ROSH HASHANÁ - el Año Nuevo judío

ROSH IESHIVÁ - decano de una academia talmúdica

SEFIRÁ (pl. *sefirot*) - emanación Divina

SHABAT - el sábado judío, que se extiende desde el atardecer del viernes hasta la noche del sábado

SHAJARIT - las plegarias de la mañana

SHAVUOT - festividad bíblica que conmemora la entrega de la Torá en el monte Sinaí

SHEKEL - una antigua unidad monetaria

SHEMÁ, SHEMÁ ISRAEL - la declaración de fe en la unidad de Dios y el compromiso de cumplir con Sus mandamientos, compuesto por los versículos de Deuteronomio 6:4-9 y 11:13-21, y Números 15:37-41. Recitado diariamente durante las plegarias de la mañana y de la noche, y antes de irse a dormir

SHOFAR - el cuerno de carnero, soplado tradicionalmente durante los servicios de la mañana de Rosh HaShaná

SHUL - sinagoga

SHULJAN ARUJ - Código de Ley Judía, compilado por el rabí Iosef

Caro (1488-1575), el texto básico de la *halajá* para todos los judíos

SIDUR - libro de plegarias

SUKÁ - una estructura cubierta de ramas utilizada como residencia durante la festividad de Sukot

SUKOT - festividad bíblica centrada en el símbolo de la Suká, conmemorando el cuidado benevolente del pueblo judío por parte de Dios, durante su viaje de cuarenta años por el desierto y Su continua providencia de las bendiciones materiales

TALIT - manto de plegaria

TALMUD - la Tradición Oral Judía expuesta por los líderes rabínicos, aproximadamente entre los años 50 A.E.C y 500 E.C. La primera parte del Talmud, llamada la Mishná, fue codificada por el rabí Iehudá HaNasí, cerca del año 188 E.C. La segunda parte, llamada la Guemará, fue editada por Rab Ashi y Ravina cerca del año 505 E.C.

TANAJ - un acrónimo para *Torá, Neviim* y *Ketuvim* (Torá, Profetas, Escritos), incluyendo los veinticuatro libros de la Biblia hebrea

TEFILÁ - la plegaria

TEFILÍN - la mitzvá de utilizar cajas de cuero especiales sobre la cabeza y sobre el brazo durante la plegaria de la mañana (excepto en el Shabat y en las festividades judías); las cajas mismas, que contienen versículos bíblicos declarando la unidad de Dios y los milagros del éxodo de Egipto

TESHUVÁ - arrepentimiento, retorno a Dios

TIFERET - belleza; con mayúscula hace referencia a una de las Diez Sefirot

TIKÚN - corrección, reparación, rectificación

TIKÚN HAKLALI - el "Remedio General" del Rebe Najmán, el recitado de diez Salmos específicos para rectificar los pecados (especialmente las transgresiones sexuales) en su raíz

TORÁ - la Ley Escrita judía, dada por Dios a Moshé en el monte Sinaí

TZADIK (pl. *Tzadikim*) - persona recta; aquél que se ha perfeccionado espiritualmente

TZEDAKAH - caridad

TZEDEK - justicia estricta

TZITZIT - la mitzvá de atar hebras a las prendas de cuatro puntas; la prenda de cuatro puntas con las hebras; las hebras mismas

ZOHAR - el texto clásico más grande de la Kabalá, comentario místico de la Torá del Rabí Shimón bar Iojai, sabio de la Mishná, del segundo siglo de la Era Común.

Made in the USA
Coppell, TX
01 August 2020

32106924R00184